古典文獻研究輯刊

三九編

潘美月・杜潔祥 主編

第39冊

梅村詩清人注之二
——吳詩集覽（第八冊）

陳開林 整理

國家圖書館出版品預行編目資料

梅村詩清人注之二——吳詩集覽（第八冊）／陳開林 整理 --
初版 -- 新北市：花木蘭文化事業有限公司，2024〔民113〕
目 2+226 面；19×26 公分
（古典文獻研究輯刊 三九編；第39冊）
ISBN 978-626-344-959-6（精裝）
1.CST：（清）吳偉業 2.CST：清代詩 3.CST：作品集
011.08   113009886

ISBN-978-626-344-959-6

古典文獻研究輯刊
三九編　第三九冊　　　　　　　ISBN：978-626-344-959-6

梅村詩清人注之二
——吳詩集覽（第八冊）

作　　者　陳開林（整理）
主　　編　潘美月、杜潔祥
總 編 輯　杜潔祥
副總編輯　楊嘉樂
編輯主任　許郁翎
編　　輯　潘玟靜、蔡正宣　美術編輯　陳逸婷
出　　版　花木蘭文化事業有限公司
發 行 人　高小娟
聯絡地址　235 新北市中和區中安街七二號十三樓
　　　　　電話：02-2923-1455／傳真：02-2923-1400
網　　址　http://www.huamulan.tw 信箱 service@huamulans.com
印　　刷　普羅文化出版廣告事業
初　　版　2024 年 9 月
定　　價　三九編 65 冊（精裝）新台幣 175,000 元　　版權所有 · 請勿翻印

梅村詩清人注之二
——吳詩集覽（第八冊）

陳開林　整理

目

次

第八冊

附錄六：（清）趙翼《甌北詩話》卷九《吳梅村詩》[註1]

　　高青丘後，有明一代，竟無詩人。李西涯雖雅馴清澈，而才力尚小。前、後七子，當時風行海內，迄今優孟衣冠，笑齒已冷。通計明代詩，至末造而精華始發越。陳臥子沉雄瑰麗，實未易才，意理粗疏處，尚未免英雄欺人。惟錢、吳二老，為海內所推，入國朝稱兩大家。顧謙益已仕我朝，又自託於前朝遺老，借陵谷滄桑之感，以掩其一身兩姓之慚，其人已無足觀，詩亦奉禁，固不必論也。梅村當國亡時，已退閒林下，其仕於我朝也，因薦而起，既不同於降表僉名，而自恨濡忍不死，局天蹐地之意，沒身不忘，則心與跡尚皆可諒。雖當時名位聲望，稍次於錢；而今日平心而論，梅村詩有不可及者二：一則神韻悉本唐人，不落宋以後腔調，而指事類情，又宛轉如意，非如學唐者之徒襲其貌也；一則庀材多用正史，不取小說家故實，而選聲作色，又華豔動人，非如食古者之物而不化也。蓋其生平，於宋以後詩，本未寓目，全濡染於唐人，而己之才情書卷，又自能瀾翻不窮，故以唐人格調，寫目前近事，宗派既正，詞藻又豐，不得不推為近代中之大家。若論其氣稍衰颯，不如青丘之健舉；語多疵累，不如青丘之清雋；而感愴時事，俯仰身世，纏綿淒惋，情餘於文，則較青丘覺意味深厚也。

　　梅村身閱鼎革，其所詠多有關於時事之大者。如《臨江參軍》、《南廂園叟》、《永和宮詞》、《雒陽行》、《殿上行》、《蕭史青門曲》、《松山哀》、《雁門尚書行》、

───────────

〔註 1〕（清）趙翼《甌北詩話》，曹光甫校注《趙翼全集》（第五冊），鳳凰出版社 2009
　　　年版，第 113～126 頁。

《臨淮老妓行》、《楚兩生行》、《圓圓曲》、《思陵長公主輓詞》等作，皆極有關係。事本易傳，則詩亦易傳。梅村一眼覷定，遂用全力結撰此數十篇，為不朽計，此詩人慧眼，善於取題處。白香山《長恨歌》、元微之《連昌宮詞》、韓昌黎《元和聖德詩》，同此意也。

王阮亭選梅村詩共十二首，陳其年選十七首，此特就一時意見所及，尚非定評。梅村之詩最工者，莫如《臨江參軍》、《松山哀》、《圓圓曲》、《茸城行》諸篇，題既鄭重，詩亦沉鬱蒼涼，實屬可傳之作。其他閒情別趣，如《松鼠》、《石公山》、《縹緲峰》、《王郎曲》，摹寫生動，幾於色飛眉舞。《直溪吏》、《臨頓兒》、《蘆洲》、《馬草》、《捉船》等，又可與少陵《兵車行》、《石壕吏》、《花卿》等相表裏，特少遜其遒煉耳。

梅村古詩勝於律詩，而古詩擅長處，尤妙在轉韻。一轉韻，則通首筋脈，倍覺靈活。如《永和宮詞》，方敘田妃薨逝，忽云：「頭白宮娥暗顰蹙，唐知朝露非為福。宮草明年戰血腥，當時莫向西陵哭。」又如《王郎曲》，方敘其少時在徐氏園中作歌伶，忽云：「十年芳草長洲綠，主人池館空喬木。王郎三十長安城，老大傷心故園曲。」《雁門尚書行》，已敘其家殉難，有幼子漏刃，其兄來秦攜歸，忽云：「回首潼關廢壘高，知公於此葬蓬蒿。」益覺回顧蒼茫。此等處，關捩一轉，別有往復迴環之妙。其秘訣實從《長慶集》得來；而筆情深至，自能俯仰生姿，又天分也。惟用韻太泛濫，往往上下平通押。如《遇劉雪舫》，則真、文、元、庚、青、蒸、侵通押；《遊石公山》，則支、微、齊、魚通押。他類此者甚多，未免太不檢矣。按《洪武正韻》有東無冬，有陽無江，於《唐韻》多所併省，豈梅村有意遵用，以存不忘先朝之意耶？

七律不用虛字，全用實字，唐時賈至等《早朝大明宮》諸作，已開其端。少陵「五更鼓角」、「三峽星河」、「錦江春色」、「玉壘浮雲」數聯，杜樊川「深秋簾幕千家雨，落日樓臺一笛風」，趙渭南「殘星幾點雁橫塞，長笛一聲人倚樓」，陸放翁「樓船夜雪瓜洲渡，鐵馬秋風大散關」，皆是也。然不過寫景。梅村則並以之敘事，而詞句外自有餘味，此則獨擅長處。如《贈袁韞玉》云：「西州士女章臺柳，南國江山玉樹花。」十四字中，無限感慨，固為絕作。他如《揚州感事》云：「將軍甲第轂弓臥，丞相中原拜表行。」《弔衛紫岫殉難》云：「埋骨九原江上月，思家百口隴頭雲。」《即事》云：「樂浪有吏崔亭伯，遼海無家管幼安。」《贈遼左故人》云：「桑麻亭障行人斷，松杏山河戰骨空。」《贈淮撫沈清遠》云：「去國丁年遼海月，還家甲第浙江潮。」《雜感》云：「金城將

吏耕黃犢，玉壘山川祭碧雞」，「雞豚絕壁人煙少，珠玉空江鬼哭高。」《贈陳定生》云：「茶有一經真處士，橘無千絹舊清卿。」《送永城吳令》云：「山縣尹來三月雨，人家兵後十年耕。」《送安慶朱司李》云：「百里殘黎半商賈，十年同榜盡公卿。」《送李書雲典試蜀中》云：「兵火才人羈旅合，山川奇字亂離搜。」《送顧茜來典試粵東》云：「使者干旄開五管，諸生禮樂化三苗。」《送曹秋岳謫廣東》云：「海外文章龍變化，日南風俗鳥𨏥輈。」《寄房師周芮公》云：「廣武登臨狂阮籍，承明寂寞老揚雄。」此數十聯，皆不著議論，而意在言外，令人低徊不盡。其他如《宴孫孝若山樓》云：「明月笙歌紅燭院，春山書畫綠楊船。」《西泠閨詠》云：「紫府蕭閒詩博士，青山遺逸女尚書。」《無題》云：「千絲碧藕玲瓏腕，一卷芭蕉宛轉心。」《投督府馬公》云：「江山傳箭旌旗色，賓客圍棋劍履聲。」《長安雜詠》云：「奉轡射生新宿衛，帶刀行炙舊名王。」《滇池鐃吹》云：「朱鳶縣小輸賓布，白象營高掛柘弓。」「魚龍異樂軍中舞，風月蠻姬馬上簫。」《送曹秋岳官廣東左轄》云：「五管清秋開使節，百蠻風靜據胡床。」《送林衡者歸閩》云：「征途鵜鶘愁中雨，故國桄榔夢裏天。」《送隴右道吳贊皇》云：「城高赤阪魚鹽塞，日落黃河鳥鼠秋。」《送同官出牧》云：「壯士驪山秋送戍，豪家渭曲夜探丸。」《送楊猶龍按察山西》云：「紫貂被酒雲中火，鐵笛迎秋塞上歌。」《送朱遂初憲副固原》云：「荒祠黑水龍湫暗，絕阪丹崖鳥道盤。」《聞台州警》云：「雁積稻粱池萬頃，猿知擊刺劍千年。」此數十聯，雖無言外意味，而雄麗華贍，自是佳句。《贈馮子淵總戎》云：「十二銀箏歌芍藥，三千練甲醉葡萄。」《俠少》云：「柳市博徒珠勒馬，柏堂箏妓石華裙。」《訪吳永調》云：「南州師友江天笛，北固知交午夜砧。」《觀蜀鵑啼劇》云：「親朋形影燈前月，家國音書笛裏風。」《雲間公宴》云：「三江風月樽前醉，一郡荊榛笛裏聲。」此則雜湊成句耳。其病又在專用實字，不用虛字，故掉運不靈，斡旋不轉，徒覺堆垛，益成呆笨。如《贈陳之遴謫戍遼左》云：「曾募流移耕塞下，豈遷豪傑實關中。」何嘗不典切生動耶？

《過維揚弔少司馬衛紫岫》一首，自注：「韓城人，余同官同年，死揚難。」按：此即《明史·高傑傳》中衛胤文也。福王時，傑移駐徐州，朝議以胤文與傑同鄉，命兼兵科給事中，監其軍。而不著其死揚州之難。《史可法傳》歷載同時死事者數十人，亦無胤文姓名。按《可法傳》謂高傑死後，胤文承馬士英指，疏誚可法；則修史者或因其黨於士英，故並其死事亦削而不書耶？梅村與胤文同時，弔其殉難，必非無據。今正史不載，獨賴梅村一詩，得傳死節於後，

不可謂非胤文之幸矣。陳濟生《紀略》:「半金星以胤文既削髮,何又來報名希用,令人拔其餘毛。」則《明史》不立傳,以其曾降賊也。

　　梅村熟於《兩漢》、《三國》及《晉書》、《南北史》,故所用皆典雅,不比後人獵取稗官叢說,以炫新奇者也。如《弔衛胤文》云:「非關衛瓘需開府,欲下高昂在護軍。」正指其監護高傑軍,而暗切兩人姓氏。《送杜弢武》云:「非是雋君辭霍氏,終然丁儀感曹公。」弢武避難江南,適梅村悼亡,欲以女為梅村繼室,梅村辭之,故用雋不疑辭霍光之婚,及曹操欲以女妻丁儀,因曹丕言而止,皆議婚不成故事也。可謂典切矣!然亦有與題不稱,而強為牽合者。如《永和宮詞》詠《田貴妃》事,有云:「聞道群臣譽定陶,獨將多病憐如意。」本謂田妃有子慈煥,因寵特鍾愛,故以趙王如意為喻。然定陶,漢成帝從子,入繼正統;崇禎帝自有太子,何必以定陶作襯?且太子久定,嫡庶間並無參商,何必以如意為比?又云:「漢家太后知同恨,只少當年一貴人。」此言周后殉難時,田妃已先死也;然周后奉旨自盡,何得以曹操之弒伏后為比!《雒陽行》敘福王初封河南,有云:「渭水東流別任城。」漢光武子尚,魏武子彰,皆封任城王,皆濟寧州地,與渭水何涉?《揚州》詩:「豆蔻梢頭春十二,茱萸灣口路三千。」按杜牧詩:「娉娉嫋嫋十三餘,豆蔻梢頭二月初。」無所謂「春十二」也。《雜感》內「取兵遼海歌舒翰,得婦江南謝阿蠻」,本以降將歌舒翰比吳三桂,然翰無取兵遼海之事;以阿蠻比圓圓,然阿蠻本新豐人,非江南產。《贈袁韞玉》之「盧女門前烏柏樹,昭君村畔木蘭舟」,盧女無烏柏樹故事,昭君無木蘭舟故事,但採掇字面鮮麗好看耳。王阮亭詩:「景陽樓畔文君井,明聖湖頭道韞家」,亦同此體。蓋當時風氣如此。竹垞、初白,則無此病矣。集中如此類者,不一而足。梅村好用詞藻,不免為詞所累,其自謂「鏤金錯采,不能到古人自然高妙之處」,正以此也。又有用事錯誤者。《補禊鴛湖》云:「春風好景定昆池。」昆明池在長安,唐安樂公主之不得,乃自開大池,號定昆池。此與鴛湖何涉?又《戲贈》一首有云:「何綏新作婦人裝。」按:服婦人衣者,何晏也,見《宋書·五行志》;而《晉書》何綏,乃何遵子,初無婦人裝故事。《觀棋》一首有云:「博進知難賭廣州。」《宋書》:「羊元保與文帝賭郡,勝,遂補宣城太守。」是宣州,非廣州也。《詠鮝魚》云:「自慚非食肉,每飯望休兵。」食魚無休兵典故,況鮝魚耶!亦覺無謂。此皆隨手闌入,不加檢點之病。

　　梅村出處之際,固不無可議,然其顧惜身名,自慚自悔,究是本心不昧。以視夫身仕興朝,彈冠相慶者,固不同,比之自諱失節,反託於遺民故老者,

更不可同年語矣。如赴召北行，過淮陰云：「我是淮王舊雞犬，不隨仙去落人間。」《遣悶》云：「故人往日燔妻子，我因親在何敢死！憔悴而今至於此，欲往從之愧青史。」臨歿云：「故人慷慨多奇節。為當年沉吟不斷，草間偷活。脫屣妻孥非易事，竟一錢不值何須說！」至今讀者猶為悽愴傷懷。余嘗題其集云：「國亡時已養親還，同是全生跡較閒。幸未名登降表內，已甘身老著書間。訪才林下程文海，作賦江南庾子山。剩有沉吟偷活句，令人想見淚痕潸。」似覺平允之論也。

梅村當福王時，有北來太子一事，舉朝信以為真。左良玉因此起兵討馬士英，朝臣無不稱快，梅村亦同此心也。故《揚州》詩內有「東來處仲無他志」之句，謂良玉跡似王敦，而心非為逆。及良玉死，其幸舍客蘇昆生來江南，士大夫猶以良玉故而矜寵之。梅村贈以詩云：「西興哀曲夜深聞，絕似南朝汪水雲。回首岳侯墳下路，亂山何處葬將軍！」則並以岳忠武比良玉，毋乃擬非其倫矣。

梅村詩從未有注。近時黎城靳榮藩字介人，以十年之功，為之箋釋，幾於字櫛句梳，無一字無來歷。其於梅村同時在朝、在野往還贈答之人，亦無不考之史傳；史傳所不載，考之府、縣志；府、縣志所不載，採之叢編脞說及故老傳聞，一一詳其履歷，其心力可謂勤矣。昔施元之注東坡詩，任淵注山谷詩，距蘇、黃之歿，僅五六十年，已為難事。介人注梅村詩，在一百餘年之後，覺更難也。且梅村身閱興亡，時事多所忌諱，其作詩命題，不敢顯言，但撮數字為題，使閱者自得之。如《雜感》、《雜詠》、《即事》、《詠史》、《東萊行》、《雒陽行》、《殿上行》之類，題中初不指明某人某事，幾於無處捉摸。介人則因詩以考史，援史以證詩，一一疏通證明，使作者本指，顯然呈露。如《臨江參軍》之為楊廷麟參盧象升軍事也，《永和宮詞》之為田貴妃薨逝也，《雒陽行》之為福王被難也，《後東皋草堂歌》之為瞿式耜也，《鴛湖曲》之為吳昌時也，《茸城行》之為提督馬逢知也，《蕭史青門曲》之為寧德公主也，《田家鐵獅歌》之為國戚田弘遇也，《松山哀》之為洪承疇也，《殿上行》之為黃道周也，《臨淮老妓行》之為劉澤清故妓冬兒也，《拙政園山茶》及《贈遼左故人》之為陳之遴也，《畫蘭曲》之為卞玉京妹卞敏也，《銀泉山》之為明神宗朝鄭貴妃也，《吾谷行》之為孫璫戍遼左也，《短歌行》之為王子彥也。又，律詩中有一題數首者，亦各首注其所指。如《即事》十首內第四首「列卿嚴譴赴三韓」，謂指陳之遴；第八首「無意漫提歐冶劍，有心長放呂嘉船」，謂指耿精忠玩寇自恣；

第九首「老臣裹革平生志，往事傷心尚鐵衣」，謂指洪承疇先為前朝經略，至本朝又為川、湖、雲、貴經略；第十首「全家故國空從難，異姓真王獨拜恩」，謂指吳三桂以平西王　率師在蜀。又《雜感》內第四首亦指三桂，第五首指瞿式耜。他如《鴛湖閨詠》之為黃皆令，《無題》四首之為卞敏，亦皆確切有據。至如《和友人走馬詩》，因第二首「君是黃驄最少年，驊騮澗喪使人憐。當時指望勳名貴，後世誰知書畫傳」，始悟其為楊龍友而作。龍友，貴陽人，雖昵於馬士英，而素工書畫。又因下半首云「十載鹽車悲道路，一朝天馬蹴風煙」，以證龍友先官江寧令，為御史詹兆恒劾罷，至南渡時起兵，擢至巡撫。末句云「軍書已報韓擒虎，夜半新林早著鞭」，則乙酉五月，龍友方率兵在京口與我軍相持，而我軍已乘霧潛濟，如韓擒虎之入新林，陳人猶不知也。此等體玩詩詞，推至隱，非好學深思，心知其意，而能若是乎？梅村詩一日不滅，則靳注亦一日並傳無疑也。

梅村詩本從香奩體入手，故一涉兒女閨房之事，輒千嬌百媚，妖豔動人。幸其節奏全仿唐人，不至流為詞曲。然有意處則情文兼至，姿態橫生；無意處雖鏤金錯采，終覺膩滯可厭。惟國變後《贈袁韞玉》云：「西州士女章臺柳，南國江山玉樹花。」及被薦赴召，路過淮陰云：「我是淮王舊雞犬，不隨仙去落人間。」此數語俯仰身世，悲痛最深，實足千載不朽。

《後東皋草堂歌》，蓋作於順治七年，瞿式耜殉節桂林之後。式耜以弘光乙酉赴廣西巡撫任。其家在常熟，有嚴栻等倡義守城，各鄉兵已屯駐瞿園。即東皋，見《海角遺編》。福山人所作，不著氏名。是時，雖有搜捕逆紳之令，幸洪承疇以大學士招撫江南，故與式耜丙辰同榜進士，陰保護之，見式耜孫昌文《學行紀事》。舉家得無恙。詩所謂「可憐雙戟中丞家，門帖淒涼題賣宅。有子單居持戶難，……棄擲城南尺五山」者，蓋是時式耜子嵩錫懼家門遭禍，不得不門帖賣宅，為韜晦避難計，然未嘗易主也。若在順治七年以前，則式耜方以大學士臨桂伯留守桂林，西南半壁，倚為長城，事之成敗，尚未可知。梅村縱不敢望其捲土重來，亦豈逆知其必敗，而詠以花木移於鄰家，杉松植於僧舍，極形容荒涼廢壞之狀耶！況此詩云「我來草堂何處宿，挑燈夜把長歌續」。是梅村作詩時，東皋尚為瞿氏所有。據昌文謂「家徒壁立，僅存東皋百畝，易銀貿貨，入粵為迎喪資」。此已在順治九年，昌文已奉其祖父母遺骸歸，在途次，而家中不知，鬻東皋為迎柩計。始行賣宅。梅村詩當作於是時也。後查初白《弔春暉堂》詩：即東皋。「戰後河山非故國，記中花木尚平泉。」似康熙十八九年尚屬瞿氏，名臣之世澤長矣。

　　陳濟生《再生紀略》，程源《孤臣紀哭》，徐夢得《日星不晦錄》及《紳志略》、《燕都日記》，不著撰人氏名。皆謂明崇禎十七年三月十九日京城陷，襄城伯李國禎見李自成，要以三事。一，祖宗陵寢不可毀；一，葬先帝以帝后之禮；一，太子諸王不可害。賊皆諾之。及葬畢，國禎即自殺。是皆謂其能殉節者。弘光中，並有贈諡，在正祀武臣七人之內。然記載各有不同：或曰自縊，或曰自殺，或曰藥死，或曰即死於帝后殯所，或曰送至昌平，槁葬訖，死於陵旁。獨王士德《崇禎遺錄》謂「城陷後，國禎欲崇文門，不得出；奔朝陽門，孫如龍已降賊將張能，能勸之降，國禎遂降於能。能羈之，令輸金。國禎願至家搜括以獻，而家已為他賊所據，遂被擒。拷掠折足，以荆筐曳回，是夜自縊死。而弘光之有贈諡，乃其門客輩訛傳到南都，得幸邀恤典也」。是同一死也，一則謂其殉節，一則謂其拷贓，將奚從？惟梅村《遇劉雪舫》詩有云「寧為英國死，不作襄城生」，而論乃定。梅村赴召入都，距國變時未久，國禎之死，尚在人耳目間，固不敢輕為誣衊也。《明史・李濬傳》後：「闖賊勒國禎降，國禎解甲聽命。責賄不足，被拷折足，自縊」，是蓋據梅村詩為證。然則梅村亦可稱詩史矣。按：英國謂張輔裔孫世澤。襲爵後，為闖賊所殺。

　　《下相極東庵讀同年北使時詩卷》：「蘭若停驂灑墨成，過河持節事分明。上林飛雁無還表，頭白山僧話子卿。」所謂同年者，不知何人。靳注謂左懋第與梅村辛未同年進士，弘光乙酉，以兵部侍郎使於我朝，不屈而死，故云「飛雁無還表」，而比其節於蘇武也。

　　《仿唐人本事詩》：「錦袍珠絡翠兜鍪，軍府居然王子侯。自寫赫蹄金字表，起居長信閣門頭。」「藤梧秋盡瘴雲黃，銅鼓天邊歸旆長。遠愧木蘭身手健，替耶征戰在他鄉。」靳注謂「為定南王孔有德女四貞作」。按：有德取桂林後，即鎮守粵西。順治九年，為李定國所敗，自焚死。特恩賜葬，恤典極隆。其子為定國所擄；四貞脫歸京師，朝廷念其父功，命照和碩格格食俸，通籍宮禁。見《八旗通志》及瞿昌文《粵行紀事》。後嫁孫延齡為撫蠻將軍，仍鎮粵西。延齡從吳三桂反，四貞勸其反正，並代為乞降，許之。靳注謂此詩正詠四貞事。「軍府居然王子侯」，則有德為藩王時，其子女皆貴重，為王子、王女也。「寫表」、「起居」，謂通籍宮禁，得自奏事也。其後從逆及反正等事，梅村已卒，固不及知之。其第四首：「新來夫婿奏兼官，下直更衣禮數寬。昨日校旗初下令，笑君不敢舉頭看。」豈嫁延齡鎮粵時，自恃驕貴，與其夫同演武於教場耶？

靳榮藩論梅村，謂「大家手筆，興與理會。若穿鑿附會，或牽合時事，強題就我，則作者之意反晦」。此真通人之論也。乃其注梅村詩，則又有犯此病者。梅村五古如《讀史雜詩》四首、《詠古》六首，七古如《行路難》十八首，皆家居無事，讀書得間所作，豈必一一指切時事！而榮藩謂《讀史》第一首刺阮大鋮，其二刺薛國觀，其四刺孫可望。《行路難》之其三謂刺唐王，其九謂刺張至發，其十七謂刺福王。而按之原詩，無一切合者。阮大鋮固魏閹餘黨，然何至以曹操比之？謂東漢壞於閹，而操本閹人曹騰之後，竟移漢祚。又如公孫述遣刺客連殺來歙、岑彭二大將，而刺客之名不傳，此與朝事何涉，而謂其刺勳臣之不能為國禦侮。又如《行路難》第三首：「龍子作事非尋常，奪棗爭梨天下擾。」此本詠晉八王之亂，而以為詠明末唐王聿鍵。試思聿鍵先以起兵勤王，被錮鳳陽，福王赦出後，監國於閩中，何曾有骨肉相爭之事？雖同時魯王以海亦僭立於紹興，然方與聿鍵相約固守，未嘗相攻也。惟聿鍵敗死後，其弟聿鐭遁廣東自立，與桂王逼處，稍有相競，然不逾時即為我軍所執，亦無暇與桂王交兵，何得以「奪棗爭梨天下擾」為指此事耶？至隆武時靖江王亨嘉反桂林，為丁魁楚、陳邦傅擒獲，則甫起事即敗，亦未有骨肉相爭之事。皆難強為附會也。注：中如此類者甚多。此則過欲示其考核之詳，而不知轉失本指。所謂必求其人以實之，則鑿矣。又如《滇池鐃吹》四首，乃順治十五年收雲南凱歌。詩中方侈言勳伐，而以第一首末句「誰唱太平滇海曲，桄榔花發去年紅」，謂預料吳三桂之將為逆。是時三桂方欲立功，至十八年尚率兵入緬，取永明王獻捷，豈早有逆萌！然其為人狡譎陰悍，則已人所共知。伏讀《御批通鑑輯覽》，如見肺肝，則謂梅村早見及此，亦可。

《雜感》第一首內「聞說朝廷罷上都」，靳注謂順治八年，裁宣府巡撫，併入宣大總督。然宣府豈上都耶？按：順治七年，攝政王以京師暑熱，欲另建京城於灤州，派天下錢糧一千六百萬，是年王薨，世祖章皇帝特詔：免此加派，其已輸官者，准抵次年錢糧。所謂「罷上都」，正指此事也。靳注誤。

《避亂》第六首：「曉起嘩兵至，戈船泊市橋。草草十數人，登岸沽村醪。不知何將軍，到此貪逍遙？」按：此係順治二年，太湖中明將黃蜚、吳之葵、魯游擊，吳江縣吳日生、好漢周阿添、譚韋等糾合洞庭兩山，同起鄉兵，俱以白布纏腰為號，後入城，圍巡撫土國寶，為國寶所敗，散去。此事見《海角遺編》。福山人所著，不著姓名。靳注亦不之及。

　　《長安雜詠》內第二首：「燈傳初地中峰變，經過流沙萬里來。代有異人為教出，鳩摩天付不凡材。」靳注謂「道忞，潮陽林氏子，棄弟子員出家，為天童密雲悟和尚法嗣。順治己亥，徵至京，住齋宮萬壽殿，敕封弘覺國師。」按：此詩乃指西藏達賴喇嘛入覲之事。達賴喇嘛相傳為如來後身，每涅槃後，仍世世轉輪為佛。凡蒙古、喀爾喀、厄魯特無不尊之，視前代之大寶法王不啻也。順治中，自西藏不遠萬里入覲，故比之鳩摩羅什，謂西域神僧也。此豈道忞足以當之耶？況上有「經過流沙萬里來」之句耶！靳注誤。忞公受封後，回至江南，與當事往還，聲勢翕赫。有月律禪師薄之曰：「伊胸中只有國師大和尚五字。」見《居易錄》。

　　《讀史偶述》第十二首：「松林路轉御河行，寂寂空煩宿鳥驚。七載金縢歸掌握，百僚車馬會南城。」南城，本明英宗北狩歸所居。本朝攝政王以為府第，朝事皆王總理，故百僚每日會此。順治七年，王薨，故云「七載金縢」也。靳注竟不之及。

　　《揚州》第三首：「東來處仲無他志。」靳注謂以王敦比左良玉兵東下。「北去深源有盛名」，謂以殷浩比高傑北討。按：良玉兵東下，以救太子、討馬士英為名，比之王敦，頗切當。殷浩素有盛名，時人比之管、葛，豈高傑可比耶？梅村蓋以深源比史可法。首句云：「盡領通侯位上卿，三分淮蔡各專征。」豈非可法以閣部開府揚州，領高傑、劉澤清、劉良佐、黃得功等四將，各任專征之責？而靳注以高傑當之，殊誤。

　　《雜感》第四首：「珠玉空江鬼哭高。」靳注謂潼川府中江縣有郪江，一名玉江；又蓬溪縣有珠主溪，皆蜀中地。不知此乃指張獻忠亂蜀時，聚金銀寶玉，測江水深處，開支流以涸之，於江底作大穴，以金寶填其中，仍放江流復故道，名之曰水藏。所謂「珠玉空江鬼哭高」也。見《明史・流賊傳》及沈荀蔚《蜀難敍略》。又《劫灰錄》：「獻忠北去後，一舟子詣副將楊展告之，展令長槍探於江中，遇木鞘，則釘而出之，數日，高與城等。展使人買米於黔、楚諸省，招集流移，資其耕作，由是一軍獨雄於川中，展自稱錦江伯。」

　　七律《即事》十首內，第八首「無意漫提歐冶劍，有心長放呂嘉船」，靳又謂刺鄭芝龍。按：芝龍本海盜，降明，授游擊。唐王聿鍵僭號時，倚為柱石。我朝兵入閩，芝龍即棄王來降，意欲即令其鎮守八閩，兼取廣東，則其功當封拜。而我朝定閩後，即挾芝龍入京，未嘗令其留鎮。則靳注所云刺芝龍者，實屬無著。自順治三年博洛、圖賴等擒斬唐王之後，鄭彩等又出沒海上，往往闖

入為崇。總督則張存仁、陳錦、李率泰等，巡撫則佟國鼐等，領兵官則陳泰棟、阿賴、耿繼茂、哈哈木、濟度、伊爾德等，各有戰功，所謂「放呂嘉船」，究未知屬誰。順治十一年，擾漳、泉，台州總督李率泰畏葸無功，以濟度代之，則所謂「放呂嘉船」者，蓋指率泰，靳注謂刺鄭芝龍何耶？又梅村《送友人從軍入閩》詩：「胡床對客招虞寄，羽扇麾軍逐呂嘉。」則姚啟聖等之收功矣。

《讀史偶述》第十三首：「異物每邀天一笑，自鳴鐘應自鳴琴。」按：順治元年，修政立法，西洋人湯若望，進渾天球一座，地平、日晷、窺遠鏡各一具，並輿地屏圖，更請諸曆悉依西洋法推算，從之。十五年，又進相拒曆，所謂「自鳴鐘」、「自鳴琴」，蓋即是時所進，創見以為神技也。靳注亦不之及。

《偶得》第二首：「一自赤車收趙李，探丸無復五陵豪。」按：此乃順治九年世祖挐獲京師大猾李應試、潘文學二人正法之事。應試混名黃膘李三，元本前明重犯，漏網出獄，專養強盜，交結官司，役使衙蠹，盜賊競輸重賄，鋪戶亦出常例，崇文門稅務自立規條，擅抽課錢。潘文學自充馬販，潛通賊線，挑聚壯馬，接濟盜賊，文武官多有與投刺會飲者。住居外城，多造房屋，分照六部，外來人有事某部，即投某部房內。後挐獲時，審訊惡跡，寧元我、陳之遴皆默無一語，鄭親王詰之，對曰：「李三巨惡，誅之則已。若不正法，之遴必被其害。」此二人豪猾之惡跡也。靳注亦不之及。王阮亭《池北偶談》：「黃膘李三正法後，其黨某猶巨富，造屋落成宴客，宋荔裳亦在坐，有頭口牙、手腳眼之對。潘文學開驟馬牙行，京師人謂驟馬曰頭口，故有頭口牙行之稱。其黨某造堂宴客，其牆壁尚有留缺處，以便工匠著腳，故謂之手腳眼。」

附錄七：（清）沈丙瑩《讀吳詩隨筆》^{〔註1〕}

讀吳詩隨筆一

《贈蒼雪》詩歷敘駐錫之地說法之盛，接以「即今四海內，道路多豺虎。師於法座上，瓣香祝君父。欲使菩提樹，偏陰諸國土」六句，不但立言得體，作者蒿目時艱，涉筆流露，亦可想見。

《塗松晚發》詩「斷響若鳴灘，蘆洲疑驟雨」二語，摹寫曲肖。泛舟過魚斷，舟底刺刺有聲，吾鄉水程，每習聞之。憶幼時隨任之漾洲，所過永康、雲和各處之灘，聲響相似，惟身歷者識上一句之工也。

《毛子晉齋中讀謝翱西臺慟哭記》一首，慷慨淋灕，即梅村之慟哭也。篇中「婦翁為神仙，天子共遊學。運去須武侯，君存即文叔」均警策語。

《松鼠》詩只是即景詠物，形容曲盡，不必作譏切時人說，不必附會徐大化、阮大鋮輩攀緣勢要之事，致設穿鑿。

《吳門遇劉雪舫》詩，長歌當哭，敘事曲盡。「寧同英國死，不作襄城生」二語，足備詩史。梅村親聞雪舫口述，視他人紀載，自較確也。

《臨江參軍》詩，寫盧公死難、參軍草疏。質、陌、職、緝韻通叶，激切作變徵聲。頃在讞局論斬搶掠鄉民之兵練不下十數起，讀詩中「剽略斬亂兵，掩面為之泣。我法為三軍，汝實飢寒極」四語，沉痛之至，於心甚戚戚。

《贈願雲師》詩中「君親既有愧，身世將安託」二語，自怨自艾，良可悼歎。

〔註 1〕《讀吳詩隨筆》二卷，附（清）沈家本輯《春星草堂集》，有清宣統元年（1909）刻本。此即據以整理。

　　《避亂》六首，皆走筆敘事之作。其「沙石晴可數，鳧鷺亂青草。主人柴門開，雞聲綠楊曉。花路若夢中，漁歌出杳杳」，寫礬清湖，居然一武陵溪。其二「先教禮數寬」一句，緣明時鄉官甚尊，今因人而拜村叟，乃避亂時不拘故常，故有是語。其三「路近忽又遲，依稀認楊柳」，「履休又急步」，皆摹寫入妙。「村女亦何心，插花尚盈首」，句法似從唐人「商女不知亡國恨」二句奪胎。比因兵警，鄉兵站城黔垣，婦女皆艷妝聚觀於闤闠，同此沒心肝也。其四「有心高酒價，無計掩漁扉」，「總無高枕地，祇道故園非」，極言避亂之難。又「惟羨無家雁，滄江他自飛」，則與莨楚詩人同其悲歡矣。其六「盡道征夫苦，不知耕人勞」，軍興大率如是。「君見大敵勇，莫但驚吾曹」，嬉笑清兵，甚於怒罵。

　　《西田》詩其三「此綠詎可畫，變化陰晴中」二語，寫出新苗之色致佳。

　　《哭志衍》詩「自請五千騎，一舉殲首惡。餘黨皆吾人，散使歸耕獲」，能寫出豪傑胸襟。

　　《閬州行》「設官尹猿狖，半以飼豺虎。尚道是閬州，此地差安堵。民少官則多，莫恤蜀人苦」六句，寫大亂後光景，沉痛之至。

　　梅村曾仕本朝，而《讀鄭端清世子傳》一首仍稱明代為「昭代」，梅村之不忘故國，我朝之寬大，並可想見。

　　《讀史雜詩》四首只是詠古之作，惟其三謂「刺薦舉遺逸」，較「何必致兩生，彼哉叔孫通」語氣甚顯。其一謂刺阮懷寧追王長秋無須配帝，阮無是事，即明季魏閹之禍，亦未召用外兵。其二謂刺薛韓城，亦近附會。「談笑徙種人，吾思王景略」，詩意似指猛徙種人，注未明晰。竇融歸漢，門祚極盛，而作者扶出戰槐里事，詞嚴義正，論古獨具雙眼。

　　《詠古六首》均詠懷之作，其一戒躁進，其二憂世網，其三思劍俠，其四注謂刺南都勳臣，詞意尚合。其五注謂刺孫可望，未協。鎮惡縛姚，留候報韓，於平西事蹟為近，作者或別有寄意也。其六憫遺民之避禍。

　　《夜宿阜昌》，指武城縣昌國故城。梅村由運河北上，須過武城，故有此題。詩中「涕泣辭伐燕」，刺洪亨九也。收處以仲連之勸使遊齊為傷，縱橫益足相證。

　　《遇南廂園叟感賦八十韻》，滄桑親歷，俯仰低徊，五言絕唱。

　　《下相懷古》弔重瞳、詆隆準，不以成敗論人，大有識力。末後「我來訪

遺跡，登高見芒碭。長陵竟壞〔註2〕土，萬事同惘悵」，成敗同歸於盡，可解烏江之憤。

「馬背話江南，春山吾負汝。白雲能容人，猿鳥不吾與」，此《題河渚圖送胡彥遠南歸》起四句也。羈旅之恨，以灑脫之筆出之，篆超妙。

《送何省齋》詩自敘處獨多，亦是別調。「世網敢自由，鄉心偶然遂」、「夜半話掛冠，明日扁舟繫」數語深有感於鄙懷。自「長安十二衢」至「獨行心且悸」，自述重入京師踽涼情狀，摹寫盡致；「旁有親識人，通都走聲利。厚意解羈愁，盛言推名位。不悟聽者心，怛若芒在背」，曲繪不入耳之言來相勸勉。

「同是集蓼蟲，以此識其味」，二語可味。

《礬清湖》詩「北風晚正急，煙港生模糊。船小吹雨來，衣薄無朝餔。前村似將近，路轉忽又無。倉皇值漁火，欲問心已孤」，追憶避難時事，曲盡情狀。又「我苦不必言，但坐觀髭鬚」，十分沉痛語。

《清涼山讚佛》詩四首，注云泳史，未言詩中妃係何人，讀之納悶。曰「雙成」、曰「千里草」，可知妃為董姓；曰「西宮」；乃所居之地；曰「涼風」、曰「蟋蟀」，可知薨於秋令；曰「蒼舒壙」，似有子而先夭者。詩中「漢主」，漢皇帝，即《長恨歌》用「漢皇」同意。入後「漢皇」乃指武帝。「微聞金雞詔，亦由玉妃出」，似曾為妃而肆赦者。俟細考之。其一首段「葉葉同根栽」，即引起定情意；次段「乘風」、「舍我」云云，即引起幻化意。第四、五段亦然，均極鳥跡蛛絲之妙。其二悼妃之薨，末段即引起清涼山。其三說到清涼山，與《長恨歌》後半異曲同工。其四追述往昔，歸到讚佛。「兢業」、「清淨」等語，以頌為規，最得立言之體。「莫賣西陵履」一語，不知何指。其三末段「房星未動」、「天降玉棺」、「未得迎鑾」諸語，亦不知作何解。謹按《東華錄》：順治十三年，冊內大臣鄂碩女董鄂氏為皇貴妃，頒恩救。十四年十月，皇第四子生。十五年正月，皇第四子薨，追封和碩榮親王。十七年八月十九日，皇貴妃董鄂氏薨，輟朝五日，追封為皇后，諡曰「孝獻莊和至德宣仁溫惠端敬」。冬十月辛卯，上幸近郊。十一月丁巳，諭刑部，見在監候罪犯概從減等，有應決者姑停處決。於此詩頗合，未詳是否。

《縹緲峰》詩「看君衣上雲，飛過松間月」，遊覽好句。

〔註2〕「壞」，吳詩原作「抔」。

《送周子俶》詩，其一「入門四壁在，小婦當窗織。恐其話飢寒，且呼治酒食。妻子識君心，低頭惟默默」，又曰「睠此父母邦，過若他鄉客」，沉痛之至。其二「京口正用兵，倉皇走瓜步」，指順治十六年鄭成功陷鎮江事。

「千林已暝色，一宰猶夕陽」，眼前之景，拈出甚妙。此《宿福源精舍》起句也。

《遊石公山》詩第五段：「扶杖一老翁，眼看話年月。昔逢猶兒童，今見已老耋。昨聞縣帖下，搜索到魚鼈。訝彼白黿逃，無乃青草竭。卻留幽境在，似為肥逐設。當年綺里季，卜居采薇蕨。皓首走漢廷，恨未與世絕。若隨靈威去，此處攬藤葛。子房知難致，欲蔭且捫舌。」寫山中可免追呼，兼可逃名，為一篇之警策。

《行路難》十八首，激昂慷慨，如聽幽燕擊筑之聲。其三與杜詩之《哀王孫》微似而實不同。杜詩止傷悼龍種，此詩有警醒意。爾時唐王建號，魯王稱監國於越，不知同心禦侮，轉自相殘害，故舉五王之亂以為殷鑒，惜夢夢者終不悟也。其五言居長安之難。「長安冠蓋一朝改，紫裘意氣非吾曹」，與杜陵「王侯第宅皆新主，文武衣冠異昔時」二句同慨。其九用應侯蔡澤事，似為當時用事者諷。其十一言為直諫之難。其十二似指國初外藩蒙古立功內地者說。詞章家每喜用通用之字，以示博洽。其實原書各有本字，如此詩用「烏瓛」字，「桓圭」之「桓」可作「瓛」，未聞《後漢書》有《烏瓛傳》也。其十六言西南行路之難，似為從桂王諸臣發喟。其十七注謂刺由崧，言之綦詳。末二語「勸君歸來且歡喜，臥病空休為君起」，立言溫厚，風人之遺。其十八途窮痛哭，以醉鄉為歸宿，即伯倫《酒德頌》意也。

《永和宮詞》芊麗纏綿，足抗長慶之席。余幼時愛誦之，略能背誦。今一展讀，光景常新。第六段「涕泣微聞椒殿詔」，似用孝宗喆問張鶴齡事。第八段「花飛寒食應相憶」，似用宋宣仁后「明年寒食時，當憶老身」語，注俱未及。第九段「頭白宮娥暗顣顩，庸知朝露非為福。宮草明年戰血腥，當時莫向西陵哭」，沉痛之極。第十段「窮泉相見」數語，空中設想，亦沉痛，與《吳門遇劉雪舫作》「彷彿萬歲山，先後輴耕迎」一段同一機軸。

《洛陽行》第四段「析圭分土」「上東門」以下六句，極言就封之寵。第六段「萬家湯沐啟周京」以下六句，極言初封之盛，折入被害，分外蒼涼。「願王保此黃髮期，誰料遭逢黑山賊」，「總為先朝憐白象，豈知今日誤黃巾」，「帝子魂歸南浦雲，玉妃淚灑東平樹」，時鄭妃早薨，似指泉下說。皆篇中警句。「廷論

由來責倖夫」，似指言官攻申時行說。「青雀投懷」，係用唐魏王泰事，注引《琴賦》「青雀西飛」及「玉燕投懷」，全不相涉。建儲一事，爭者盈廷，功罪在參半間。此詩曰「功名徒付上書人」，曰「調護何關老大臣」，蓋不值梅村一噱也。

《宮扇》詩感述君恩，溢乎言表，而「沉吟不決，草間偷活」，何也？第三段「天語親傳賜近臣，先生進講豳風倦」明指思陵。第四段「舊內漫懸長命縷，新宮徒貼解兵符」，似分指南北二都，或梅村官南渡時亦曾賜扇也。上一句「再哭蒼梧」，用「再」字甚明顯。「左徒」但作待從說，以靈均自比，較醒。若率涉蘿石，不免附會。末段「莫歎君恩長斷絕，比來舒卷仍鮮潔」，似以囁然不淬自矢，「乍可襟披宋玉風，不堪袖掩班姬月」，會不得，似覺意為辭掩。

古之傷心人別有懷抱，一蟋蟀盆發出如許感喟，其胸次可想見矣。第二段「今日親觀戰場利」，領起第三、四、五段，鋪寫蟋蟀之鬥，皆以明初戰鬥為比。故第六段「二百年來無英雄」，可以直接篇末「惜哉不遇飛將軍」。「人之云亡，邦國殄瘁」，千古同慨。

《聽女道士卞玉京彈琴歌》通體珠圓玉潤，琅琅可誦。第三段「盡道當前黃屋尊，誰知轉盼紅顏誤。南內方看起桂宮，北兵早報臨瓜步」，語特警醒。第四段「可憐俱未識君王，軍府抄名被驅遣」，「當時錯怨韓擒虎，張孔承恩已十年。但教一日見天子，玉兒甘為東昏死」，皆沉痛之至。第五段以下，卞自述入道之由。「貴戚深閒陌上塵，吾輩漂零何足數」，亦沉痛。

《南生魯六真圖歌》雖一時酬應之作，筆態卻矯變可喜。寫六圖或分或合，絕不板滯，尤妙在中間。「我笑此翁何太奇，彈琴蹴鞠皆能為。讀書終老非長策，乘雲果欲鞭龍螭」，數句提掇，通幅皆靈。

《後東皋草堂歌》似作於瞿忠壯桂林殉節之先，俯仰今昔，低徊欲絕。「放逐縱緣亡〔註3〕意，江湖還賴主人恩」二語，立言得體。「有子單居持戶難，呼門吏怒索家錢」，知爾時忠壯之子仍居故里，足徵我朝之寬大也。

明季兵燹，南中尚有幸免處。梅村《汲古閣歌》有「君家高閣偏無恙」，知子晉藏書，完同魯壁，至今汲古閣本為海內所珍。

《送志衍入蜀》詩警句：「人影將分花影亂，鐘聲初動簫聲咽」。

《鴛湖曲》聲調清脆，音節汝涼，篇幅恰到好處，集中七古絕唱。「樹上流鶯三兩聲，當年此地扁舟住」，真是不堪回首。「十幅蒲帆幾度風，送君直上長安路」，豈料東市朝衣，一旦休乎！「白楊尚作他人樹，紅粉知非舊日樓」，

〔註3〕「亡」，吳詩原「事」。

可悲甚矣。下「寧使當時沒縣官，不堪朝市都非故」，轉進一層，更沉痛。收處「君不見白浪掀天一葉危，收竿還怕轉船遙。世人無限風波苦，輸與江湖釣叟知」，如暮鼓晨鐘，發人清醒。

《項黃中家觀萬歲通天法帖》詩當作於江東拒守之時，故詩中有「稽山越水烽煙作」之句。

《畫蘭曲》：「腕輕染黛添芽易，劍重舒衫放葉難。似能不能得花意，花亦如人吐猶未」，嬌弱女郎，活現紙上。

《蘆洲》、《捉船》、《馬草》三詩，古人大東之遺。注謂其有意學杜，俗字里語都入陶冶，如「賠累」、「需索」、「使用」、「解頭」、「買脫」、「曉事」、「常行」、「另派」、「解戶」、「公攤」、「苦差」、「除頭」等字。今讀之，《蘆洲行》尚有「踏勘」、「白售」等字，《捉船行》尚有「快槳」、「急艣」等字，《馬草行》尚有「打束」、「私價」、「常例」等字，皆俗字。「樵蘇納向鍾山去，軍中日日燒陵樹」，則比《蘆洲》更可慨矣。「黃金絡頭馬肥死，忍令百姓愁飢寒」，語極沉痛。

《王郎曲》與香山作《琵琶行》同意，篇末「君不見康崑崙、黃幡綽，承恩白首清華閣。古來絕藝當通都，盛名肯放優閒多」，全是自怨身世語。其曰「王郎王郎可奈何」，即白詩「同是天涯淪落人」也。第三段「五陵俠少豪華子，甘心欲為王郎死。寧失尚書期，恐見王郎遙。寧犯金吾夜，難得王郎暇。坐中莫禁狂呼客，王郎一聲聲頓息。移床欹坐看王郎，都似與郎不相識」，極寫一時傾靡之狀，此風於今未艾也。

《送龔孝升使廣東》詩：「祇因舊識當途少，坐使新知我輩輕」，想見梅村重入京師，羽換官移，踽涼無侶光景。

《雁門尚書行》「椎牛誓眾出潼關，墟落蕭條轉餉難。六月炎蒸驅萬馬，二崤風雨斷千山。雄心慷慨宵飛檄，殺氣憑陵老據鞍。掃穴謀成頻撫劍，量沙力盡為傳餐」一段，寫被促出兵致敗之由，有聲有色。篇末「至今惟說高參軍」，片語千古。

《海戶曲》先敘元之飛放泊，次敘明之南海子，後敘今之南海子，歷歷寫來，盛衰之異、滄桑之變，感歎無盡。

梅村七古多於長慶體為近，而《退谷歌》獨逼近太白，通體一氣揮灑，遒健無匹。且使事較少，無彫琢痕，為集中出色之作。「少微無光客星暗，四皓衣冠只如此。使我山不得高，水不得深，鳥不得飛，魚不得沈。武陵洞口聞野

哭，蕭斧斫盡桃花林。仙人得道古來宅，劫火到處相追尋」，極寫遯跡之難，折入退谷，字外出力。「庭草彷彿江南綠」，引起莫釐、具區，機軸甚妙，亦是西山真景。

《田家鐵獅歌》「第令監奴睛閃鑠，老羆當路將人攫。不堪此子更當關，鉤爪張睜吐銀齶」四句最警。田弘遇舊居今為鐵獅子胡同，巷口鐵獅尚存。文露軒侍郎蔚居此，園亭極勝。余與侍郎長公子志小軒勳交，客歲牡丹開時，曾在園中小飲，極琴樽之樂。其園或係田家舊阯也。詩中「青犢明年食龍子」，似指永、定二王言。二王送弘遇，第不能匿，故及之。

《松山哀》長歌當哭，通體無懈可擊。第一段從松山直起，折到喪師，字字警策。第二段「豈無遭際異，變化須臾間。出身憂勞致將相，征蠻建節重登壇。還憶往時舊部曲，唱然歎息摧心肝」，就十三萬人中抽出一哀十三萬人之心，嬉笑甚於怒駕。第三段就息兵後看出可哀，「廢壘斜陽不見人，獨留萬鬼填寂寞」，哀哉！第四段從招募耕農時追慨戰亡者之可惜，劫運所關，問之蒼蒼，當亦無可置對。

《殿上行》，靳注謂為黃石齋作，是也。第二段「秦涼盜賊」指闖、獻，「梁宋丘城」指河南蝗，「降人花門」指熊文燦受降，均是。惟「抽騎千人桂林戍」，注引《吳都賦》之桂林，爾時平江無事，語嫌泛設。或其時粵西亦有兵事，記俟再查。

《玉京道人墓》詩：「青蓮舌在知難朽。」李白《登瓦棺閣》詩，楊齊賢注據俗說云：「瓦棺寺之名起自西晉，時長沙城隅陸地生青蓮兩朵，民以聞官，掘得一瓦棺，見一僧，形貌儼然，其花從舌根生。父老云：昔有一僧，不說姓名，平生誦《法華經》百餘部。臨死，遺言以瓦棺葬之，遂以寺名為瓦棺。」本此。白香山《遊悟真寺》詩：「經成難聖僧，弟子名揚難。誦此蓮花偈，數滿百億千。身壞口不壞，舌根如紅蓮。」

《疊陽觀訪文學博》詩：「人言堯幽囚，或言舜野死，目斷蒼梧淚不止。」不知梅村於西南殘局未嘗無情。

《圓圓曲》膾炙人口久矣，靳注謂此篇以「慟哭六軍俱縞素，衝冠一怒為紅顏」一句作挈領，以「若非壯士全師勝，爭得蛾眉匹馬還」作中權，以「全家白骨成灰土，一代紅顏照汗青」作收束，熟覆信然。「斜谷雲深起畫樓，散關月落開妝鏡」，「舊巢共是銜泥燕，飛上枝頭變鳳皇」，皆篇中警句。「啼妝滿面殘紅印」，似用桂紅膏事。注引「樹頭樹底覓殘紅」，未的。

《悲歌贈吳季子》起處「人生千里與萬里，黯然銷魂別而已。君獨何為至於此，山非山兮水非水，生非生兮死非死」，突兀奇橫。收處「受患祇從讀書始，君不見，吳季子」，峭甚。

《織婦詞》全用比體，注中未詳所指。「昔值千金，今賤如草」，似借喻老輩文章，或梅村有所感也。

《九峰草堂歌》「勳業將衰文字興」七字，非小儒所能道。

《秋日錫山謁家伯成明府》詩，酬應之作，惟「數枝寒菊映琴心，百斛清泉定茶品」可摘作池館楹聯。

《白燕吟》：「傷心早已巢君屋，猶作徘徊怪鳥看。」身世多故，蹤跡孤危。為狷菴詠，即以自悼。

《蚤起》詩：「衫輕人影健，風細客心柔。」寫出早涼意。

《瑜芬有待兒》詩：「生小就儂嬉」，用古詩「郎來就儂嬉」，注未引。

《園居柬許九日》詩：「進筍穿茶灶，敲花罨釀房。」新甚。

《夜泊漢口》詩：「久遊鄉語失，獨客醉歌難。」極渾成。

《送黃子羽詩》篇中「龐德祖」字直是誤用，或緣楊脩之字偶而舛錯。

又《新都》一首「先皇重元老，大禮自尊親」十字，文忠身份，議禮得失，足以括盡。

《讀史雜感》十首皆泳南渡後事，足備詩史。其五：「聞築新宮就，君王擁麗華。尚言虛內主，廣欲選良家。使者螭頭舫，才人豹尾車。可憐青家月，已照白門沙。」通首輝灝流轉，七、八尤沉痛。其八：「孤軍攝葦案，百戰死王琳。」可摘作靖南侯廟聯。其十泳江東軍事，是時魯王稱監國於越，注引潞王事，未合。

《送王子彥》詩：「青山負布衣。」五字奇特。

《遇舊友》詩：「已過纔追問，相看是故人。亂離何處見，消息苦難真。拭眼驚魂定，銜杯笑語頻。移家就吾住，白首兩遺民。」轉折一氣，逼近杜陵。

《呈李太虛》詩：「還家蘇武節，浮海管寧船。」十字典重。玩下句，太虛當由天津泛海至吳。

《海溢》詩：「魚龍居廢縣，人鬼語荒村。」十字奇警。

《閬園》詩其七「投老乞菱湖」，似用賀子章乞鑑湖事，注未引。

《課女》詩樸實流轉，雅近少陵。七、八「亦知談往事，生日在長安」，與「遙憐小兒女」之句異曲同工。

《訪霍魯齋》詩其三「若下酒」當是「下若酒」之訛。

《項王廟》詩：「情深存魯沛，氣盛失韓彭。」筆力甚厚。末句「遺恨在彭城」，言羽之失計在都彭城，不能無遺恨也。若定都關中，沛公非羽敵矣。注中未拈出。

《過南旺》詩：「平分泰山雨，兩使濟河風。」靈奇肖題。七、八「始知青海上，不必盡朝束」，亦甚佳。惟「青海」字嫌太借用。

《病中別孚令弟》十首纏緜真摯，語語從肺腑流出。觀「逾時游子信，到日老人開」，「老猶經世亂，健反覺兒衰」，想見其家之慈孝。觀「病憐兄強飯，窮代女營婚。別我還歸去，憐渠始出門」等句，想見其家之友愛。其九殷懷寡妹，篤念老親，無非藹然孝友之言。又「州郡羞干謁，門庭簡送迎」句，頗見立品。又《再寄三弟》之「官稅催應早，鄉租送易還」句，急公恤佃，意亦互見。其他詩篇亦多類此，每於故交舊誼，贈言多懇至語。大約梅村之為人，絕非猥薄一流。即《風懷》艷體，時露筆端，亦才人不羈常態，尚不至如隨園之蕩踰閒檢。倘身際升平，無疾風勁草之試，應不失為賢士大夫也。

《送沈旭輪》詩其三：「此亦堪為政，無因笑傲輕。爾能高治行，世止薄科名。」得老輩慰勉門下士之旨。

《送王子彥南歸》其三：「憂患妨高臥，衰遲累遠行」，有同病相憐之意。

《代州》詩：「河來非漠地，雪積自堯年。」警句。七、八「中原偏戰鬥，此地不為邊」，蓋代州向為邊徼，我朝入關，從茲休息，亦古來變格。

《橐駝》詩：「可憐終後載，汗血擅功名。」十字為拙宦寫照。

《送純佑兄之官確山》詩：「地瘠軍租少，官輕客將豪。」近自軍興後，守令多抱此病，黔省尤甚。

《過中峰禮蒼公塔》詩：「影留吟處石」，用張三豐石影事，注未及。

《宿沈文長山館》詩：「焙茶松電火，浴繭竹離泉。玉鼠仙人洞，銀鱸釣客船。」俱工雅。

《湖中懷友》詩：「遠帆看似定。」工妙。

《七夕即事》四首，注謂與《清涼山讚佛詩》參看。索解不得，殊悶人也。首章「只今漢武帝，新起集雲臺」，或當時有候神人之事。「集雲」應是「集靈」之訛。其三：「沉香亭畔語，不數戚夫人。」沉香亭與漢官不涉，而偏云戚夫人，似故為舛繆者。疑作者意是不數玉環耳。未章有「緱嶺先秋」、「傷心枕被」等詞，豈爾時朱邸有化去者？究不得其解也。

《贈新泰令》詩：「殘民弓作社。」似用弓箭社事。注引《西域記》「一畝為一弓」，未協。

《遙別故人》二首，不言其人，注中亦不詳所指。味語意，似為陳彥升作。

《哭亡女》詩：「喪亂方生汝，全家竄道邊。畏啼思便棄，得免意加憐。兒女關余劫，干戈逼小年。興亡天下事，追感倍淒然。」情景逼真。其二從失母說到黃泉話別離，可為酸鼻。其三：「時危難共濟，算短亦良謀」，更沉痛。

《天馬山過鐵崖墓有感》：「悲來吹鐵笛，莫笑和人稀。」感喟深長。

《過吳江有感》詩：「塔盤湖勢動，橋引月痕生。」劇佳。

《家園次罷官》詩：「官隨殘夢短，客比亂山多」。宋人佳句。

《和元人齋中雜詠》八首，皆於詠物中寄託己意。題作《許九日顧伊人和元人云云戲效其體》，或原唱即係借物詠懷也。《蠹簡》云：「卻將殘缺處，留與豎儒爭。」《舊劍》云：「此豈封侯日，摩挲憶往年。」《破硯》云：「記曾疏得失，望斷紫雲愁。」《塵鑑》云：「秦女妝猶在，陳宮淚怎揮。」意皆顯露。《廢檠》云：「莫歎蘭膏爐，應無點鼠侵。」豈為奏銷蘆課事，慨乎言之耶？

讀吳詩隨筆二

《遊寒山深處》詩：「松巔湖影動，峰背夕陽開。」二十字渾成。

《壽王子彥五十》詩：「五簋留賓高士約」，當是用溫公五簋事，注未及。

《與友人談遺事》詩：「一自羽書飛紫塞，長教鉦鼓恨黃巾。」上句指延陵之乞師，下句指闖逆之陷京。

《雜感》之一「罷上都」句，注引元上都事，未合。疑指睿王築成永平事。「瀚海波濤飛戰艦」句甚奇，不知何指？「禁城宮闕起浮圖。」按：今瓊島旁有塔，不知是爾時所建否？「雪深六月天圍塞，雨漲千村地入湖」，當亦有實事，俟考。其二詠織造事。近來此事甚支絀，大運多起，仰給關稅，俗所稱「龍衣貢也。所用頗廣，籌款維艱，而病不及民。玩此詩，知國初時東南杼軸之苦。其三中四語極陳測日、探河、屯田、祠祭之盛，而七、八云「世會適逢須粉飾，十年辛苦厭征鼙」，深以不勤遠略為請。其四詠征蜀事，譏切延陵。「雞豚絕壁人煙少，珠玉空江鬼哭高」，此句暗用張獻忠涸江瘞珠寶事。二語甚警。其五亦刺延陵。「取兵遼海哥舒翰，得婦江南謝阿蠻」，上四字與下三字不相蒙，若曰其取兵遼海也，如哥舒翰之開關投降；其得婦江南也，如謝阿蠻之曾入宮闈耳。「快馬健兒無限恨，天教紅粉定燕山」，蓋微詞山海關將卒但知為君父復仇，豈知

適成本朝撫定燕山，故其恨無限也。一怒衝冠，止為紅粉，圓圓之功亦偉矣。其六詠翟忠壯事。「禁垣遺直看封事，絕徼孤忠誓佩刀」，可作祠宇楹聯。此六首音響激昂，指陳切實，集中傑構。

《過朱買臣墓》詩：「是非難免三長史，富貴徒誇一婦人。」括盡翁子一生。

《自歎》詩：「誤盡生平是一官，棄家容易變名難。松筠敢厭風霜苦，魚鳥納思天地寬。鼓枻有心逃甫里，推車何事出長干。旁人休笑陶弘景，神武當年早掛冠。」通體明白如話，琅琅可誦。

《玄武湖》詩「煙水不關興廢感，夕陽聞已唱漁歌」，與三四「六代樓臺供士女，百年版籍重山河」對照，煙波無限。

《秣陵口號》結句：「無端射取原頭鹿，收得長生苑內牌。」興亡之感，彈指皆現。

《揚州》詩：「南朝枉作迎鑾鎮，難博雷塘土一丘。」悲涼之至。其三「東來處仲無他志」，注指左良玉，是也。又「北去深源有盛名」，注謂指高傑，似不足以當之，俟考。其四「紫駝人去瓊花院，青家魂歸錦纜船」，悲婦女之被掠者。注引「紫駝之峰出翠釜」，未合。

《過淮陰》二首，皆征途感懷之作。其收句「昔人一飯猶思報，廿載恩深感二毛」，不如其二之「我本淮王舊雞犬，不隨仙去落人間」較蘊籍也。

《將至京師寄當事諸老四首》籲乞放歸，詞甚婉。其一「敢向煙霞堅笑傲，卻貪耕鑿久逍遙」，平實語。其二說被徵之苦。「今日巢由車下拜，淒涼詩卷乞閒身」，微露兀傲意。其三說蹤跡之孤。「赤松本是留侯意，早放商山四老歸」，語頗動人。其四中四句尤婉篤。「不召豈能逃聖世，無官敢即傲高眠」，「匹夫志在何難奪，君相恩深自見憐」，筆端有舌。收句「記送鐵崖詩句好，白衣宣至白衣還」，冀以楊公見待也。

《過宿遙晤陸紫霞》詩：「黃葉渾隨諸子散，白雲猶幸故人留。」二調近放翁。陸名奮飛，與梅村同中崇禎辛未進士。題中稱年兄，今則移作老師呼門生之稱，以呼齊年生，鮮不譁然矣。

《送安慶朱司李》詩，題注引《一統志》，謂安慶在安徽布政司西南六百十五里。想爾時安徽未設省會，布政司尚駐白下耶？詩中「百里殘黎半商賈，十年同榜盡公卿」，清穩。

《江上》詩收句:「萱花一夜西風起,兩點金焦萬里愁。」感慨語,偏極灑脫。

《送李書雲蔡闉培典試西川》詩:「兵火才人羈旅合,山川奇字亂離搜。」按時立言,精切。

《壽李太虛》其三:「江湖有夢爭南幸,滄海無家記北歸。」自是佳句。惟據崇禎時勢,烈帝南遷,應不失為東晉。帝恭儉圖治,勝聖安萬倍,馬、阮一流,何從得志!即宵南諸人,亦皆用命,或者可延遺緒。

《即事》十首響逸調高,事皆指實,為梅村七律中傑作。其一「玉樹青蔥起桂宮」,原注:「時乾清宮成。」「謁者北衙新掌節。」原注:「初設內監。」「郎官西府舊乘驄。」原注:「新選部郎巡方。」皆足備考據。臺規,順治十二年,題准巡方,原未嘗永遠停止。此時當遣出巡於各部院等衙門內,不分新舊,理事官郎中以下,吏部、都察院會同考,選才能清廉、品望素優者,授為御史差遣。十八年停止。是部郎巡方,此制行之不久,故他處未曾見也。「蕭相功成固不同」,未知所指何人?「百戰可憐諸將帥,幾人高會未央中」,應指豪格、孔有德諸人。收調悲壯,長使英雄灑淚。其三羅列金豈凡之恩遇,其人之無恥,於言外得之。其四詠陳彥升之遣戍,與其三豈凡膺寵作對照。其五言河決之害。「本濟漕渠竟北還」,指陳切實。「汴堤橫亙不逢山」,甚佳。河在龍門以上,多有山相約束,自汴梁以下,所過皆平地,故為患多也。其六:「西山盜賊尚縱橫,白晝圻南枹鼓鳴。誰道盡提龍虎將,翻教遠過閶闔城。軍需苦給嫖姚騎,節制難逢僕射營。斥堠但嚴三輔靖,願消兵甲罷長征。」諫勤遠略,議論甚當。其七勸均節財用。收句「始信蕭曹務休息,太平良策未全無」,與其六同工。其八注謂刺鄭芝龍。未知爾時芝龍已伏就否?玩收句「廟算只今勤遠略,伏波橫海已經年」,意主罷兵,欲請置成功於度外也。其九注謂刺洪亨九。今讀之,前半言永曆之播越,後半言亨九之經略。收句「往事傷心」云云,筆伐殊嚴。記某上人有寄亨九詩云:「不率單于同入塞,李陵猶是漢忠臣。」此老能無汗下?其十刺延陵。「全家故國空從難,異姓真王獨拜恩」,可與《圓圓曲》等篇參看。

《長安雜詠》之一,因聞夜祭而追感世宗之修玄。「絳節久銷金寶火,青詞長護石壇松」,特佳。其二過慈聖所建寺而興感。「龍苑樹荒香界壞,鹿園花盡塔鈴哀」,亦佳句也。後半注以為指忞公。今玩第六句「經過流沙萬里來」,與忞公不合。意者廟為拉麻所居,故末句以番僧鳩摩什為比。其三詠羽獵之盛,而以說豹房作收,欲以殷為鑒也。

《哭蒼雪》詩：「清磬一聲山葉黃。」妙句。

《送友人出塞》「聖主起居當日慎，小臣忠愛本風聞」二句句法本羑里詩，寫出直諫苦心。

《七夕感事》，注謂為孔四貞作。今讀之，毫不相似。玩第三、四句，似由遠地入宮者。六句「北邙黃鳥」，似有子車殉葬之事，稍與睿王高麗妃事相似，或由西南入宮中者。此詩與五律《七夕即事》同一不解。

《和楊鐵崖》二首，題曰天寶遺事詩，而曰「漢主」、曰「曼情」，可知漢、唐皆託詞。豈詠演《長生殿》傳奇事耶？其二收句：「霓裳本是人間曲，天上吹來便不同」，似可會意。

少司空傅夢禎本前朝舊臣，其還嵩山，不無故國之感。故梅村作詩送行，有「銅仙露冷宮門草，玉女臺荒洞口沙」之句。

《郯城曉發》題作「剡」，似係「郯」之誤。詩「魯山將斷雲不斷，沂水欲流沙不流」一聯，工絕。

《聞台州警》其一：「投戈壯士逍遙臥，橫笛漁翁縹緲愁。」風刺入妙。其二收句：「桃花欲種今誰種，從此人間少洞天。」新警。

《贈遼左故人》六首，為陳之遴作。語多沉痛，音節清道，均是高唱。其一：「詔書切責罷三公，千里驅車向大東。曾募流民耕塞下，豈遇豪傑實關中。桑麻亭障行人斷，松杏山河戰骨空。此去纍臣聞鬼哭，可無杯酒酹西風。」渾灝流轉，通首遒緊。其二「青史幾年朝玉馬，白頭何日放金難」，言效王子朝周，而不免於譴謫。收句「百口總行君莫歎，免教少婦憶遼西」，語似慰藉，實益可悲。其三后半「雁去雁來空塞北，花開花落自江南。可憐庾信多才思，關隴傷心已不堪」，見有家不能歸，同子山之悲賦也。其四「恰逢靈藥可延年」，指人參說。上句「溫湯堪療疾」，注引昌平、遵化溫泉，均與遼左遙遠。《補注》引《一統志》：奉天府溫泉有四，一在遼陽州南，一在遼陽州柳河，一在永吉州東南，一在永吉州南，是已。文鼠之暖，寒魚之鮮，總不及孤山梅樹之佳。其五為彥升老母說。「生兒真悔作公卿」，沉痛極矣。

《詠物》詩以得言外意為妙。詠繭虎曰：「最是繭絲添虎翼，難將續命訴牛衣。」意刺貪吏。詠蟬猴曰：「移將吸露吟風意，作就輕軀細骨妝。」刺充隱而走聲氣者。

袁于令素行儇薄，人不足道，而梅村贈言「賴有狂名堪作客，誰知拙宦已

無家」，「千騎油幢持虎節，扁舟鐵笛換漁竿」之句，未免愧詞。注云：「特為廉吏剖白」，甚謬。

李笠翁人品不高，梅村贈句「海外九洲書志怪，坐中三疊舞回波。」一指其小說，一指其詞曲，尚不失分寸。

《訪同年吳永調》其三：「酒杯驅使從無分」，用杜詩「竹葉於人既無分」。注未及。

《送張玉甲》詩：「浩劫山川尚有無。」想見國初版圖未定，郡縣乍得乍失光景。近年寇盜縱橫，地多失守，而銓曹依例除官，往往有無任可到者，可以此句移贈。

《贈學易友人吳燕餘》二首極寫所遇之屯，處處不脫學《易》甚精能。「吞爻夢逐虞生放，端策占成屈子窮」，「道人莫訝姚平笑，六十應稱未濟翁」，俱妙。

《贈松郡副守涪陵陳三石》，副守係管糧同知。中四句「湖天搖落雲舒卷，巫峽蕭森路折盤。廿載兵戈違故里，千村輸挽向長安」，渾灝流轉。由宦轍而及故里，又由故里而及官職，音節和雅。

《滇南鐃吹》四首典碩富麗，集中高唱。「銅柱雨來千嶂洗，鐵橋風定百蠻通」，「誰唱太平滇海曲，檳榔花發去年紅」，「魚龍異樂軍中舞，風月蠻姬馬上簫」，皆警句。此四首，注謂作於順治十八年凱旋之時，時緬人已將永曆送出矣。梅村集中如「人言堯幽囚，或言舜野死」，「長沙西去不能歸」等句，每有故國之思。今此四章，全以奏凱為慶，當別有說。

《天馬山》詩「剗秣可辭銜勒免，空山長放主人恩」二語，乃梅村解組後述懷語，甚妙。

《觀蜀鵑啼劇有感》四首詞旨纏綿。其三「往事酒杯來夢裏，新聲歌板出花前。雙淚正垂俄一笑，認君真已作神仙」，尤妙。

《題華山蘗庵和尚畫像》之二：「西南天地歎無歸，漂泊干戈愛息機。」上句指西南殘局也。

《戊申上巳過吳興》詩：「塔懸津樹雨中出，鐘送浦帆天際來。」二語恍見吾鄉風景。

《八風》詩。《東風》：「陶潛籬畔吹殘醉，宋玉牆頭送落英。」《西風》：「隴阪征夫蘆管怨，玉關思婦杵聲愁。」特佳。

《感舊贈蕭明府》詩：「黃河有恨歸遺老，朱邸何人問故王。」二語悲壯。

《晚眺》詩，疑詩題本係「鍾山晚眺」，而定本刪去上二字者，弔南都也。「雁低連雨色，鷺遠入湖光」二句，工妙。收句「欲問淮南信，砧聲繞夕陽」，注引《一統志》太平府晉淮南郡，指由崧走黃得功管事，甚是。

《送李仲木守寧羌》詩，戍剩殘兵，羌留廢堠，壘荒宮在，往事新愁。七盤曰遮，十日曰隔，一派亂後兵戈未定光景。末二句「不堪巴女曲，尚賽武都王」，微詞也。蓋是時川境尚屬永曆，故寧羌不易守耳。

《梅花庵聯句》「夏屋松陰改，周原麥秀漸。詩書遭黨錮，冠蓋受髡鉗」四語，詠北都既覆，黨禍未息，精湛。「暴骨嚴城陷，燒屯甲士殲」，包掃揚州等處屬城，及浙、閩、粵東覆敗之事。「子民餘爨僰，尺土剩滇黔」二句，詠永曆竄越西南事。「越俗更裳佩，秦風失帽瞻。短衣還戍削，長帶執蠻襓，似詠國初易服事。

《思陵長公主挽詞百韻》，援據典雅，排比鋪張，足以抗手子美，且足以備詩史，其佳句不勝摘也。

采石磯一戰，明之天下始此。梅村詩：「石壁千尋險，江流一矢爭。曾聞飛將上，落日弔開平。」只二十字，不著議論而感慨無盡。

人情於所創見，則詫之；迨習見，則忘之。《新翻子夜歌》於「窄衣添扣扣」、「歡有領下貂」皆見之吟詠。今衣制習為固然，而婦女以貂覆額，已無此風矣。碧縷生煙，當時初有煙草，豈知今日之流毒者，別有奇花乎？

《偶成》六言絕句十二首。其一述懷。其二刺以貌取人。其三刺飢飽不均。其四刺嬖幸。其五「韓非傳同老子」云云，似為史馬並相而作。其六請破格用人。其七刺武夫。其八以文琴自娛。其九刺倖進。其十刺清談。十一為疏狂者危。十二與其八同。

《聽朱樂隆歌》：「少小江湖載酒船，月明吹笛不知眠。只今憔悴秋風裏，白髮花前又十年。」與杜陵「岐王宅裏」一絕同慨。其四似詠供奉伎人障子，豈樂隆攜有美人圖耶？其五語不可曉。其六「坐中誰是沾裳者，詞客哀時庾子山」，句法脫胎香山，而淒涼過之。

《觀棋和韻》六首之一似恨延陵守關之誤任。其二或有所刺，未詳所指。其三似指左、史諸公指陳南渡國勢者言。其四感偽太子事。其五「上品國手」，不知何指？其六，即「局罷兩奩收黑白，一秤何處有虧成」之意。

　　《下相極樂庵讀同年北使時詩卷》：「蘭若停驂灑墨成，過河持節甚分明。上林飛雁無還表，頭白山僧話子卿。」蘿石勁節，不愧子卿，為明季第一流。此作亦集中第一流。

　　《過昌國》七絕，與五古中一首同意。「流涕伐燕辭趙將，忍教老死在邯鄲」，奈亨九之貪作經略何？

　　《偶見》二首曰：「更新梳裹〔註4〕簇雙蛾，窣地長衣抹錦韡。」又曰：「惜解雙纏只為君，豐趺羞澀出羅裙。可憐鴉色新盤髻，抹作巫山兩道雲。」爾時髻履更新，感賦所見。今黔省下游各屬，多為黑苗占踞，漢人婦女為所擄者，皆勒令放足，效苗婦裝。衣冠之裔淪為不袴之婦，哀哉！

　　《讀史偶述》三十二首，託名詠史，實賦時事，足備史晟考核。惜注者不敢直說，使讀者難得的解。其一「相公堂饌」云云，國初優禮大臣可知。其二明時京官，皆有儀從，國初則否，故有「怪殺六街驄唱少，只今驄馬避柴車」之句。其三詠翻譯事。其四詠宮內院宇。其五詠春帖受賜。其六、其八詠御廄。其七詠帳房。其九詠乘騎。其十詠觀射。十二「新語初成」及「先薦陸生」，未知何指。今回子營之北皇城內，即明南內，國初攝政王於此辦事，故其十二有「七載金縢歸掌握，百僚車馬會南城」之句。十三詠西洋堂，在今宣武門內。十四詠宮花。十五、十六，於宣鑪成窯香盒，感深故國。十七大將黃腸，應是勛臣之賜葬者，不知何人。十八、十九於琉璃廠、金魚池撫今思昔。二十詠茶。二十一、二十二，道書、微行，不知當時有此二事否。二十三至二十六，觀燈、打魚、作畫、種竹，各詠一事，料係紀實。二十七詠內道場。二十八重書家。二十九打圍。三十鬥鵪鶉。三十一、三十一皆詠珍奇。

　　《題二禽圖》：「舊巢雖去主人空，觔雨捎風自在中。卻笑雪衣貪玉粒，羽毛憔悴男雕籠。」寄託顯然，絕妙好句。

　　《靈巖山寺放生雞》四首，全是以雞自比。其二「如來為放金雞赦，飲啄浮生又幾年」，意固顯。其一乃事關滄桑，心無爭競之比。三、四皈依金仙，為雞之歸宿。梅村他詩有「我是淮王舊雞犬，不隨仙去落人間」，同一比喻。

　　《讀史八首〔註5〕有感》八首，程迓亭謂與《清涼山》四首參看，彼此均難索解。其一薰絃南巡，似是紀時，末二句「雲中命駕」、「蒼梧淚點」，登先後相續耶？其二、其三即《讚佛詩》「寄語漢皇帝，何苦留人間」之意。其四

〔註4〕「裹」，吳詩原作「裏」。
〔註5〕「八首」二字衍。

全不可解。其五、其六似追憶承恩時事。其七見仙裙既逝，無可顧盼。其八驅螻蟻於地下意。

《偶得》之一甚妙。「莫為高資畏告緡，百金中產未全貧。只因程鄭吹求盡，恰把黔婁作富人。」近日時勢，每多類此。其二「一自赤車收趙李，探丸無復五陵豪」，似詠國初拘拏簞下大盜某某事，見《池北偶談》。其三金城公主似比下嫁蒙古者。吳漢槎《燕支山詞》所詠綦詳，注中引以為證，當不謬。〔註6〕

〔註6〕（清）龍顧山人纂；卞孝萱，姚松點校第《十朝詩乘》卷一《吳漢槎燕支山辭》
（福建人民出版社 2000 年版，13～15 頁）：
吳漢槎兆騫《燕支山辭》，為科爾沁汗奧巴作也。奧巴先諸蒙古入朝。天命初，指婚貝勒舒爾哈齊女孫，授額駙，潛背約通明。天聰初，徵喀爾喀，徵其兵不至，使侍衛索尼阿珠祜齎詔責之。既至，先謁公主，奧巴別居，扶掖至。索尼等謂「爾有罪，當絕」，不顧而出。奧巴恐，使臺吉請其事，始示以璽書，乃使大臣環跽請罪。翊日，稱足疾，欲令臺吉代謝。索尼不可，曰：「吾豈取臺吉來耶！」又使人請，曰：「上怒，應肉袒謝，懼不容耳。」索尼曰：「上覆載如天地。汝果入朝，雖有罪，必蒙恤。」乃決入朝，恩禮如初。其詩云：「燕支〔吳兆騫《秋笳集》卷七題作作《濬稽曲》，粵雅堂叢書匯印本，文字與此稍異。「燕支」作「濬稽」〕山色青崔嵬，翠蓋雕〔「雕」作「香」〕輪夾道開。天畔銀河公主第，邊頭金帳單于臺。烏孫千馬親呈聘，鷥釵〔「釵」作「雛」〕九女爭來勝。舊四由來締賀蘭，和親詎是因婁敬。築館王庭奉義成，盛筵綠綬耀丹纓。自有威儀尊鳳女，特分湯沐在龍城。蛋蛋甋幌開行殿，紫駝白豹窮懽宴。金笳激調劣吹簫，珠帽流光罷遮扇。從官新給羽林郎，挾彈鳴鞭繡轂旁。旗飄蘭葉銀平脫，馬簇桃花錦襯襠。射生女騎何輕利，翠羽紅妝映天地。窄袖鴉青綴北珠，輕靴鴨綠裝西罽。羌管胡琴〔「胡琴」作「秦箏」〕晝夜喧，貂袍三襲不知溫。自矜帝子金鄉貴，不羨名王玉塞尊。名王舊是呼韓裔，尚主中朝稱愛婿。好獵頻徵鳴鏑兒，酣歌遍惜琵琶伎。琵琶小伎珊瑚唇，歌舞朝朝粉態新。祭馬每陪青海月，射雕常從雪山雲。可敦嬌妒還猜忍，同昌那得犀蠲忿。帳下才驚一騎來，杯中已見雙蛾隕。短轅彳亍恨驅牛，腸斷狂夫淚莫收。自甘贅面哀紅袖，不念同心歎白頭。荊棘滿懷相決絕，雙垂玉筋沾襟血。龍種寧同蒽蕗捐，燕飛欲作東西別。妾意君情各自流，鴛鴦文采掩衾裯。卻分蕃部西樓去，別是秋風北渚愁。黃砂〔「砂」作「沙」〕深磧連天色，可憐相望誰相憶。千里金河怨別離，經年銀漢無消息。八月穹廬白雪高，玉花寒枕夢魂勞。販珠無復〔「無復」作「何處」〕求朱仲，綠幘寧聞待館陶。海西沙門術何秘，白馬迎來布金地。畏吾字譯貝多經，龜茲樂奏蓮花偈。灼爍禪鐙著曙明，仙梵風飄夜夜聲。黃鵠歌中思故國，青鴛塔畔懺他生。妝殿何心理殘黛，空王皈禮應憔悴。已分猜嫌任狡童，誰憐調護來諸娣。弱妹盈盈隔瀚源，黃雲千騎擁朱軒。判翼每嗟鸞鳳侶，迴腸遍係鶺鴒原。錦車銀磧何迢遞，姊妹〔「妹」作「娣」〕相逢自銜涕。為歡姮娥奔月來，卻教須女驂星去。相勸殷殷向玉真，莫將濁水怨清塵。苦辛應憶迴心院，嫵婉須憐結髮人。故人歡愛從今始，五色羅襦織連理。重畫修蛾待粉侯，休吹別鳳悲簫史。願作流蘇結不開，酡酥雙勸合歡杯。五部大人齊入賀，萬年公主竟歸來。從此歡娛莫相棄，上如青天下如地。入貢

《戲題士女圖》、《虞兮》之「博得美人心肯死，項王此處是英雄」，《出塞》之「夜半李陵臺上望，可能還似漢宮圓」，皆七絕佳句。

《烏棲曲》，舊調或以仄換平，或以平換仄，或以平換平，六朝成作可考。唐人此曲不皆四句者，平韻換仄居多。梅村此曲亦平韻換仄。竊謂曲本樂府體，不應編入七絕中也。

《古意》六首，袁子才曰：「乃是寫懷。」二今讀之，良然。其一是初登第而即值坎軻。其二甲申之難，不在都。其三曾陪遊獵。其四即「沉吟不決、草間偷活」意。其五為南都權貴嫉妬。其六被薦入都。

《仿唐人本事詩》四首，注云：「為定南王孔有德女賦。」其二「錦袍珠絡翠兜牟，軍府居然王子候。自寫赫蹄金字表，起居長信閣門頭。」非四真不足當之。其三「銅鼓天邊歸旗長」，言有德死於桂林也；「遠愧木蘭身手健，替爺征戰在他方」，亦於四貞為合。其四「新來夫婿奏兼官」、「笑君不欲舉頭看」，皆指孫延齡。惟第一首無可考，豈「聘就蛾眉」、「待年長罷」，當時有此事耶？觀「身在昭陵宿衛中」，知此詩作於康熙初年矣。

詩餘《江南好》十八首，極言嬉戲之具、市肆之盛、聲色之娛。注者謂南渡時上下嬉遊，梅村親見其事，直筆書之，以代長言永歎，可當《東京夢華錄》一部，可抵《板橋雜記》三卷。余謂此十八首或作於梅村被徵官京師時，寫鄉里之思。其止及瑣屑事者，亦鄭侯買田宅意，示無大志也。

《臨江仙·逢舊》一闋，悱惻纏綿，聲情俱佳。注謂為卞玉京作，或不謬。「落拓江湖常載酒，十年重見雲英。依然綽約掌中輕。燈前纔一笑，偷解衍羅

還修子婿恩，降嬪莫負先皇〔「皇」作「朝」〕意。回憶先皇〔「回憶先皇」作「伊昔先朝」〕草昧年，旌旗北屆阻柔然。欲將玉女傾城色，遠靖金戈絕塞天。絕塞西來平若水，三朝屢訂施衿〔「衿」作「襟」〕禮。異錦葡萄出漢家，名駒苜蓿通燕〔「燕」作「邊」〕市。今上彌敦兄弟歡，迎歸旌節遍長安。龍首貴宮申綺宴，蟻頭中禁並雕鞍。千秋天屬恩寧歌，賜予年年下雙闕。沁水園中歌吹塵〔「塵」作「塞」〕，祁連山下氍毹月。氍毹寶幄映重重，貴主繁華樂未窮。莫道芳菲邊塞少，春風弄玉在樓中。」詩述公主與奧巴離合之概。奧巴叔父莽古斯孫滿珠習禮，尚郡主，所謂「姊妹相逢」者也。奧巴為右翼中旗，莽古斯為左翼中旗，所謂「瀚源之隔」也。科爾沁列內盟札薩克二十四部之冠，與天家世為昏媾。厥後，每大征伐，如剿策妄阿喇布坦、蘿蔔藏丹津、噶爾丹策凌、達瓦齊諸役，皆以兵從，歷著勳績。高宗《入科爾沁境》詩云：「塞牧雖稱遠，姻盟向最親。嗣徽彤管著，綿澤礪山申。設堠嚴喧沓，清塵奉狩巡。敬誠堪愛處，未忍視如賓。」「嗣徽彤管」，謂孝端文皇后以次列朝后、妃，多選自科旗者。禮崇懿親，誼篤肺附，他部莫能及焉。

裙。薄倖蕭郎憔悴甚，此生終負卿卿。姑蘇城外月黃昏。綠窗人去住，紅粉淚縱橫。」

《滿江紅・白門感舊》一闋，遇雪而有感於南渡之初，百僚縞素也。音節清道，特為高唱。「松栝陵寒，掛鐘阜、玉龍千尺。記那日、永嘉南渡，蔣陵蕭瑟。群帝翱翔騎白鳳，江山縞素觚稜碧。躧麻鞋、血淚灑冰天，新亭客。雲霧鎖，臺城戟。風雨送，昭丘柏。把梁園宋寢，燒殘赤壁。破衲重遊山寺冷，天邊萬點神鴉黑。羨漁翁、沽酒一簑歸，扁舟笛。」

又《感舊》一首，亦淒涼欲絕。「滿目山川，那一帶，石城東治。記舊日、新亭高會，人人王謝。風靜旌旗瓜步壘，月明鼓吹秦淮夜。算北軍、天塹隔長江，飛來也。暮雨急，寒潮打。蒼鼠竄，宮門瓦。看難鳴埤下，射雕盤馬。庾信哀時惟涕淚，登高恰向西風灑。問開皇、將相復何人，亡陳者。」

《風流子・掖門感舊》與《宮扇》詩同一感慨。「十八年來如夢，萬事淒涼」，語有無限涕淚。

　　　　庚申年，在黔陽借得《吳詩集覽》，披讀之餘，隨手加墨。記室郭春山錄而存之。菁士自記。

　　　　《春星草堂集》，癸巳年刻於京師。甫成文、詩二種，家本即出守天津。十餘年來，宦途多故，工遂中輟。今秋始出此二卷，敬校付刊，餘俟續出。光緒三十二年季冬，男家本謹識。

附錄八：（清）沈德潛《吳詩精華錄》

開林按：《吳詩精華錄》二冊，抄本，藏臺灣「國家圖書館」。（書號：13240。索書號：402.713240。登錄號：13240）「全球漢籍影像開放集成系統」於2023年10月7日開放，夜裏發現收有此書，次日即開始錄入，17日早起。錄畢。

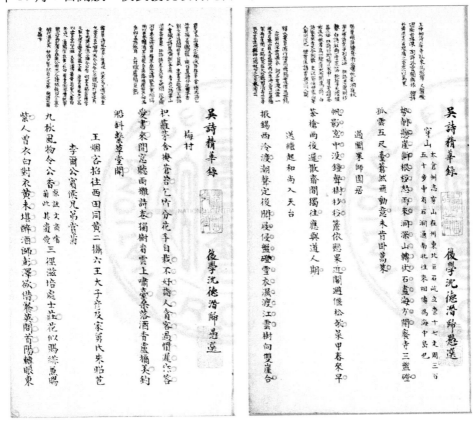

吳詩精華錄　　後學沈德潛歸愚選

梅村

枳籬茅舍掩蒼苔，乞竹分花手自栽。不好詣人貪客過，慣遲作答愛書來。閒窗聽雨攤詩卷，獨樹看雲上嘯臺。桑落酒香盧橘美，釣船斜係草堂開。

《蜀志・秦宓傳》：「宓稱疾，臥在茅舍。」　陸游詩：「乞竹寬編養鶴籠。」庾自直詩：「分花曲水香。」　劉文房詩：「閒居手自栽。」　《宋書・王微傳》：「不好詣人。」韋端己詩：「馬嘶朝客過。」　李正己詩：「茅山道士寄書來。」　杜詩：「詩卷長留天地間。」　《後史補》：「河中桑落坊有井，每至桑落時，取其寒暄得所，以井水釀酒甚佳，故名桑落酒。舊京人呼為桑郎，蓋語訛耳。」　《上林賦》：「盧橘夏熟。」

王煙客招往西田同黃二攝六王大子彥及家舅氏朱昭芑李爾公賓侯兄弟賞菊

九秋風物令公香，原注：文肅嗜菊，此其遺愛。三徑滋培處士莊。花似賜緋兼賜紫，人曾衣白對衣黃。未堪醉酒師彭澤，欲借餐英問首陽。轉眼東籬有何意，莊嚴金色是空王。

韓君平詩：「風物淒淒宿雨收。」　《北史・高允傳》：「文成重允，嘗不名之，恒呼為令公。令公之號，播於四遠矣。」　李頎詩：「風流三接令公香。」　《明史・王錫爵傳》：「字元馭，大學士。贈太保，諡文肅。」　《唐書・車服志》：「三品以上紫，五品以上緋。」　又，《李泌傳》：「著黃者聖人，著白者山人。」《通鑑》：「作衣黃衣白。」《晉書・陶潛傳》：「執事者聞之，以為彭澤令。在縣，公田悉令〔註1〕種秫穀，曰：『令吾常醉於酒，足矣。』」　《楚辭》：「夕餐秋菊之落英。」　陶詩：「採菊東籬下。」

其二

不扶自直疏還密，已折仍開瘦更妍。最愛蕭齋臨素壁，好因高燭耀華鈿。坐來豔質同杯泛，老去孤根僅瓦全。原注：蒔者以瓦束土。苦向鄰家怨移植，寄人籬下受人憐。

《史記・三王世家》：「蓬生麻中，不扶自直。」　蘇詩：「只恐夜深花睡去，故

〔註1〕「令」，乙本誤作「今」。

燒高燭照紅妝。」　杜詩：「老去詩篇渾漫興。」　又：「灩澦既沒孤根深。」　《北齊書·元景安傳》：「大丈夫寧可玉碎，不能瓦全。」　《戰國策》：「室不能相和，出語鄰家，未為通計也。」　《南齊書·張融傳》：「丈夫當刪《詩》、《書》，制《禮》、《樂》，何至因循，寄人籬下。」

和王太常西田雜興韻

　　一臥溪雲相見稀，繫船枯柳叩斜扉。橋通小市魚蝦賤，水繞孤村煙火微。到處琴書攜自近，驟來賓客看人圍。畫將松雪花溪卷，補入西田老衲衣。

　　許仲晦詩：「溪雲初起日沉閣。」　蘇詩：「繫船枯柳根。」　《隋書·食貨志》：「長吏叩扉而達曙。」　韓君平詩：「橋通小市家林近。」　陸魯望《幽居賦》：「樵歸而水繞孤村。」　杜牧之詩：「人疏煙火微。」　《元史·趙孟頫傳》：「自號松雪道人。」　吳子華詩：「西林近衲衣。」

其二

　　積雨空庭鳥雀稀，泉聲入竹冷巖扉。芒鞋藤杖將迎少，鱗舍魚莊生事微。病酒客攜茶荈到，罷棋人簇畫圖圍。日斜清簟追涼好，移榻梧陰見解衣。

　　顏延之詩：「孰知寒暑積。」　謝靈運詩：「空庭來鳥雀。」　張文昌詩：「煙深鳥雀稀。」　杜牧之詩：「枕遠泉聲客夢涼。」　儲光羲詩：「巖扉長不關。」　杜詩：「兼將老藤杖。」　又：「錦官城西生事微。」　《〈詩·小雅〉傳》：「病酒曰酲。」　《三國志·韋曜傳》：「密賜曜茶荈以當酒。」　徐幼文詩：「童收奕罷棋。」　貢仲章詩：「小市入家族。」　杜詩：「清簟疏簾看奕棋。」　方雄飛詩：「暑天移榻就深竹。」

其三

　　苦竹黃蘆宿火稀，渡頭人歇望歸扉。偶添小閣林巒秀，漸見歸帆煙靄微。蔬圃草深鳧雁亂，水亭橋沒芰荷圍。夜涼捲幔深更話，已御秋來白袷衣。

　　白詩：「黃蘆苦竹遶宅生。」　《北史·蕭大圜傳》：「蔬圃居前，坐簷而看灌畦。」　杜必簡詩：「荷芰水亭開。」　孫逖詩：「捲幔五湖秋。」　《雪賦》：「御狐貉之兼衣。」　義山詩：「悵臥新春白袷衣。」

其四

竹塢花潭過客稀，灌畦才罷掩松扉。道人石上支頤久，漁父磯頭欸乃微。潮沒秋田孤鶩遠，閣含山雨斷虹圍。亭皋木落黃州夢，江海翩躚一羽衣。

儲光羲詩：「花潭竹嶼傍幽溪。」　皮日休詩：「松扉欲啟如鳴鶴。」　柳子厚詩：「欸乃一聲山水綠。」　謝皋羽詩：「潮沒潮生蒼鶻起。」　《滕王閣序》：「落霞與孤鶩齊飛。」　李詩：「斷虹天岐垂。」　柳文暢詩：「亭皋木葉下。」　《後赤壁賦》：「木葉盡脫。」　又：「羽衣翩躚。」

其五

亂後歸來桑柘稀，牽船補屋就柴扉。遊魚自見江湖闊，野雀何知身體微。聽說詩書田父喜，偶譚城市醉人圍。昨朝換去機頭布，已見新縫短後衣。

范彥龍詩：「有客欸柴扉。」　陶詩：「臨水愧遊魚。」　《莊子》：「魚相忘於江湖。」　儲光羲詩：「噴噴野田雀，不知軀體微。」　《宋史·蘇軾傳》：「與田父野老相從溪山間。」　法震詩：「新縫鶴氅裘。」　《莊子·說劍》篇：「短後之衣。」

其六

勝情今日似君稀，鷺立灘頭隱釣扉。屋置茶僚圖陸羽，軒開畫壁祀探微。蕭齋散帙知耽癖，高座談經早解圍。手植松枝當塵尾，雲林居士水田衣。

蘇詩：「鷺立漁船夜雨乾。」　《山堂肆考》：「僧茗所曰茶僚。」　《國史補》：「竟陵龍蓋寺僧積公於水邊得嬰兒，育為弟子。稍長，自筮得《蹇》之《漸》，繇曰：『鴻漸于陸，其羽可用為儀。』乃姓陸，字鴻漸，名羽。羽嗜茶，善品泉。始炒煎茶法。著《茶經》三卷。」　崔國輔詩：「畫壁感靈跡。」　《南史·何戢傳》：「吳郡陸探微、顧彥先皆能畫。」　王詩：「散帙理章句。」　《晉書·列女傳》：「凝之弟獻之，嘗與賓客談議，辭理將屈。道韞遣婢白獻之曰：『欲為小郎解圍。』」　《明史·倪瓚傳》：「自號雲林居士。」王詩：「乞飯從香積，裁衣學水田。」　楊升庵《藝林伐山》：「裰裟，一名水田衣。」

其七

相逢道舊故交稀，偶過鄰翁話掩扉。陶氏先疇思士行，謝家遺緒羨

弘微。城中賜第書千卷，祠下豐碑柳十圍。今日亂離牢落甚，秋風禾黍淚沾衣。

> 杜彥之詩：「海內故交稀。」 《晉書·陶侃傳》：「字士行，本鄱陽人也。吳平，徙家廬江之尋陽。媵妾數十，家僮千餘，珍奇寶貨，富於天府。」《南史·謝密傳》：「字宏微。」 《晉書·賀循傳》：「賜第一區。」 《唐書·柳宗元傳》：「家有賜書三千卷，尚在善和里舊宅。」 《晉書·桓溫傳》：「行經金城，見所種柳，皆已十圍。」 耿湋詩：「秋風動禾黍。」

其八

春曉臺前春思稀，故園蘿薜繞山扉。僮耕十畝桑麻熟，僧住一龕鍾磬微。題就詩篇才滿壁，種來松栝已成圍。而今卻向西田老，換石栽花典敝衣。

> 何仲言詩：「向夕敞山扉。」 范致能詩：「困眠醒坐一龕多。」 杜詩：「朝回日日典春衣。」

壽王子彥五十

二十登車侈壯遊，軟塵京雒紫驊騮。九成宮體銀鉤就，原注：善歐體。萬卷樓居玉軸收。原注：家有樓名萬卷。縱解摴蒱非漫戲，即看哺歠亦風流。原注：善歠。筍輿芒屩春山路，故舊相逢總白頭。

> 《世說》：「登車攬轡，有澄清天下之志。」 《一統志》：「九成宮在鳳翔府麟游縣西。」 《封禪書》：「仙人好樓居。」 《晉書·陶侃傳》：「摴蒱者，牧豬奴戲耳。」 《南史·王景文傳》：「袁粲見之，歎曰：『景文非但風流可悅，乃哺歠亦復可觀。』」 杜詩：「寂寞春山路。」

其二

舊業城西二頃田，著書聞已續長編。兩賢門第知應補，十上才名祇自憐。投老漫裁居士服，畏人還趁孝廉船。只因梅信歸來晚，手植松枝暗記年。

> 《史記·老子傳》：「強為我著書。」 《戰國策》：「說秦王書十上而說不行。」 杜詩：「歸來祇自憐。」 《晉書·張憑傳》：「舉孝廉，劉惔遣傳教覓張孝廉船同載。」

其三

懶將身世近浮名，殘客繇來厭送迎。獨處意非關水石，逢人口不識杯鐺。衣幍蘊藉多風貌，硯几清嚴見性情。子弟皆賢賓從好，似君才勿愧平生。

《南史・張纘傳》：「吾不能對何敬容殘客。」 《晉書・皇甫謐傳》：「吾送迎不出門。」 《北史・成淹傳》：「既而勅送衣幍。」 《漢書・薛廣德傳》：「為人溫雅有醞藉。」 《宋書・孔覬傳》：「風貌清嚴。」

其四

雖云文籍與儒林，獨行居然擅古今。五簋留賓高士約，百金投客故人心。尊彝布列圖書貴，花木蕭疏池館深。晚向鹿門思採藥，漢濱漁父共浮沉。

駱賓王詩：「陳遵投轄正留賓。」 《莊子》：「今一朝而得百金。」 《漢書〔註2〕・逸民傳》：「龐公者，南郡襄陽人也。後攜其妻子登鹿門山，因採藥不還。」

周五子俶讀書愛客白擲劇飲又善音律好方伎為此詩以啁之

大隱先生賦索居，比來詩酒復何如。馬融絳帳仍吹笛，劉向黃金止讀書。窮賴文章供飲博，興因賓客賣田廬。莫臨廣武頻長歎，醉後疏狂病未除。

王康琚詩：「小隱隱林藪，大隱隱朝市。」 《後漢書・馬融傳》：「好吹笛。」 《漢書・劉向傳》：「字子政，本名更生。淮南有枕中鴻寶苑秘書，書言神仙使鬼物為金之術。而更生父德，武帝時治淮南獄，得其書。更生幼而誦讀，以為奇，獻之，言黃金可成。」 《五代史・楚世家》：「馬殷子十餘人，飲博歡呼。」 《晉書・阮籍傳》：「嘗登廣武，觀楚漢戰處，歎曰：『時無英雄，使豎子成名。』」 《漢書・蓋寬饒傳》：「無多酌我，我乃酒狂。」 白詩：「疏狂屬年少。」 《宋史・五行志》：「咸平六年，改元肆赦，民病悉除。」

謁范少伯祠 原注：在金明寺中，有陶朱公里四字碑。

艤棹滄江學釣魚，五湖何必計然書。山川禹穴思文種，烽火蘇臺弔伍胥。集作「胥臺」。今從《篋衍集》。浪擲紅顏終是恨，拜辭烏喙待何如。卻嗟愛子猶難免，霸越平吳事總虛。

《史記・貨殖傳》：「句踐困於會稽，乃用范蠡、計然。」 《吳越春秋》：「大夫種者，國者之梁棟。」《蘇州府志》：「姑蘇臺，一名胥臺，在橫山西北麓姑蘇山上。」《左傳注》：「伍員，字子胥。」 紅顏，指西子也。 《吳越春秋》：「蠡復為書遺種曰：『越王為人，長頸烏喙，不可以共晏樂。』蠡辭於王，乃乘扁舟浮江湖。」 《史記・句踐世家》：「朱公居陶，生少子。及壯，而朱公中男殺人，囚於楚。乃裝黃金千鎰，且遣其少子。朱公長男固請欲行，朱公不聽。長男欲自殺，朱公不得已而遣長子，竟持其弟喪歸。朱公獨笑曰：『前日吾所為欲遣少子，固為其能棄財故也，而長者不能，故卒以殺其弟，事之理也。』」

武林謁同門張石平 原注：河南人，官糧儲觀察。

湖山曉日鳴笳吹，楊柳春風駐羽幢。二室才名官萬石，兩河財賦導三江。舊遊笑我連珠勒，多難逢君倒玉缸。十載弟兄無限意夜，深聽雨話西牕。

陳伯玉詩：「楊柳春風生。」 朱子詩：「翛翛列羽幢。」 《史記・萬石君傳》：「名奮，姓石氏。」 《唐書・食貨志》：「兩河，中夏貢賦之地。」 王詩：「玉弝角弓珠勒馬。」 岑參詩：「花撲玉缸春酒香。」

陳青雷以半圖索題走筆戲贈

半間茅屋半床書，半賦閒遊半索居。領略溪山應不盡，平分風月復何如。點癡互有才忘世，廉讓中間好結廬。自是圖全非易事，與君隨意狎樵漁。

《傳燈錄》：「千峰頂上一間屋，老僧半間雲半間。」《小園賦》：「落葉半床。」《梁書・徐勉傳》：「今夕止可談風月，不宜及公事。」 《晉書・顧愷之傳》：「初，愷之在桓溫府，常云：『愷之體中，癡黠各半。』」 《論衡》：「政之適也，人相忘於世。」《南史・胡諧之傳》：「臣所居，廉讓之間。」 《晉書・載記・贊》：「匿智圖全。」 杜詩：「萬里狎樵漁。」

題西泠閨詠並序

石城卜君者，系出田居，隱偕蠶室。嚴子著同聲之賦，玄文詠嬌女之篇。辭旨幽閒，才情明慧。寫柔思於卻扇，選麗句以當窗。足使蘇蕙扶輪，左芬失步矣。故里秦淮，早駕木蘭之楫；僑居明聖，重來油壁之車。風景依然，湖山非故。趙明誠金石之錄，卷軸亡存；蔡中郎齏臼之

詞，紙筆猶在。予覽其篇什，擷彼風華，體寄七言，詩成四律。愧非劉柳聞白雪之歌，謬學徐陵敘玉臺之詠云爾。

落日輕風雁影斜，蜀箋書字報秦嘉。絳紗弟子稱都講，碧玉才人本內家。神女新詞填杜若，如來半偈繡蓮花。妝成小閣薰香坐，不向城南斗鈿車。

《續博物志》：「元積使蜀，營妓薛濤造十色彩箋以寄。」 《玉臺新詠》：「漢秦嘉，字士會，隴西人。為郡上計掾。其妻徐淑寢疾，還，不獲面別，贈詩三章，妻亦答詩。」 《後漢書·侯霸傳》：「師事九江太守房元，治《穀梁春秋》，為元都講。」 庾詩：「定知劉碧玉，偷嫁汝南王。」 《楚辭》：「山中人兮芳杜若。」 《華嚴經》：「蓮花世界，是廬舍那佛成道之國。」 王詩：「妝成只是薰香坐。」

其二

晴樓初日照芙蕖，姑射仙人賦子虛。紫府高閒詩博士，青山遺逸女尚書。賣珠補屋花應滿，刻燭成篇錦不如。自寫雒神題小像，一簾秋水鏡湖居。

《莊子》：「藐姑射之山，有神人居焉。」 《〈文選·子虛賦〉注》：「相如遊梁，乃著《子虛賦》。」 《十洲記》：「青丘有風山，山恒震聲。有紫府宮，天真仙女遊於此地。」 蘇詩：「數行誰似高閒？」 《〈魏志·甄皇后傳〉注》：「后年九歲，喜書，視字輒識，數用諸兄筆硯。兄謂后言：『汝當習女工。用書為學，當作女博士耶？』」《唐詩紀事》：「文宗好五言，自製品格，多同蕭代，而古調清峻，嘗欲置詩博士。」 《魏略》：「明帝選女子知書可付信者六人，以為女尚書，典省外奏事。」 杜詩：「侍婢賣珠回，牽蘿補茅屋。」 《南史·王僧孺傳》：「竟陵王子良嘗夜集學士，刻燭為詩，四韻者則刻一寸，以此為率。」

其三

五銖衣怯鳳皇雛，珠玉為心冰雪膚。綠屬侍兒春祓禊，紅牙小妹夜撏挢。瓊窗日暖櫻桃賦，粉筆風輕蛺蝶圖。頻斂翠蛾人不識，自將書札問麻姑。

《博異志》：「貞觀中，岑文本於山頂避暑，有叩門云：『上清童子。』岑問曰：『衣服皆輕細，何土所出？』答云：『此上清五銖服。』又問曰：『此聞六銖者天人衣，何五銖之異？』答云：『尤細者則五銖也。』」 《洞冥記》：「東方朔曰：『臣過萬林之野，獲九色鳳雛。』」 《莊子》：「肌膚若冰雪。」 《南史·東昏侯紀》：「潘氏乘小輿，

宮人皆露褌，著綠絲屬。」　岑參詩：「紅牙鏤馬對樗蒲。」　《真誥》：「北元中玄道君，太保玉郎李靈飛之小妹。」　溫飛卿詩：「景陽妝罷瓊窗暖。」　白詩：「養在深閨人不識。」　《古詩》：「遺我一書札。」　《神仙傳》：「王方平遣人召麻姑曰：『王方平敬報，久不到民間，今來在此，想姑能暫來語否？』」

其四

石城楊柳碧城鸞，謝女詩篇張女彈。鸚鵡歌調銀管細，琅玕字刻玉釵寒。雙聲宛轉連珠格，八體濃纖倒薤看。閒整筆床攤素卷，棠梨花發倚闌干。

　　《古樂府》：「莫愁在何處，莫愁石城西。」　又：「暫出白門前，楊柳可藏烏。」　李義山《碧城》詩：「女床無樹不棲鸞。」　《晉書・列女傳》：「雪驟下，謝安曰：『何所似也？』道韞曰：『未若柳絮因風起。』」　潘安仁《笙賦》：「輟張女之哀彈。」　《北夢瑣言》：「湘東王筆有三品。德行精粹者，用銀筆書之。」　《採蘭雜志》：「河間王琛有妓曰朝雲，善歌。又有綠鸚鵡，善語。朝雲每歌則和之，聲若出一。琛愛之，號為綠朝雲。」　司馬長卿《美人賦》：「玉釵掛臣冠。」　《南史・謝莊傳》：「王元謨問：『何者為雙聲？何者為疊韻？』答曰：『互獲為雙聲，磝碻為疊韻。』」　《〈文選・演連珠〉注》：「所謂連珠者，興於漢章之世，班固、賈逵、傅毅三子受詔作之。」　《洛神賦》：「穠纖得中。」　王愔《文字志》：「倒薤書者，垂支濃直，若薤葉也。」　《樹萱錄》：「梁簡文制筆床，以四管為一床。」　劉越石詩：「素卷莫啟，幄無談賓。」《群芳譜》：「棠梨，野梨也。」　李詩：「沉香亭北倚闌干。」

海市四首原注：次張石平觀察韻。

仙人太乙祀東萊，不信蓬瀛此地開。虹跨斷崖通羽蓋，魚吞倒景出樓臺。碧城煙合青蔥樹，赤岸霞蒸絳雪堆。聞道秦皇近南幸，舳艫千里射蛟回。

　　《史記・封禪書》：「天神貴者太乙。」　又：「公孫卿言：『見神人東萊山，若云欲見天子。』遂至東萊，宿留之。」　又：「自威、宣、燕昭使人入海，求蓬萊、方丈、瀛洲。」　劉子儀詩：「虹跨屋臺晚。」　陸魯望詩：「蒼翠無言空斷崖。」《東京賦》：「羽蓋葳蕤。」　魏仲先詩：「洗硯魚吞墨。」　《漢書・郊祀志》：「遙興輕舉，登遐倒景。」　《史記・天官書》：「海旁蜃氣象樓臺。」　梁簡文帝詩：「溶溶紫煙合。」　《魏志・陳思王傳》：「南極赤岸，東臨滄海。」　《漢武內傳》：「仙家上藥，有玄霜、絳

雪。」《史記‧秦始皇紀》：「始皇出遊，望於南海，方士徐市等入海求神藥，數歲不得，乃詐曰為大鮫魚所苦，故不得至，願請善射與俱。乃令入海者齎捕巨魚具，而自以連弩候大魚出射之。」《漢‧武帝紀》：「南巡狩，自潯陽浮江，親射蛟江中，獲之，舳艫千里。」

其二

灝氣空濛萬象來，非煙非霧化人裁。仙家困為休糧閉，河伯宮因娶婦開。金馬衣冠蒼水使，石鯨風雨濯龍臺。鑿空博望頻回首，天漢乘槎未易才。

《吳越春秋》：「禹登衡嶽，夢見赤繡衣男子，自稱蒼水使者，曰：『聞帝使文命於此，故來候之。』」《西京雜記》：「昆明池刻玉石為鯨魚，每至雷雨，常鳴吼。」《漢書‧張騫傳》：「封騫為博望侯，然騫鑿空。」《晉書‧王珣傳》：「王掾當作黑頭公，皆未易才也。」

其三

東南天地望中收，神鬼蒼茫百尺樓。秦時長松移絕島，梁園修竹隱滄洲。雲如車蓋旌旗繞，峰近香爐煙靄浮。卻笑燕齊迂怪士，祇知碣石有丹丘。

《三國志‧陳登傳》：「劉備曰：『欲臥百尺樓上。』」《史記‧封禪書》：「秦襄公作西時，文公作鄜時，宣公作密時，靈公作吳陽上時祭黃帝，作下時祭炎帝，獻公作畦時。」《戰國策》：「墨子曰：『荊有長松文梓。』」《圖經》：「梁孝王有修竹園。」《南史‧袁粲傳》：「嘗作五言詩，言『訪跡雖中宇，循寄乃滄洲』，蓋其志也。」魏文帝詩：「西北有浮雲，亭亭如車蓋。」王詩：「青山盡是朱旗繞。」張文昌詩：「闌干宿靄浮。」《封禪書》：「海上燕齊迂怪之方士。」《楚辭》：「仍羽人於丹丘兮，留不死之舊鄉。」

其四

激浪崩雲壓五湖，天風吹斷海城孤。千門聽擊馮夷鼓，六博看投玉女壺。蒲類草荒春徙帳，滄溟月冷夜探珠。誰知曼衍魚龍戲，翠蓋金支滿具區。

《史記‧滑稽傳》：「六博投壺，相引為曹。」《神異經》：「東荒山中有大石室，東王公居焉，恆與一玉女投壺。」《〈漢書‧宣帝紀〉注》：「蒲類，匈奴中海名，在燉

煌北。」　《漢武內傳》：「諸仙玉女，聚居滄溟。」　薛元卿詩：「月冷疑秋夜。」　李詩：「沉泉笑探珠。」　《漢書・西域傳・贊》：「極漫衍魚龍角抵之戲。」　《淮南子》：「遊於江潯海裔，馳要嫋，建翠蓋。」　杜詩：「金支翠旗光有無。」

別丁飛濤兄弟

把君詩卷過扁舟，置酒離亭感舊遊。三陸雲間空想像，二丁鄴下自風流。湖山意氣歸詞苑，兄弟文章入選樓。為道故人相送遠，藕花蕭瑟野塘秋。

白詩：「把君詩卷燈前讀。」　《〈魏志・陳思王植傳〉注》：「丁儀，字正禮，沛郡人也。廙，字敬禮，儀之弟也。」　元裕之詩：「鄴下風流在晉多。」　《一統志》：「文選樓在揚州府治東南，相傳梁昭明太子撰《文選》於此。」

贈馮子淵總戎

令公專閫擁旌旄，雕鶚秋風賜錦袍。十二銀箏歌芍藥，三千練甲醉葡萄。若耶溪劍凝寒水，秦望樓船壓怒濤。自是相門雙戟重，野王父子行能高。

《史記・馮唐傳》：「閫以外者，將軍制之。」　杜詩：「雕鶚在秋天。」　王少伯詩：「簾外春寒賜錦袍。」　傅休奕《箏賦》：「絃柱十二，擬十二月。」　《漢書・西域傳》：「大宛左右，以葡萄為酒。」　《一統志》：「秦望山在紹興府會稽縣東南。秦始皇登之，以望南海。」　孟貫詩：「江上秋風捲怒濤。」　《史記・孟嘗君傳》：「相門有相，將門有將。」　《唐書・襄城公主傳》：「門列雙戟而已。」　《漢書・馮奉世傳》：「字子明，上黨潞人也。長子譚。譚弟野王。野王字君卿。上使尚書選第中二千石，而野王行能第一。」　又：「杜欽素高野王父子行能。」

丁亥之秋王煙客招予西田賞菊踰月蒼雪師亦至今年予既臥病同遊者多以事阻追敘舊約為之慨然因賦此詩

露白霜高九月天，匡床臥疾憶西田。黃雞紫蟹堪攜酒，紅樹青山好放船。粳稻將登農父喜，茱萸遍插故人憐。舊遊多病難重省，記別蒼公又一年。

李詩：「黃雞啄黍秋正肥。」　羅昭諫詩：「盈盤紫蟹千巵酒。」　許仲晦詩：「紅葉青山水急流。」

友人齋說餅

舍北溪南樹影斜，主人留客醉黃花。水溲非用淘槐葉，蜜餌寧關煮蕨芽。閣老膏環常對酒，徵君寒具好烹茶。食經二事皆堪注，休說公羊賣餅家。

《唐六典》：「太官令掌供膳之事，夏月加冷淘粉粥。」杜有《槐葉冷淘》詩。《楚辭》：「粔籹蜜餌，有餦餭些。」　陸游詩：「山童新采蕨芽肥。」《唐書·楊綰傳》：「中書舍人年久者為閣老。」《齊民要術》：「膏環，一名粔籹，屈令兩頭相就，膏油煮之。」《續晉陽秋》：「桓玄好畜書畫，客至，嘗出而觀之。客食寒具，油污其畫，後遂不復設寒具。」《集韻》：「寒具，環餅也。」《宣和畫譜》：「周昉寓意丹青，有《烹茶圖》。」《〈三國志·裴潛傳〉注》：「鍾繇不好《公羊》而好《左氏》，謂左氏為太官，而謂公羊為賣餅家。」

壽陸孟鳧七十原注：陸為潯州司李。藤峽，在潯州。常熟有桃源澗。

楓葉蘆花霜滿林，江湖蕭瑟鬢毛侵。書生藤峽功名薄，漁父桃源歲月深。入市謇驢晨賣藥，閉門殘酒夜橫琴。舊遊烽火天涯夢，銅鼓山高急暮砧。

陸士衡詩：「但恨功名薄。」《神仙傳》：「壺公者，入市賣藥，口不二價。」　陸士衡詩：「甕餘殘酒，膝有橫琴。」《一統志》引《寰宇記》：「象州有銅鼓山，下有銅鼓灘。」　杜詩：「白帝城高急暮砧。」

其二

講授山泉繞戶庭，苧翁無事為中泠。偶支鶴俸分魚俸，閒點茶經補水經。千里程鄉浮大白，一官勾漏養空青。歸來松菊荒涼甚，買得雙峰縛草亭。

《漢書·夏侯勝傳》：「勝每講授。」《唐書·陸羽傳》：「隱苕溪，自稱桑苧翁。」《一統志》：「中泠泉在鎮江府丹徒縣北金山下。大江至金山，分為三瀘，亦曰三泠，此居其中。」《本草》：「空青生益州山谷及越巂山有銅處，銅精薰則生空青，其腹中空，能化銅錢鉛錫作金。」　庾詩：「熊耳對雙峰。」

壽申少司農青門

相門三戟勝通侯，兄弟衣冠盡貴遊。白下高名推謝朓，黃初耆德重

楊彪。千山極目風塵暗，一老狂歌天地秋。還憶淮沚開制府，江聲吹角古揚州。

《唐書‧崔琳傳》：「世號三戟崔家。」 《一統志》：「白下故城在上元縣北。」
《南史‧謝朓傳》：「字玄暉，少好學，有美名，陳郡陽夏人。」 《魏書》：「黃初二年，公卿朝朔旦，並引故漢太尉楊彪，待以客禮。」

其二

脫卻朝衫上釣船，餘生投老白雲邊。買山向乞分司俸，餉客還存博士錢。世事煙霞娛晚歲，黨人名字付殘編。扁舟百斛烏程酒，散髮江湖任醉眠。

白詩：「莫求致仕具分司。」 《後漢書‧黨錮傳‧論》：「黨人之議，由此始矣。」
又，《袁閎傳》：「遂散髮絕世。」 《晉書‧阮籍傳》：「方據案醉眠。」

宴孫孝若山樓賦贈

千章喬木俯晴川，高閣登臨雨後天。明月笙歌紅燭院，春山書畫綠楊船。郗超好客真名士，蘇晉翻經正少年。最是風流揮玉麈，煙霞勝處著神仙。

《晉書‧郗超傳》：「字景興，一字嘉賓。凡所交友，皆一時美秀。寒門後進，亦拔而友之。」 《史記‧孟嘗君傳》：「馮驩聞孟嘗君好客。」 杜《飲中八仙歌》：「蘇晉長齋繡佛前，醉中往往愛逃禪。」

琴河感舊並序

楓林霜信，放棹琴河。忽聞秦淮卞生賽賽到自白下，適逢紅葉。余因客座，偶話舊遊。主人命犢車以迎來，持羽觴而待至。停驂初報，傳語更衣，已託病痁，遷延不出。知其憔悴自傷，亦將委身於人矣。予本恨人，傷心往事。江頭燕子，舊壘都非；山上蘼蕪，故人安在？久絕鉛華之夢，況當搖落之辰。相遇則唯看楊柳，我亦何堪；為別已屢見櫻桃，君還未嫁。聽琵琶而不響，隔團扇以猶憐。能無杜秋之感，江州之泣也？漫賦四章，以志其事。

白門楊柳好藏鴉，誰道扁舟蕩槳斜。金屋雲深吾谷樹，玉杯春暖尚湖花。見來學避低團扇，近處疑嗔響鈿車。卻悔石城吹笛夜，青驄容易別盧家。

《漢武故事》:「帝笑曰:『若得阿嬌,當以金屋貯之。』」 《一統志》:「尚湖,在常熟縣西南四里。」 《古樂府》:「郎騎青驄馬。」 東方曼倩《非有先生論》:「談何容易。」 《南畿志》:「莫愁湖在三山,門外有妓莫愁,家湖上,故名。」

其二

油壁迎來是舊遊,尊前不出背花愁。緣知薄倖逢應恨,恰便多情喚卻羞。故向閒人偷玉筯,浪傳好語到銀鉤。五陵年少催歸去,隔斷紅牆十二樓。

杜牧之詩:「贏得青樓薄倖名。」 又:「多情恰似總無情。」 杜詩:「將詩莫浪傳。」 薛衡詩:「布字改銀鉤。」 白詩:「五陵年少爭纏頭。」 韓詩:「催歸日未西。」 《漢書・郊祀志》:「方士有言:黃帝時為五城十二樓,以候神人。」

其三

休將消息恨層城,猶有羅敷未嫁情。車過捲簾勞悵望,夢來攜袖費逢迎。青山憔悴卿憐我,紅粉飄零我憶卿。記得橫塘秋夜好,玉釵恩重是前生。

李後主詩:「層城無復見嬌姿。」 《古樂府》:「羅敷自有夫。」 張文昌《節歸吟》:「恨不相逢未嫁時。」 李義山詩:「看山對酒君思我,聽鼓離城我訪君。」 司馬長卿《美人賦》:「玉釵掛臣冠。」

其四

長向東風問畫蘭,玉人微歎倚闌干。乍拋錦瑟描難就,小疊瓊箋墨未乾。弱葉懶舒添午倦,嫩芽嬌染怯春寒。書成粉篋憑誰寄,多恐蕭郎不忍看。

韓致光詩:「小疊紅箋書恨字。」 劉夢得詩:「新賜除書墨未乾。」 謝偃《高松賦》:「紛弱葉以凝照。」 陸游詩:「午倦便高枕。」 周美成《詠茶》詩:「荷葉甌深稱嫩芽。」 錢瑞文詩:「芳心猶卷怯春寒。」 揚子《方言》:「自關而東謂之箧,自關而西謂之扇。」 張正言詩:「多恐君王不忍看。」

題王端士北歸草

讀罷新詩萬感興,夜深挑盡草堂燈。玉河嗚咽聞嘶馬,金殿淒涼見

按鷹。南內舊人逢庾信，北朝文士識崔悛。蹇驢風雪蘆溝道，一慟昭陵恨未能。

> 《北齊書》：「崔悛，字長孺，清河東武城人也。歷觀群書，兼有詞藻。」

題鴛湖閨詠

石州螺黛點新妝，小拂烏絲字幾行。粉本留香泥蛺蝶，錦囊添線繡鴛鴦。秋風搗素描長卷，春日鳴箏製短章。江夏只今標藝苑，無雙才子掃眉娘。

> 《南部煙花記》：「煬帝宮中，爭畫長蛾。司宮吏日給螺子黛五斛，出波斯國。」《國史補》：「宋亳間有織成界道絹素，謂烏絲欄。」 《字典》：「蜀人謂糊窗曰泥窗。」 梁簡文帝詩：「花留蛺蝶粉。」 《漢武內傳》：「王母巾笈中有一卷書，盛以紫錦之囊。」 杜詩：「刺繡五紋添弱線。」 元裕之詩：「鴛鴦繡出從君看。」 班婕好有《搗素賦》。 王少伯詩：「樓頭小婦鳴箏坐。」 《後漢書·黃香傳》：「京師號曰：天下無雙，江夏黃童。」 杜牧詩：「掃眉才子知多少，管領春風總不如。」《粧臺記》：「漢武帝令宮人掃八字眉。」

其二

休言金屋貯神仙，獨掩羅裙淚泫然。栗里縱無歸隱計，鹿門猶有賣文錢。女兒浦口堪同住，新婦磯頭擬種田。夫婿長楊須執戟，不知世有杜樊川。

> 《古詩》：「金屋羅神仙。」 杜詩：「本賣文為活。」 黃魯直詞：「新婦磯頭眉黛愁，女兒浦口眼波秋。」 揚子雲《長楊賦序》：「雄從自射熊館還，上《長楊賦》。」 子建《與楊德祖書》：「昔揚子雲，先朝執戟之臣。」 張文昌詩：「良人執戟明光裏。」 《唐書·藝文志》：「杜牧《樊川集》二十卷。」

其三

絳雲樓閣敞空虛，女伴相依共索居。學士每傳青鳥使，蕭娘同步紫鸞車。新詞折柳還應就，舊事焚魚總不如。記向馬融譚漢史，江南淪落老尚書。

> 《史記·司馬相如傳》：「亦幸有三足烏為之使。」《注》：「三足烏，青鳥也，主為西王母取食。」 揚雄《反離騷》：「既王鸞車之幽藹兮，焉駕八龍之委蛇。」《南

史·柳琰傳》：「譖前世舊事。」杜詩：「碧山學士焚銀魚，白馬卻走身巖居。」　張復之詩：「淮陽閒殺老尚書。」

其四

　　誰吟紈扇繼詞壇，白下相逢吳綵鸞。才比左芬年更少，婿求韓重遇應難。玉顏屢見鶯花度，翠袖須愁煙雨寒。往事只看予薄命，致書知已到長干。

　　杜牧之詩：「今代風騷將，誰登李杜壇。」　《一統志》：「唐太和末，書生文簫寓南昌府紫極宮。一日，遊西山，與吳綵鸞相遇，因約與歸。簫貧，不自給，綵鸞為寫孫愐《唐韻》，日得一部，鬻之，得錢五緡。如是十載，稍為人知。乃往越王山，各跨一虎，陟峰巒而去。」　鍾仲偉《詩品》：「鮑昭嘗答孝武云：『臣妹才自亞於左芬，臣才不及太沖爾。』」　《搜神記》「吳王夫差女名紫玉，以未得童子韓重而死，後魂歸省母，母抱之，成煙而散。」　杜詩：「天寒翠袖薄。」

題朱子葵鶴洲草堂

　　別業堂成綠野邊，養雛丹頂已千年。仙人收箭雲歸浦，道士開籠月滿天。竹下縞衣三徑石，雪中清唳五湖田。裴公舊宅松陰在，不數孤山夜放船。

　　《唐書·裴度傳》：「於午橋創別墅，名曰綠野堂。」　杜詩：「誰言養雛不自哺。」陸游詩：「鶴養多年丹頂深。」　《會稽記》：「射的山南有白鶴山，此鶴為仙人取箭。漢太尉鄭宏嘗採薪，得一箭，頃有神人至，問何所欲。宏曰：『嘗患若耶溪載薪為難，願旦南風，暮北風。』後果然。」　宋延清詩：「六翮開籠任爾飛。」　《後赤壁賦》：「適有孤鶴，橫江東來。翅如車輪，玄裳縞衣。」　朱子《畫鶴》詩：「清唳九霄聞。」　《宋書·林逋傳》：「隱居孤山，畜兩鶴，縱之則飛入雲霄。逋常泛艇遊西湖寺，有客至，童子延客坐，開籠縱鶴，良久，逋必棹小舟歸。」

題孫銘常畫蘭

　　誰將尺幅寫瀟湘，窮谷無人吹氣香。斜筆點芽依蘚石，雙鉤分葉傍簹簹。謝家樹好臨芳砌，鄭女花堪照洞房。我欲援琴歌九畹，江潭搖落起微霜。

　　《家語》：「芝蘭生於深林，不以無人而不芳。」　《洞冥記》：「帝所幸宮人名麗娟，吹氣勝蘭。」　杜詩：「石欄斜點筆。」　僧清洪詩：「待月伴雲眠蘚石。」　《語

林》：「謝太傅問諸子侄曰：『子弟何預人事，而正欲使其佳？』車騎答曰：『譬如芝蘭玉樹，欲使生階庭耳。』」《左傳·宣三年》：「鄭文公有賤妾曰燕姞，夢天使與與己蘭，曰：『以是為而子。』既而文公見之，與之蘭而御之。」《子華子》：「孔子援琴寫志。」

送林衡者歸閩

五月關山樹影圓，送君吹笛柳陰船。征途鵙鳩愁中雨，故國枍槨夢裏天。夾漈草荒書滿屋，連江人去雁飛田。無諸臺上休南望，海色秋風又一年。

阮詩：「鵙鳩發哀音。」　岑參詩：「到來函谷愁中月，歸去磻溪夢裏山。」《宋史·儒林傳》：「鄭樵，字漁仲。好著書，居夾漈山，學者稱夾漈先生。」　杜詩：「床上書連屋。」　《一統志》：「漢閩越王無諸墓在閩縣南二里，有廟在南台山。」

雪夜苑先齋中飲博達旦

扶杖沖泥逐少年，解衣箕踞酒壚邊。愁燒絳蠟消千卷，愛把青樽擲萬錢。痛飲不甘辭久病，狂呼卻笑勝高眠。丈夫失意須潦倒，劇孟平生絕可憐。

《晉書·王戎傳》：「嘗經黃公酒壚下過，顧謂後車客曰：『吾昔與嵇叔夜、阮嗣宗酣暢於此，今日視之雖近，邈若山河。』」　白詩：「花房絳蠟珠。」　《荊州記》：「小酉山石穴中有書千卷。」　杜詩：「痛飲狂歌空度日。」　許仲晦詩：「久病先知雨。」　《史記·游俠傳》：「雒陽有劇孟，以任俠顯，行大類朱家而好博。」《晉書·何曾傳》：「日食萬錢，猶云無下箸處。」

其二

相逢縱博且開顏，興極歡呼不肯還。別緒幾年當此夜，狂名明日滿人間。松窗燭影花前酒，草閣雞聲雪裏山。殘臘豈妨吾作樂，盡教遊戲一生閒。

高達夫詩：「千場縱博家仍富。」　李詩：「開顏酌美酒。」　薩天錫詩：「松窗燈下火。」　杜詩：「半扉開燭影。」　許仲晦詩：「花前酒一樽。」　杜詩：「五月江深草閣寒。」《晉書·向秀傳》：「莊周內外數十篇，秀欲注，嵇康曰：『此書詎須注，正自妨人作樂耳。』」

投贈督府馬公

伏波家世本專征，畫角油幢細柳營。上相始興開北府，通侯高密鎮西京。江山傳箭旌旗色，賓客圍棋劍履聲。勞苦潯陽新駐節，舳艫今喜下湓城。

王詩：「畫角發龍吟。」　白詩：「碧油幢引下西川。」　《漢書・周亞夫傳》：「河內守亞夫為將軍，軍細柳。」　《史記・陸賈傳》：「賈謂陳平曰：『足下位為上相，食萬戶侯，可謂極富貴無欲矣。』」　《宋書・謝晦傳》：「昔荀中郎二十七為北府都督。」　《三國志・費禕傳》：「來敏至禕許別，求共圍棋。」　《史記・蕭相國世家》：「乃令蕭何賜劍履上殿。」　又，《項羽紀》：「勞苦而功高如此。」

其二

十年重到石城頭，細雨孤帆載客愁。累檄久應趨幕府，扁舟今始識君侯。青山舊業安常稅，白髮衰親畏遠遊。慚愧推賢蕭相國，邵平只合守瓜丘。

杜詩：「春帆細雨來。」　《史記・李斯傳》：「此真君侯之事。」　杜詩：「每見秋瓜憶故丘。」

登上方橋有感 原注：橋時新修，極雄壯，望見天壇，崩圮盡矣。　《一統志》：「上方橋在江寧府上元縣東南。」

石梁天際偃長壕，勢壓魚龍敢遁逃。壯麗氣開浮廣術，虛無根削插崩濤。秋騰萬馬鞭梢整，日出千軍挽餉勞。回首泰壇鍾磬遠，江流空繞斷垣高。

《漢書・高祖紀》：「蕭何曰：『天子以四海為家，非壯麗無以重威。』」《說文》：「術，邑中道也。」　虞伯生詩：「辟除正廣術，區井表深濬。」　《漢書・高帝紀》：「老弱罷轉餉。」

鍾山 《明史・地理志》：「應天府東北有鍾山，山南有孝陵衛。」

王氣消沉石子岡，放鷹調馬蔣陵旁。金棺移塔思原廟，原注：金棺為誌公，在雞鳴寺。玉匣藏衣記奉常。原注：太常有高廟衣冠。楊柳重栽馳道改，櫻桃莫薦寢園荒。原注：時當四月。聖公沒後無抔土，姑孰江聲空夕陽。

《南史・周宏正傳》：「且王氣已盡。」　《三國志・諸葛恪傳》：「建業南有長陵，

名曰石子岡。」《一統志》：「吳大帝蔣陵在上元帝北。」〔註3〕《史記・叔孫通傳》：「願陛下為原廟渭北，衣冠月出遊之，益廣多宗廟，大孝之本也。」《曲禮集說》：「馳道，人君驅馳車馬之路。」《後漢書・劉玄傳》：「玄字聖公，光武族兄也。」

臺城《綱目質實》：「臺城在鍾阜側。今胭脂井南至高陽基二里，為軍營及民蔬圃者皆是。」

形勝當年百戰收，子孫容易失神州。金川事去家還在，玉樹歌殘恨未休。徐鄧功勳誰甲第，方黃骸骨總荒丘。可憐一片秦淮月，曾炤降幡出石頭。

《南史・劉善明傳》：「淮南近畿之形勝。」《史記・孟子傳》：「騶衍以為中國名曰赤縣神州。」許仲晦詩：「玉樹歌殘王氣終。」《漢書・項羽傳》：「願賜骸骨歸。」劉夢得詩：「千尋鐵鎖沉江底，一片降幡出石頭。」

國學《明史・選舉志》：「初改應天府學為國子學，後改建於雞鳴山下，既而改學為監。」

松柏曾垂講院陰，後湖煙雨記登臨。桓榮空有窮經志，伏挺徒增感遇心。四庫圖書勞訪問，六堂絃管聽銷沉。白頭博士重來到，極目蕭條淚滿襟。

杜詩：「西掖梧桐樹，空留一院陰。」《一統志》：「宋天禧初，知昇州丁謂言：『城北有後湖，宜復舊制，疏為陂塘以蓄水。』」《後漢書・桓榮傳》：「字春卿，沛郡龍亢人也。抱其經書，與弟子逃匿山谷。」《南史・伏挺傳》：「字士操。梁天監初，除中軍參軍事。居宅在潮溝，於宅講《論語》，聽者傾朝。挺三世同時，聚徒教授，罕有其比。除南臺書侍御史，被劾，懼罪，乃變服出家。後遇赦，乃出還俗。侯景亂中卒。」《漢書・百官表》：「武帝建元五年，初置五經博士。」杜詩：「長使英雄淚滿襟。」

觀象臺

候日觀雲倚碧空，一朝零落黍離同。昔聞石鼓移天上，原注：元移石鼓於大都。今見銅壺沒地中。黃道只看標北極，赤烏還復紀東風。郭公枉自師周髀，千尺荒臺等廢宮。原注：渾儀，郭守敬所造。

〔註3〕靳榮藩注：「《一統志》：吳大帝蔣陵在上元縣北二十二里。」「帝」疑「縣」之誤。

王仲初詩：「未明排仗到銅壺。」 《明史・天文志》：「星既依黃道行，而赤道與黃道斜交，其度不能無增減者，勢也。」 又：「北極出地度分，北京四十度，南京三十二度半。」 《晉書・天文志》：「漢靈帝時，蔡邕於朔方上書，言宣夜之學絕無師法，周髀術數具存。」 又：「蔡邕所謂周髀者，即蓋天之說也。髀者，股也。股者，表也。」

雞鳴寺 《南畿志》：「寺在雞籠山，洪武初為普濟禪師廟，後改為寺。後瞰玄武湖，前俯京城，登覽之勝處也。」

　　雞鳴寺接講臺基，扶杖重遊涕淚垂。學舍有人鋤野菜，僧僚無主長棠梨。雷何舊席今安在，支許同參更阿誰。惟有誌公留布帽，高皇遺筆讀殘碑。原注：寺壁有石刻高廟御筆題贊誌公像。

　　《後漢書・儒林傳・序》：「學舍頹敝，鞠為園蔬。」 杜彥之詩：「時挑野菜和根煮。」 《小園賦》：「有棠梨而無館。」 《南史・雷次宗傳》：「字仲倫，豫章南昌人也。宋元嘉十五年，徵至都，開館於雞籠山，以儒學總監諸生。時國子學未立，上留意藝文，使丹陽尹何尚之立元學，太子率更令何承天立史學，司徒參軍謝玄立文學，凡四學，並建。」 《世說》：「支道林、許掾諸人共在會稽王齋頭，遁為法師，許為都講。」 《傳燈錄》：「仁慧大師上堂曰：『我與釋迦同參。』」 《南史・釋寶誌傳》：「沙門釋寶誌者，不知何許人，有於宋太始中見之，出入鍾山，往來都邑，武帝乃迎入華林園。少時，忽重著三布帽，亦不知於何得之。俗呼為誌公。」

功臣廟 《明史・太祖紀》：「二年春正月乙巳，立功臣廟於雞籠山。」 《一統志》：「明洪武二十年建。」與史異。

　　畫壁精靈間氣豪，鄂公羽箭衛公刀。丹青賜額豐碑壯，棨戟傳家甲第高。鹿走三山爭楚漢，雞鳴十廟失蕭曹。英雄轉戰當年事，采石悲風起怒濤。

　　《春秋演孔圖》：「正氣為帝，間氣為臣，秀氣為人。」 杜詩：「猛將腰間大羽箭。」 王仲初詩：「賜額御書金字貴。」 《史記・淮陰侯傳》：「蒯通曰：『秦失其鹿，天下共逐之。今楚漢分爭，使天下無罪之人肝腦塗地，父子暴骸骨於中野，不可勝數。』」 《一統志》：「三山在江寧縣西南。」 顧寧人《亭林集》：「雞鳴山下有功臣十廟。」 杜詩：「指揮若定失蕭曹。」

玄武湖《建康志》：「宋元嘉中，蔣陵湖有黑龍見，改名玄武湖。」 樂史《寰宇記》：「湖在上元縣北七里，周回四十里。」

覆舟西望接陂陀，千頃澄潭長綠莎。六代樓船供士女，百年版籍重山河。原注：湖置黃冊庫，禁人遊玩。平川豈習昆明戰，禁地須通太液波。煙水不關興廢感，夕陽聞已唱漁歌。原注：時已有漁舟，非復昔日之禁矣。

《一統志》：「覆舟山在上元縣東北十里。」 《後漢書·黃憲傳》：「汪汪若千頃陂。」 元詩：「雨打桐花蓋綠莎。」 衛萬詩：「六代帝王都。」《五代史·唐臣傳》：「周德威曰：『平川廣野，騎兵所長。』」 《漢書·西南夷傳》：「越巂昆明國有滇池，方三百里。漢使求通身毒國，為昆明池所閉。欲伐之，故作昆明池，以習水戰，在長安西南，周回四十里。」 《三國志·高柔傳》：「乃敢獵吾禁地。」 《漢書·武帝紀》：「帝作大池漸臺二十餘丈，名曰太液池。」

秣陵口號

車馬垂楊十字街，河橋燈火舊秦淮。放衙非復通侯第，原注：中山賜宅改作公署。廢圃誰知博士齋。易餅市傍王殿瓦，換魚江上孝陵柴。無端射取原頭鹿，收得長生苑內牌。

《一統志》：「鎮淮橋在江寧府城南門外，即古朱雀桁所，橫跨秦淮，長十有六丈。」《原化記》：「賀知章謁賣藥王老，問黃白術，持一大珠遺之。老人得珠，即令易餅與賀。賀心念：『寶珠何以市餅？』老叟曰：『慳吝未除，何由成術？』」 杜詩：「蒼鼠竄古瓦，不知何王殿。」 《一統志》：「明太祖孝陵，在上元縣。」 《明皇雜錄》：「明皇狩至咸陽原，有大鹿。張果老曰：『昔武帝畋於山林，獲此鹿。將捨去之日，命東方朔以鍊銅為牌，刻成文字，繫於左角下，驗之不謬。』」 鄭賓仙詩：「長生鹿瘦銅牌垂。」

無題

繫艇垂楊映綠潯，玉人湘管畫簾深。千絲碧藕玲瓏腕，一卷芭蕉展轉心。題罷紅窗歌緩緩，聽來青鳥信沉沉。天邊恰有黃姑恨，吹入蕭郎此夜吟。

《拾遺記》：「西王母來進萬歲冰桃，千年碧藕。」 《群芳譜》：「蕉，一名甘蕉，一名芭蕉，一名芭苴，一名天苴，一名綠天，一名扇仙，草類也。」 《荊楚歲時記》：「河鼓、黃姑，牽牛也。」

其二

到處鶯花畫舫輕，相逢只作看山行。鏡因硯近螺頻換，書為香多蠹不成。愧我白頭無冶習，讓君紅粉有詩名。飛瓊漫道人間識，一夜天風返碧城。

羅鄴詩：「相逢休作憶山吟。」 陸游詩：「墨試小螺看斗硯。」 呂和叔詩：「紙上香多蠹不成。」《本事詩》：「許澶嘗夢登山，人曰：『此崑崙也。』既入，見數人飲酒。賦詩云：『曉入瑤臺露氣請，座中惟有許飛瓊。塵心未斷俗緣在，十里下山空月明。』他日復夢至其處，飛瓊曰：『子何故顯余姓名於人間？』即改為『天風吹下步虛聲』。曰：『善。』」

其三

錯認微之共牧之，誤他舉舉與師師。疏狂詩酒隨同伴，細膩風光異舊時。畫裏綠楊堪贈別，曲中紅豆是相思。年華老大心情減，辜負蕭娘數首詩。

《唐詩紀事》：「元稹，字微之。杜牧，字牧之。」 《北里志》：「鄭舉舉者，居曲中，亦善令章。」 張邦基《汴都平康記》：「政和間，李師師、崔念月二妓，名著一時。」 白詩：「疏狂屬年少。」 元《寄薛濤》詩：「細膩風光我獨知。」 白詩：「綠楊陌上送行人。」《本草》：「相思子，一名紅豆。」 子山《杖賦》：「年華未暮，容貌先秋。」

其四

鈿雀金蟬籠臂紗，鬧妝初不鬥鉛華。藏鉤酒向劉郎賭，刻燭詩從謝女誇。天上異香須有種，春來飛絮恨無家。東風燕子知多少，珍重雕闌白玉花。

《晉書·胡貴嬪傳》：「太始九年，帝多簡良家子女，以充內職。自擇其美者，以絳紗繫臂。」 《三夢記》：「唐末，宮中髻號鬧掃妝，形如焱風散鬢，蓋盤鴉、墮馬之類。」《採蘭雜記》：「古人以二十九日為上九，初九日為中九，十九日為下九。每月下九，置酒為婦女之歡。女子以是夜為藏鉤諸戲。」《藝經》：「藏鉤，即今藏闔。」 義山詩：「隔座送鉤春酒暖。」 李楚望詩：「一聲歌罷劉郎醉，脫取明金壓繡鞋。」 李山甫詩：「一片異香天上來。」《晉書·張華傳》：「茂先，卿尚有種也！」 劉夢得詩：「春盡絮飛留不得，隨風好去落誰家。」為楊枝別樂天作也。 義山《謔柳》詩：「已帶黃金縷，仍飛白玉花。」

周櫟園有墨癖嘗蓄墨萬種歲除以酒澆之作祭墨詩友人王紫崖話其事漫賦二律

含香詞賦擲金聲，家住玄都對管城。萬笏雅應推正直，一囊聊復貯縱橫。藏雖黯澹終能守，用任欹斜自不平。磨耗年光心力短，只因耽誤楮先生。

《漢官儀》：「尚書郎含雞舌香伏奏事。」　《晉書·孫綽傳》：「綽作《天台賦》成，示範榮期曰：『卿試擲地，當作金石聲。』」　退之《毛穎傳》：「毛穎者，中山人也，封之管城。」　義山詩：「心中自不平。」　蘇詩：「人非磨墨墨磨人。」《金史·五行志》：「童謠云：耽誤盡，少年人。」

其二

山齋清玩富琳琅，似璧如圭萬墨莊。口啜飲同高士癖，頭濡書類酒人狂。但逢知己隨濃澹，若論交情耐久長。不用黃金費裝裹，伴他銅雀近周郎。

歐陽原功詩：「山莊劉氏富清玩。」　張邦基《墨莊漫錄序》：「僕喜藏書，隨所寓榜曰墨莊，故題其首曰《墨莊漫錄》。」　《東坡集》：「茶可於口，墨可於目。蔡君謨老病不能飲，則烹而玩之。呂行甫好藏墨而不能書，則時磨而小啜之。此又可以發來者之一笑也。」　《書影》：「滕達道、蘇浩然、呂行甫皆好啜墨水。」《國史補》：「張旭飲醉輒草書，揮筆而大叫，以頭搵水墨中而書之，醒後自視，以為神異。」《史記·荊軻傳》：「荊軻雖遊於酒人乎？」　《唐書·魏元同傳》：「元同與裴炎締交，能保終始，號耐久朋。」　《文房四譜》：「古瓦硯出相州魏銅雀臺，里人掘土，往往得之，貯水數日不滲。」

贈陽羨陳定生

溪山罨畫好歸耕，櫻筍琴書足性情。茶有一經真處士，橘無千絹舊清卿。原注：故御史大夫子。知交東冶傳鉤黨，子弟南皮負盛名。卻話宋中登望遠，天涯風雨得侯生。原注：定生、偕侯、朝宗在南中，幾及鉤黨禍。侯生，歸德人。

樂史《寰宇記》：「沂溪，今俗呼為罨畫溪，在宜興縣南三十六里。」　《秦中歲時記》：「長安四月已後，自堂廚至百司廚，通謂之櫻筍廚。」　《賓退錄》：「五代唐帝謂史虛白曰真處士。風月主人，蜀歐陽彬也。」　《襄陽耆舊傳》：「李衡為丹陽太守，

遣人往武陵龍陽泛洲上作宅，種橘千株。臨死，勅儿曰：『吾州里有千頭木奴，不責汝食。歲上匹絹，亦當足耳耳。』」　《北史・袁聿修傳》：「邢邵報書，曰：『弟昔為清郎，今日更作清卿矣。』」　《南史・袁彖傳》：「為冠軍將軍，監吳興郡，坐過用祿錢，免官，付東冶。武帝遊孫陵，望東冶曰：『冶中有一好貴囚。』」　魏文帝《與吳質書》：「每念昔日南皮之遊，誠不可忘。」　杜詩：「昔我遊宋中。」

江樓別幼弟孚令

野色滄江思不窮，登臨傑閣倚虛空。雲山兩岸傷心裏，雨雪孤城淚眼中。病後生涯同落木，亂來身計逐飄蓬。天涯兄弟分攜苦，明日扁舟聽曉風。

揚州

疊鼓鳴笳發棹謳，榜人高唱廣陵秋。官河楊柳誰新種，御苑鶯花豈舊遊。十載西風空白骨，廿橋明月自朱樓。南朝枉作迎鑾鎮，難博雷塘土一丘。

謝玄暉《鼓吹曲》：「疊鼓送華朝。」　《魏略》：「從者鳴笳以啟路。」　鮑詩：「瞰川悲棹謳。」　《西京雜記》：「齊首高唱，聲入雲霄。」　《一統志・揚州府表》：「漢廣陵國。」　《元和志》：「合瀆渠，本吳所掘邗溝水路也。今謂之官河。」　《通鑑・隋紀》：「大業元年，開邗溝，自山陽至揚子入江，渠旁皆築御道，樹以柳。」　杜牧之詩：「二十四橋明月夜。」　《後漢書・馮衍傳》：「伏朱樓而四望兮。」　《五代史・楊溥世家》：「溥至白沙閱舟師。徐溫來見，以白沙為迎鑾鎮。」　《一統志》：「隋煬帝冢在甘泉縣西北雷塘。」

其二

野哭江村百感生，鬥雞臺憶漢家營。將軍甲第囊弓臥，丞相中原拜表行。白面談邊多入幕，赤眉求印卻翻城。當時只有黃公覆，西上偏隨阮步兵。

《綱目》：「漢後主建興五年三月，丞相亮率諸軍出屯漢中，以圖中原。」　《晉書・劉牢之傳》：「拜表輒行。」　《晉書・何充傳》：「荊楚，國之西門，豈可以白面年少猥當此任哉？」　又，《郗超傳》：「郗生可謂入幕之賓矣。」　《宋書・沈慶之傳》：「今欲伐國而與白面書生輩謀之，事何由濟？」　《東觀漢記》：「樊崇欲與王莽戰，恐其眾與莽兵亂，乃皆朱其眉以相識別，由是號曰赤眉。」　《魏書・秦王翰附傳》：「共

謀翻城。」 《三國志》：「黃蓋，字公復，零陵泉陵人也。」 《晉書‧劉宏傳》：「引兵欲西上。」 杜詩：「宜憂阮步兵。」

其三

盡領通侯位上卿，三分淮蔡各專征。東來處仲無他志，北去深源有盛名。江左衣冠先解體，京西豪傑竟投兵。只今八月觀濤處，浪打新塘戰鼓聲。

《晉書‧王敦傳》：「字處仲。永昌九年，率眾內向，以誅劉隗為名。」 《後漢書‧袁紹傳》：「非有他志。」 《晉書‧王羲之傳》：「殷浩將北征，羲之以為必敗。」 又，《殷浩傳》：「字深源。」 《續晉陽秋》：「陳郡殷浩，素有盛名，時論比之管、葛，故徵浩為揚州。」 《讀史訂疑》：「唐人諱昺，以丙丁為景丁；諱淵，以殷淵源為深源。」 《晉書‧王述傳》：「永嘉不競，暫都江左。」 《南史‧袁憲傳》：「後主謂曰：『非惟由我無德，亦是江東衣冠道盡。』」 《左傳‧成八年》：「四方諸侯，其誰不解體？」 枚乘《七發》：「將以八月之望，與諸侯遠方交遊兄弟並往觀濤乎廣陵之曲江。」 李詩：「浪打天門石壁開。」 《一統志》：「新塘在揚州府城北十里。」

其四

撥盡琵琶馬上絃，玉鉤斜畔泣嬋娟。紫駝人去瓊花院，青冢魂歸錦纜船。豆蔻梢頭春十二，茱萸灣口路三千。隋堤璧月珠簾夢，小杜曾遊記昔年。

《一統志》：「揚州府戲馬臺。其下有路，號玉鉤斜，為隋葬宮女處。」 杜詩：「紫駝之峰出翠釜。」 《一統志》：「蕃釐觀在江都縣治東，中有瓊花，俗名瓊花觀。」 張見貞詩：「金堤分錦纜。」 杜牧之詩：「娉娉嫋嫋十三餘，頭蔻梢頭二月初。」 《一統志》：「茱萸溝在江都縣東北，運河分流也。以北有茱萸村，故名。亦名茱萸灣。」 《南史‧張貴妃傳》：「璧月夜夜滿。」 杜牧之詩：「春風十里揚州郭，捲上珠簾總不如。」

贈淮撫沈公清遠

秋風杖節賜金貂，高會嚴更響麗譙。去國丁年遼海月，還家甲第浙江潮。書生禮樂修玄雁，諸將弓刀掣皂雕。最是東南資轉餉，功成蕭相未央朝。

《西都賦》：「衛以嚴更之署。」 《漢書‧谷永傳》：「戴金貂之飾。」 李陵《答蘇武書》：「丁年奉使。」 宋延清詩：「門對浙江潮。」 《儀禮》：「大夫相見以雁。」 杜

詩：「皂雕寒始急。」 《漢書·蕭何傳》：「夫漢與楚相守滎陽數年，軍無見糧。蕭何轉漕關中，給食不乏。」

白鹿湖陸墩詩原注：在宿遷縣東，為紫霞年兄避兵處。

招提東望柳堤深，雁浦魚莊買棹尋。墩似謝公堪賭墅，湖如賀監早抽簪。雲遮老屋容君臥，月落空潭照此心。百頃荷花千尺水，夜涼兄弟好披襟。

《唐會要》：「官賜額為寺，私造者為招提蘭若。」 《滕王閣序》：「雁陣驚寒，聲斷衡陽之浦。」 《一統志》：「謝公墩在上元縣北。」 《唐書·賀知章傳》：「字季真。肅宗為太子，遷賓客，授秘書監。天寶初，請為道士，詔許之。又求周宮湖數頃為放生池，有招賜鏡湖剡川一曲。」 《小園賦》：「迺又羨於抽簪。」

將至京師寄當事諸老

柴門秋色草蕭蕭，幕府驚傳折簡招。敢向煙霞堅笑傲，卻貪耕鑿久逍遙。楊彪病後稱遺老，周黨歸來話聖朝。自是璽書修盛舉，此身只合伴漁樵。

《三國志·王凌傳》：「卿直折簡召我，我當敢不至耶？」 《唐書·田遊巖傳》：「泉石膏肓，煙霞錮疾。」 《帝王世紀》：「鑿井而飲，耕田而食。」 《後漢書·楊彪傳》：「魏文帝受禪，欲以彪為太尉，先遣吏示指。彪辭曰：『彪備漢三公，遭世傾亂，不能有所補益。耄年被病，豈可贊維新之朝？』固辭。」 又，《逸民傳》：「周黨，字伯況，太原廣武人也。勅身修志，州里稱其高。及光武引見，黨伏而不謁，自陳願守所志。」 謝君直《卻聘書》：「某與太平草木，同沾聖朝之雨露。」

其二

莫嗟野老倦沉淪，領略青山未是貧。一自弓旌來退谷，苦將行李累衰親。田因買馬頻書券，屋為牽船少結鄰。今日巢由車下拜，淒涼詩卷乞閒身。

《漢書·貢禹傳》：「陛下過意徵臣，臣賣田百畝，以供車馬。」 《宋史·鄭起傳》：「趙普笑謂人曰：『今日甚榮，得巢、由拜於馬首。』」

其三

匹馬天街對落暉，蕭條白髮悵誰依。北門待詔賓朋盛，東觀趨朝故

舊稀。雪滿關河書未到，月斜宮闕雁還飛。赤松本是留侯志，早放商山四老歸。

谷永謝王鳳書：「廁之賓朋之末。」　岑參詩：「門前雪滿無人跡。」　白詩：「月斜天未明。」　《史記·留侯世家》：「願棄人間事，欲從赤松子游耳。」　《一統志》：「商山在陝西商州東。」　《晉書·涼武昭王暠傳》：「情逍遙以遠寄，想四老之暉光。」　四老，即四皓也。

其四

平生蹤跡盡縈天，世事浮名總棄捐。不召豈能逃聖代，無官敢即傲高眠。匹夫志在何難奪，君相恩深自見憐。記送鐵崖詩句好，白衣宣至白衣還。

讀友人舊題走馬詩於郵壁漫次其韻

數卷殘編兩石弓，書生搖筆壯懷空。南朝子弟誇諸將，北固軍營畏阿童。江上化龍圖割據，國中指鹿詫成功。可憐曹霸丹青手，銜策無人付朔風。

《舊唐書·張靖宏傳》：「韋雍謂軍士曰：『天下無事，爾輩挽兩石弓，不如識一丁字。』」《晉書·五行志》：「孫皓天紀中，童謠曰：『阿童復阿童，銜刀遊渡江。不只岸上獸，但哭水中龍。』」　又：「大安中，童謠曰：『五馬浮渡江，一馬化為龍。』」《禮記正義序》：「泛駕之馬，設銜策以驅之。」　杜詩：「呼兒問朔風。」

其二

君是黃驄最少年，驊騮凋喪使人憐。當時只望勳名貴，後日誰知書畫傳。十載鹽車悲道路，一朝天馬蹴風煙。軍書已報韓擒虎，夜半新林早著鞭。

《周書·裴果傳》：「先登陷陣，時號黃驄年少。」　杜詩：「忍使驊騮氣凋喪。」賈生《弔屈原文》：「驥垂兩耳，服鹽車兮。」　《史記·大宛傳》：「大宛多善馬，馬汗血，其先天馬子也。」　《晉書·劉琨傳》：「吾枕戈待旦，常恐祖生先吾著鞭。其意氣相期如此。」

過鄚州 《畿輔通志》：「鄚州城在河間府任丘縣北三十里。」

馬滑霜蹄路又長，鴉鳴殘雪古城荒。河冰雨入車難過，野岸沙崩樹

半僵。邢邵文章埋斷碣，公孫樓櫓付斜陽。只留村酒雞豚社，香火年年賽藥王。

> 韓詩：「森森萬木野僵立。」 《北史・邢邵傳》：「字子才，文章典麗，既贍且速。」 《一統志》：「邢巒，鄭人。邵，巒族弟。」 文履吉詩：「斷碣偃龍蛇。」 《三國志・公孫瓚傳》：「今吾樓櫓千重。」 方萬里詩：「許追父老雞豚社。」 《一統志》：「藥王廟在任丘縣鄚州城東北長桑君廟西，祀扁鵲。」 《史記・扁鵲傳》：「渤海鄚人。」

恭紀聖駕幸南海子遇雪大獵

君王羽獵近長安，龍雀刀鐶七寶鞍。立馬山川千騎擁，賜錢父老萬人看。原注：賑饑。霜林白鹿開金彈，春酒黃羊進玉盤。不向回中逢大雪，無因知道外邊寒。

> 《〈史記・司馬相如傳〉注》：「郭璞曰：『飛廉，龍雀也。刀為龍雀大鐶，號曰大夏龍雀。』」 《天寶遺事》：「唐明皇在蜀，以七寶鞍賜張後，李泌請分賜將士。」 杜詩：「花邊立馬簇金鞍。」 又：「千騎擁霓旄。」 《南史・梁武帝紀》：「少長數千人，各齎錢二千。」 《上林賦》：「轔白鹿，捷狡兔。」 《唐書・張說傳》：「吾肉非黃羊，不畏其食。」 《後漢書・郡國志》：「右扶風有回城，名曰回中。」 吳子華詩：「無人知道外邊寒。」

聞撤織造誌喜

春日柔桑士女歌，東南抒軸待如何。千金織綺花成市，萬歲回文月滿梭。恩詔只今憐赤子，貢船從此罷黃河。尚方玉帛年來盛，早見西川濯錦多。

> 《鄴中記》：「織錦署在中尚方。」 《〈文選・蜀都賦〉注》：「譙周《益州志》云：『成都織錦既成，濯於江水，其文分明，勝於初成。他水濯之，不如江水也。』」

上蹕駐南苑閱武行蒐禮召廷臣恭視賜宴行宮賦五七言律詩五七言絕句每體一首

露臺吹角九天聞，射獵黃山散馬群。練甲曉懸千鏡日，翠旗晴轉一鞭雲。奇鷹出架雕弓動，新兔登盤玉饌分。最是小臣慚獻賦，屬車叨奉羽林軍。

> 王詩：「漢主離宮接露臺。」 《〈漢書・郊祀志〉注》：「九天者，謂中央鈞天、

東方蒼天、東北旻天、北方玄天，西北幽天，西方皓天，西南朱天，南方炎天，東南陽天也。」 《韓非子》：「秦得韓之都，而驅其練甲。」 《史記・李斯傳》：「建翠鳳之旗。」 唐太宗詩：「琱弓寫明月。」 陸游詩：「迎霜新兔美。」《漢書・揚雄傳》：「從上甘泉還，奏《甘泉賦》以諷。」

送無錫堵伊令之官曆城

攬轡朱輪起壯圖，遺民喜得管夷吾。城荒戶少三男子，名重人看五大夫。畫就煙雲連泰岱，詩成書札滿江湖。茶經水傳平生事，第二泉如趵突無。

《後漢書・范滂傳》：「登車攬轡，慨然有澄清天下之志。」 《晉書・溫嶠傳》：「及見王導，其談歡然，曰：『江左有管夷吾，吾復何慮！』」 《史記・蘇秦傳》：「臨淄之中七萬戶，臣竊度之，不下戶三男子。」 《三國志・呂布傳》：「元龍名重天下。」 許觀《東齋記事》：「五大夫，蓋秦爵之第九級，如曹參賜爵七大夫，遷為五大夫是也。」 杜詩：「浮雲連海岱。」

元夕

諸王花萼奉宸遊，清路千門照夜驪。長信玉杯簪戴勝，昭陽銀燭擘箜篌。傳柑曲裏啼鶯到，爆竹光中戰馬收。卻憶征南人望月，金閨燈火別離愁。

《明皇十七事》：「上性友愛，及即位，立樓於宮之西南垣，署曰華萼相輝。」《史記・孝武紀》：「作建章宮，廣為千門萬戶。」 《明皇雜錄》：「上所乘馬，有玉花驄、照夜白。」 《漢・文帝紀》：「十六年秋九月，得玉杯，刻曰人主延壽。」 《山海經》：「崑崙之丘，有人戴勝，名曰西王母。」 《宋書・樂志》：「空侯，初名坎侯。漢武帝祠大一、后土，用樂，令樂人侯暉依琴作坎侯，言其坎坎應節奏也。侯者，因工人姓爾。後言空，訛也。」 蘇詩：「歸來一盞殘燈在，猶有傳柑遺細君。」 《荊楚歲時記》：「正月一日，雞鳴而起，先於庭前爆竹，以闢山獡惡鬼。」 王少伯詩：「無那金閨萬里愁。」

送永城吳令之任

春風驛樹早聞鶯，馬過梁園候吏迎。山縣尹來三月雨，人家兵後十年耕。鴉啼粉堞河依岸，草沒旗亭路入城。曾見官軍收賊壘，時清今已重儒生。

《後漢書‧王霸傳》：「候吏果妄語也。」　杜詩：「山縣早休市。」　虞伯生詩：「一逕綠陰三月雨。」　褚先生《三代世表》：「臣為郎時，與方士考功會旗亭下。」《注》：「旗亭，市樓也。」　《史記‧叔孫通傳》：「諸弟子儒生隨臣久矣。」　劉文房詩：「青袍今已誤儒生。」

送顧茜來典試東粵

客路梅花嶺外飄，江山才調蜀車招。石成文字兵須定，珠出風雷瘴自消。使者干旄開五管，諸生禮樂化三苗。馮君寄語征南將，誰勒炎天銅柱標。按：三句言奇文欣賞，四句言海無遺珠，皆用東粵故事，而以「兵須定」、「瘴自消」映合時事，巧不傷纖也。

《南康記》：「庾嶺亦曰梅嶺。」　《隋書‧許善心傳》：「才調極高。」　吳處厚《青箱雜記》：「廣南劉龑初開國，營構宮室，得石讖，有古篆十六，其文：人人有一，山山值牛，兔絲吞骨，蓋海承劉。解者曰：人人有一，大人也。山山，出也。值牛者，龑建漢國，歲在丑也。兔絲者，龑襲位，歲在卯也。吞骨者，滅諸弟也。越人以天水為蓋海，指皇朝國姓也。承劉者，言受劉氏降也。」　《後漢書‧孟嘗傳》：「遷合浦太守，郡不產穀實，而海出珠寶，與交阯比境。先時宰守並多貪穢，詭人採求，不知紀極，珠遂漸徙於交阯郡界。嘗到官，革易前敝，求民利病。曾未逾歲，去珠復還。」　《舊唐書‧地理志》：「嶺南道五管：廣州，中都督府；桂州，下都督府；雍州，下都督府；容州，下都督府；安南，都督府。」　岑參詩：「憑君傳語報平安。」　《後漢書‧岑彭傳》：「遷征南大將軍。」　又，《馬援傳》：「征交阯還，立銅柱為界。銘曰：銅柱折，交阯滅。」按：援封伏波將軍。

送友人之淮安管餉

高牙鼓角雁飛天，估舶千帆落照懸。使者自徵滄海粟，將軍輒費水衡錢。中原河患魚龍窟，江左官租粳稻年。聞道故鄉烽火急，淮南幾日下樓船。

《赤壁賦》：「渺滄海之一粟。」　《漢書‧宜帝紀》：「以水衡錢為平陵，徙民起第宅。」《注》：「水衡，天子私藏。」

恭遇聖節次安丘劉相國韻

興慶樓前捧玉觴，金張岐薛儼分行。龍生大漠雲方起，河出昆崙日

正長。節過放燈開禁苑，春將射柳幸平陽。燕公上壽天顏喜，親定甘泉賜宴章。

《一統志》：「興慶宮在西安府咸寧縣東南，唐南內也。」 《漢‧張騫傳‧贊》：「禹本紀言河出崑崙，崑崙高二千五百里餘，日月相避，隱為光明也。」《金史‧禮志》：「金因遼舊俗，以重五日行射柳擊毬之戲。」《史記‧外戚世家》：「王太后長女號曰平陽公主。」 《河南府志》：「張說，字道濟，洛陽人。封燕國公。」 《史記‧封禪書》：「天子從封禪還，坐明堂，君臣更上壽。」 杜詩：「天顏有喜近臣知。」

朝日壇次韻 《畿輔通志》：「朝日壇在朝陽門外，西向。每年春分祭，遇甲、丙、戊、庚、壬年親祭，餘年遣大臣攝祭。」

曉日曈曨萬象鋪，六龍銜燭下平蕪。石壇燋火燔玄牡，露掌華漿飲渴烏。不夜城傳宣夜漏，王宮朝奉竹宮符。即今東汜西崑處，盡入銅壺倒景殊。

《山海經》：「天不足西北，無陰陽，故有龍銜燭以照天。」《後漢書‧張讓傳》：「作翻車渴烏，用灑南北郊路，以省百姓灑道之費。」《注》：「渴烏，為曲筒，以氣飲水上也。」《齊地記》：「古有日夜出，見於東萊，故萊子立此城，以不夜為名。」《晉書‧天文志》：「古之談天者三家，蔡邕言宣夜，無師法。」《禮記》：「王宮，祭日也。」《注》：「祭日壇曰王宮。」 《史記‧武帝紀》：「正月上辛用事甘泉圜丘，夜有神光如流星，止集於祠壇，天子自竹宮而望拜。」

懷王奉常煙客

把君詩卷問南鴻，憔悴看成六十翁。老去祇應添鬢雪，愁來那得愈頭風。田園蕪沒支筇懶，書畫蕭條隱几空。猶喜梅花開繞屋，臘醅初熟草堂中。

杜詩：「衰鬢千莖雪。」 《三國志注》：「《典略》曰：『陳琳作諸書及檄，草成，呈太祖。太祖先苦頭風，是日疾發，讀琳所作，翕然而起，曰：此愈我疾。』」

送友人從軍閩中

客中書劍愴離群，賈酒新豐一送君。絕嶠烽煙看草檄，高齋風雨記論文。中宵清角猿啼月，百道飛泉馬入雲。詔論諸侯同伐越，可知勞苦有終軍。

子山《春賦》：「入新豐而酒美。」 《後漢書‧劉昆傳》：「能彈雅琴，知清角之

操。」　蘇詩：「但見兩崖蒼蒼暗絕谷，中有百道飛來泉。」　《漢書·終軍傳》：「字子雲，濟南人。擢諫議大夫。遣使南越，說其王，令入朝。軍自請，願受長纓，必羈南越王而致之闕下。」

其二

平生不識李輕車，被詔揮鞭白鼻騧。簫鼓濟江催落木，旌旗沖雪冷梅花。胡床對客招虞寄，羽扇麾軍逐呂嘉。自是風流新制府，王孫何事苦思家。

《漢·李廣傳》：「從弟李蔡，武帝元朔中為輕車將軍。」　李詩：「銀鞍白鼻騧。」　《南史·虞寄傳》：「字次安，會稽餘姚人也。陳寶應據有閩中，得寄甚喜。及寶應潛有逆謀，寄微知其意，每陳逆順之理。寶應既擒，唯寄以先識免禍。除東中郎，建安王諮議加昭戎將軍。」　《晉書·顧榮傳》：「廣陵相陳敏反，榮麾以羽扇，其眾潰散。」　又，《地理志》：「漢武帝元鼎六年，討平呂嘉，以其地為南海、蒼梧、鬱林、合浦、日南、九真，交此七郡。」

送趙友沂下第南歸

秋風匹馬試登臨，此日能無感慨心。趙氏只應完白璧，燕臺今已重黃金。鄉關兵火傷王粲，京國才名識杜欽。最是淮南遇搖落，相思千里暮雲深。

杜詩：「匹馬逐秋風。」　《史記·藺相如傳》：「臣願奉璧往使，城入趙而璧留秦。城不入，臣請完璧歸趙。」　《白帖》：「燕昭王置黃金臺，以延天下士。」　《三國志·王粲傳》：「字仲宣，山陽高平人也。」　《漢·杜延年傳》：「子緩嗣。緩六弟，惟中弟欽官不至，而最知名。」

壽座師李太虛先生

放懷天地總浮鷗，客裏風光爛熳收。一斗濁醪還太白，二分明月屬揚州。錦箏士女觴飛夜，鐵笛關山劍舞秋。猶有壯心消未得，欲從何處訪丹丘。

《藝苑卮言》：「楊用修在滇，攜妓縱飲。有規之者，用修答書云：『聊以耗壯心，遣餘年耳。』」

其二

好客從無二頃田，勝遊隨地記平泉。解衣白日消棋局，岸幘青山入釣船。故國風塵驚晚歲，天涯歌舞惜流年。篋中別有龍沙記，不許傍人喚謫仙。

其三

讀易看山愛息機，閉門芳草雁還飛。江湖有夢爭南幸，滄海無家記北歸。煙水一竿思舊隱，兵戈十口出重圍。杜陵豈少安危志，老大飄零感布衣。

《晉書·王尼傳》：「有一子，無居宅，常歎曰：『滄海橫流，處處不安也。』」《史記·項羽紀》：「圍之數重。」　杜詩：「杜陵有布衣，老大意轉拙。」

其四

盧頂談經破碧苔，十年不到首重回。風清鍾鼓吳山出，雲黑帆檣楚雨來。痛飲長江看自注，異書絕壁訪應開。芒鞋歸去身差健，白鹿諸生掃講臺。

《世說》：「王孝伯曰：『痛飲讀《離騷》，可稱名士。』」

即事十首

夾城朝日漸颭風，玉樹青蔥起桂宮。原注：時乾清宮成。謁者北衙新掌節，原注：初設內監。郎官西府舊乘驄。原注：新選部郎為巡方。叔孫禮在終應復，蕭相功成固不同。百戰可憐諸將帥，幾人高會未央中。

《漢·翼奉傳》：「孝文時，未央宮獨有前殿、曲臺、漸臺、宣室、溫室、承明耳。」　《南部煙花記》：「陳後主為張貴妃麗華造桂宮於昭明殿。」　《漢·百官公卿表》：「謁者秩比六百石。」《注》：「謁，請也，白也。」　《唐書·兵志》：「南衙，諸衛兵是也。北衙，禁軍也。」　《後漢·明帝紀》：「郎官上應列宿。」　又，《桓典傳》：「為侍御史，常乘驄馬。」　《史記·叔孫通傳》：「上既觀，使行禮曰：『吾能為此。』」　《一統志》：「未央宮在西安府長安縣西北。」

其二

六龍初幸晾鶯臺，千騎從官帳殿開。南苑車聲穿碧柳，西山馳道夾

青槐。翻書夜半移燈召，教射樓頭走馬來。聞道上林親試士，即今誰是長卿才。

李君虞詩：「碧柳青青塞馬多。」　岑參詩：「青槐夾馳道。」　《戰國策》：「此可教射也已。」　黃文江詩：「丹詔宣來試士初。」　《司馬相如傳》：「字長卿。」

其五

黃河東注出潼關，本濟漕渠竟北還。淮水獨流空到海，原注：淮水為黃河所逼，始於清口濟漕河去，則淮竟入海，此清江閘所以涸也。汴堤橫齧不逢山。天心豈為投圭璧，民力何堪棄草菅。瓠子未成淇竹盡，龍門遠掛白雲間。原注：金龍口決，用柳梢作土牛塞河，功竟不就。悼兩河民力之盡也。

《史記·河渠書》：「悉發卒數萬人穿漕渠，三歲而通。」　《漢·王尊傳》：「遷東郡太守，運亨通，河水盛溢，泛浸瓠子金堤。尊親執圭璧，使巫策祝，請以身填金堤，因止宿，廬居堤上，而水波稍卻。」　又，《賈誼傳》：「若刈草菅然。」　《綱目質實》：「瓠子河，今謂之瓠子口，在大名府開州城西南二十五里。」

其七

新傳使者出皇都，十道飛車算國租。故事已除將作監，他年須尚執金吾。主持朝論垂魚袋，料理軍書下虎符。始信蕭曹務休息，太平良策未全無。

《通典》：「貞觀初，並省州縣，始於山河形便，分為十道。」　《漢·蘇武傳》：「明習故事。」　《唐·百官志》：「將作監二人，少監二人，掌土木工匠之政。」　《後漢·陰皇后紀》：「仕宦當作執金吾。」　《舊唐·輿服志》：「咸亨三年五月，五品以上賜新魚佩，並飾以銀。垂拱二年五月，諸州都督刺令並准京宦帶魚佩。」　《晉·王徽之傳》：「桓沖曰：『卿在府日久，比當相料理。』」　《漢·高五王傳》：「王欲發兵，非有漢虎符驗也。」　《史記·曹相國世家·贊》：「百姓離秦之酷後，參與休息無為，故天下俱稱其美矣。」

其八

柳營江上羽書傳，白馬三郎被酒眠。無意漫提歐冶劍，有心長放呂嘉船。金錢北去緣求印，鐵券南來再控弦。廟算只今勤遠略，伏波橫海已經年。

《五代史·閩世家》：「王審知狀貌雄偉，常乘白馬軍車，號白馬三郎。」　《史

記·高祖紀》：「高祖被酒，夜經澤中。」　《吳越春秋》：「干將者，吳人也，與歐冶子同師，俱能為劍。」　《史記·平準書》：「農工商交易之路通，而龜貝金錢刀布之幣興焉。」　《隋書·李穆傳》：「賜以鐵券，恕其十死。」　《漢·婁敬傳》：「控弦四十萬騎。」　《孫子》：「兵未戰而廟算勝者，得算多也。」　《左傳·僖九年》：「齊侯不務德而勤遠略。」

送曹秋岳以少司農遷廣東左轄

江東才子漢平陽，身歷三臺拜侍郎。五管清秋懸使節，百蠻風靜據胡床。珠官作貢通滄海，象郡休兵奉朔方。早晚酇侯能薦達，鋒車好促舍人裝。

《漢·功臣表》：「平陽懿侯曹參。」　《蔡邕傳》：「補侍御史，又遷侍書御史，遷尚書，三日之間，周歷三臺。」　又，《食貨志》：「彭吳穿穢貊、朝鮮，置滄海郡。」　《一統志》：「廣西慶遠府，秦象郡地。」　《蕭何傳》：「上以何功最盛，先封為酇侯。」　《曹參傳》：「蕭何薨，參聞之，告舍人趣治行，吾且入相。居無何，使者果召參。」

其二

秋風匹馬尉佗城，銅鼓西來正苦兵。萬里虞翻空遠宦，十年楊僕自專征。山連鳥道天應盡，日落蠻江浪未平。此去好看宣室召，漢皇前席問蒼生。

《漢·地理志》：「南海郡治番禺縣，尉佗都。」　《史記·酷吏傳》：「楊僕者，官〔註4〕陽縣人也。南越反，拜為樓船將軍。」　高達夫詩：「簷外長天盡。」　劉夢得詩：「十見蠻江白芷生。」　《三輔黃圖》：「宣室，未央前殿正室也。」　《史記·賈生傳》：「孝文帝方受釐，坐宣室，因感鬼神事而問鬼神之本，賈生因具道所以然之狀。至夜半，文帝前席。」

其三

銅柱天南起暮笳，蒼山不斷火雲遮。羅浮客到花為夢，庾嶺書來雁是家。五月蠻村供白越，千年仙竇訪丹砂。炎州百口堪同住，莫遣閒愁感鬢華。

蘇詩：「爛煮葵羹斟桂醑，風流可惜在蠻村。」　《後漢書·馬后紀》注：「白越，越布。」

〔註4〕「官」，《史記》作「宜」。

其四

懸瀑丹崖萬仞流，越王臺上月輪秋。江湖家在堪回首，京國人多獨倚樓。海外文章龍變化，日南風俗鳥鈎輈。知君此地登臨罷，追憶平生話少游。

李詩：「峨眉山月半輪秋。」　杜詩：「行藏獨倚樓。」　《楚辭》：「蛟龍隱其文章。」　張衡《西京賦》：「若神龍之變化。」　《唐本草》：「鷓鴣生江南。鳴云：鈎輈格磔。」　子山《思舊銘》：「追憶平生，宛然心目。」　《後漢‧馬援傳》：「援平交阯，從容謂官屬曰：『吾從弟少游，嘗哀吾慷慨多大志，曰：士生一世，但取衣食裁足，致求盈餘，但自若耳。當吾在浪泊、西里間，虜未滅之時，下潦上霧，毒氣薰蒸，仰視飛鳶，跕跕墮水中，臥念少游平生時語，何可得也。』」

夜宿蒙陰

客行杖策魯城邊，訪俗春風百里天。蒙嶺出泉茶辨性，龜田加火穀占年。野蠶養就都成繭，村酒沽來不費錢。我亦山東狂李白，倦遊好覓主家眠。

《一統志》：「蒙頂茶出費縣蒙山巔，其花如茶壯，土人取而製之，其味清香異他茶。」　《後漢書‧光武帝紀》：「野蠶成繭，被於山阜。」　杜詩：「汝與山東李白好。」

聞台州警

高灘響急峭帆收，橘柚人煙對鬱洲。天際燕飛黃石嶺，雲中犬吠赤城樓。投戈將士逍遙臥，橫笛漁翁縹緲愁。聞說天台踰萬丈，可容長嘯碧峰頭。

《北齊書‧樊遜傳》：「淮南成道，犬吠雲中。」　《洞天福地記》：「第六赤城洞，周回三百里，名上玉清平之天，在台州唐興縣。」　陶通明《真誥》：「天台山高一萬八千丈。」　《後漢書‧向栩傳》：「不好言語，而好長嘯。」

其二

野哭山深叫杜鵑，閬風臺畔羽書傳。軍捫絕磴松根火，士接飛流馬上泉。雁積稻粱池萬頃，猿知擊刺劍千年。桃花好種今誰種，從此人間少洞天。

《遊天台山賦》：「瀑布飛流以界道。」　《吳越春秋》：「袁公問於處女：『吾聞子

善劍，願一見之。』女曰：『妾不敢有所隱，惟女試之。』袁公則飛上樹，變為白猿。」
《史記・日者傳》：「齊張仲、曲成侯，以善擊刺學用劍，立名天下。」

其三

天門中斷接危梁，玉館金庭跡渺茫。石鼓響來開峭壁，干將飛去出
滄浪。仙家壘是何年築，刺史丹無不死方。亂後有人還採藥，越王餘算
禹餘糧。《異苑》：「越王餘算生南海水中，如竹算子，長尺許，白者如骨，黑者如角。
古云越王曾於舟中作籌，有餘者棄之水而生。」　《博物志》：「海上有草焉，名薦。其
實食之，如大麥，七月稔熟，名曰自然穀。或曰禹餘糧。」　《述異記》：「今藥中有禹
餘糧者，世傳昔禹治水，棄其所餘糧於江中，生為藥也。」

《廣輿記》：「天台山舊稱金庭洞天。」　《一統志》：「石鼓山，在臨海縣東一百
五里，山上有石似鼓，兵興則鳴。」　高季迪《劍池》詩：「干將欲飛去，巖石裂蒼
礦。」　《臨海記》：「黃巖山上有石驛，三面壁立，俗傳仙人王方平居此，號王公客
堂。」　《新唐書・皇甫鎛傳》：「薦方士柳泌為長年藥。泌本楊仁晝也，習方伎，自云
能致藥為不死者。因言天台山，靈仙所舍，多異草，願官天台，求採之。起待步，拜
天台刺史。驅吏民採藥山谷間，鞭笞苛急。歲餘無所獲，懼，詐窮遁去。」　李詩：
「幸遇王子喬，口傳不死方。」

其四

三江木落海天西，華頂風高聽鼓鼙。瀑布洗兵青嶂險，石橋通馬白
雲齊。途窮鄭老身何竄，春去劉郎路總迷。最是孤城蕭瑟甚，斷虹殘雨
子規啼。

《唐・鄭虔傳》：「滎陽人安祿山反，劫授水部郎中，因稱風緩，求攝市令，潛
以密章達靈武。賊平，貶台州司戶參軍事。」　許仲晦詩：「若指求仙路，劉郎與阮
郎。」

春日小園即席次白林九明府韻

小築疏籬占綠灣，釣竿斜出草堂間。柳因見日頻舒眼，花為迎風早
破顏。地是廉泉連讓，水人如退谷遇香山。新詩片石留題在，采蕨烹葵
數往還。

《南史》：「柏年見宋明帝，帝言次廣州貪泉，因問柏年：『卿州復有此水否？』
答曰：『梁州惟有文川、武鄉、廉泉、讓水。』又問：『卿宅在何處？』曰：『臣所居廉

讓之間。』」　《唐・白居易傳》:「與香山僧如滿結香火社,自稱香山居士。」　《朝野僉載》:「溫子昇作韓陵山寺碑,庾信曰:『惟有韓陵一片石可共語。』」

題畫六首

芍藥

花到春深爛漫紅,香來士女踏歌中。風知相謔吹芳蒂,露恨將離浥粉叢。漬酒穩教顏色異,調羹誤許姓名同。內家彩筆新成頌,肯讓玄暉句自工。

《古今注》:「古人相贈以芍藥,相招以文無。文無,一名當歸、芍藥,一名將離故也。」　《群芳譜》:「芍藥渥以黃酒,淡紅者悉成深紅。」　《子虛賦》:「芍藥之和具而後御之。」《注》:「芍藥音酌略,調和也。」　晉傅統妻有《芍藥頌》。　《南史・謝朓傳》:「字玄暉。」　謝朓詩:「紅藥當階翻。」

石榴

碧雲剪剪月鉤鉤,狼藉珊瑚露未收。絳樹憑闌看獨笑,綠衣傳火照梳頭。深房莫倚含苞固,多子還憐齲齒羞。種得菖蒲堪漬酒,劉郎花底拜紅侯。

《北史・魏收傳》:「齊安德王延宗納李祖牧女為妃,妃母宋氏薦二石榴於帝。收曰:『以石榴房多子,母欲子孫眾多也。』」

洛陽花《群芳譜》:「石竹草品,纖細而青翠,一云千瓣者,名洛陽花草,花中佳品也。」

綠窗昨夜長輕莎,玉作欄杆錦覆窠。丹纈好描秦氏粉,墨痕重點石家螺。剪同翠羽來金谷,織並紅羅出絳河。千種洛陽名卉在,不知須讓此花多。

司空表聖詩:「錦窠不是尋常錦。」　李義山詩:「重傅秦臺粉。」　蘇詩:「每到先看醉墨痕。」　杜牧之詩:「石家錦幛依然在。」　《廣志》:「天河,亦曰止絳河。」

茉莉《洛陽花木記》作「抹厲」。　楊慎《丹鉛錄》云:「《晉書》:『都人簪奈花。』即今末利花也。」

剪雪裁冰莫浪猜,玉人纖手摘將來。新泉浸後香恒滿,細縷穿成蕊半開。愛玩晚涼宜小立,護持隔歲為親栽。一枝點染東風裏,好與新妝報鏡臺。

芙蓉《群芳譜》：「芙蓉有二種：出於水者，謂之草芙蓉；出於陸者，謂之木芙蓉。」
按：此詠草芙蓉也。

　　細雨橫塘白鷺拳，竊紅婀娜向風前。千絲衣薄荷同製，三醉顏酡柳
共眠。水殿曉涼妝徙倚，玉河春淺共遷延。涉江好把芳名認，錯讀陳王
賦一篇。

　　《轉注古音略》：「竊即古淺字。九罭中，竊丹，淺赤也。」　《楚辭》：「製芰荷
以為衣兮，集芙蓉以為裳。」　《群芳譜》：「王敬美曰：『芙蓉特宜水際，有曰三醉者，
一日間凡三換色。』」　《三輔故事》：「漢苑中有柳，狀如人形，號曰人柳，一日三眠
三起。」　王少伯詩：「芙蓉不及美人糚，水殿風來珠翠香。」　《真誥》：「晨遊太素
宮，控轡觀玉河。」　白詩：「可憐春淺遊人少。」　《古詩》：「涉江採芙蓉。」　陳
思王《雒神賦》：「迫而察之，灼若芙渠出綠波。」

菊花

　　夜深銀燭最分明，翠葉金鈿認小名。故著黃絁貪入道，卻翹紫袖擅
傾城。生來豔質何消瘦，移近高人恰老成。幾度看花花耐久，可知花亦
是多情。

　　《西京雜記》：「戚夫人能為翹袖折之舞。」　許渾詩：「綠蔓蔭穠紫袖低。」《會
真記》詩：「自從消瘦減容光。」

繭虎

　　南山五日鏡奩開，綵索春蔥縛軼材。奇物巧從蠶館製，內家親見豹
房來。越巫辟惡鏤金勝，漢將擒生畫玉臺。最是繭絲添虎翼，難將續命
訴牛哀。

　　《集異記》：「誅南山之虎，斬長橋之蛟，與民除害。」　《呂布傳》：「縛虎不得
不急。」　《史記》：「猝然遇軼材之獸。」　又：「奇物詭譎。」　《〈漢書‧元后傳〉
注》：「上林苑有繭觀，蓋蠶繭之所也。」　《宋書‧符瑞志》：「晉永和九年春，民得金
勝一，長五寸，狀如織勝。」　《國語》：「趙簡子使尹鐸為晉陽，請曰：『為繭絲乎？
抑為保障乎？』」《韓非子》：「毋為虎傅翼，將飛入邑，擇人而食之。」　《風土記》：
「午日造百索繫臂，一名長命縷，一名續命縷，一名辟兵繒，一名五色縷，一名五色
絲，一名朱索。」　《北史》：「馮淑妃名小憐，大穆后從婢也。穆后愛衰，以五月五日
進之，號曰續命。」　《淮南子》：「牛哀病，七日化為虎。其兄啟戶，虎搏而殺之。」

茹牛

擊鼓喧闐笑未休，泥車瓦狗出同遊。生成豈比東鄰犢，觳觫何來孺子牛。老圃盤餐誇特殺，太牢滋味入常羞。看他諸葛貪遊戲，苦鬥兒曹巧運籌。

《國語》：「世同居，少同遊。」 《易》：「東鄰殺牛。」 《左・哀六年》：「鮑子曰：『女忘君之為孺子牛而折其齒乎？』」 《聖主得賢臣頌》：「羹藜含糗者，不足與論太牢之滋味。」 杜詩：「勅廚倍常羞。」 《諸葛亮傳》：「木牛流馬，皆出其意。」 《史記・高祖紀》：「夫運籌策帷帳之中。」

鰲鶴

丁令歸來寄素書，羽毛零落待何如。雲霄豈有餔糟計，飲啄寧關逐臭餘。雪比撒鹽堆勁翮，蟻旋封垤附專車。秦皇跨鶴思仙去，死骨何因葬鮑魚。

《遼史・地理志》：「鶴野縣本漢居就縣地，渤海為雞山縣。昔丁令威家此，去家千年，化鶴。」 《楚辭》：「眾人皆醉，何不餔其糟而歠其醨？」 曹植《與楊脩書》：「海畔有逐臭之夫。」 《世說》「謝太傅寒雪日內集，曰：『白雪紛紛何所似？』兄子胡兒曰：『撒鹽空中差可擬。』」 《鷹賦》：「勁翮二六。」 《秦皇紀》：「發童男女數千人，入海求仙人。三十七年，始皇崩於沙丘平臺，棺載轀涼車中。會暑，上轀車臭，乃詔從官，令車載一石鮑魚，以亂其臭。」 《雲笈七籤》：「若求跨鶴昇九霄，未易致也。」

蟬猴

仙蛻誰傳不死方，最高枝處憶同行。移將吸露迎風意，做就輕軀細骨妝。薄鬢影如逢越女，斷腸聲豈怨齊王。內家近作通侯相，賜出貂蟬傲粉郎。

劉夢得詩：「清猿啼上最高枝。」 《莊子》：「吸風飲露。」 楊孟載詩：「細骨輕軀不耐風。」 《古今注》：「魏文帝宮人莫瓊樹始製為蟬鬢，挈之縹緲如蟬翼。」 又：「齊王之後，怨王而死，屍變為蟬，登庭樹嘒唳而鳴，故曰齊女。」 《世說》：「桓溫入蜀，至三峽中，部伍有得猿子者，其母緣岸哀號，行百餘里不去。視其腹中，腸皆寸斷。」 《漢・劉向傳》：「青紫貂蟬，充盈幄內。」 沈雲卿詩：「盈盈粉署郎。」

蘆筆

採箬編蒲課筆耕，織簾居士擅書名。掃來魯壁枯難用，焚就秦灰煮不成。飛白夜窗花入夢，草玄秋閣雁銜橫。中山本是盧郎宅，錯認移封號管城。《漢·揚雄傳》：「時雄方草《太玄》，有以自守。」　《尸子》：「雁銜蘆而捍網。」　退之《毛穎傳》：「毛穎者，中山人也。」　又：「始皇封諸管城，號管城子。」　杜詩：「恨不移封向酒泉。」

《漢·路溫舒傳》：「取澤中蒲，截以為牒，編用寫書。」　《東觀漢記》：「班超投筆歎曰：『安能久事筆耕乎？』」　《南史·沈麟士傳》：「織簾讀書，手口不息，鄉里號為織簾先生。年過八十，耳目猶聰明，抄寫火下細書，復成二三千卷。」　《宣和書譜》：「王瑉，字季琰，工隸及行草。自導至瑉，三世以書名。」　蘇詩：「饑來據空案，一字不堪煮。」　《書斷》：「飛白者，中郎蔡邕所作也。」　《事文類聚》：「李白夢筆生花，自是才思日進。」

橘燈

掩映蘭膏葉底尋，玉盤纖手出無心。花開槐市枝枝火，霜滿江潭樹樹金。繡佛傳燈珠錯落，洞仙爭奕漏深沉。饒他丁緩施工巧，不及生成在上林。

子山《燈賦》：「秀華掩映。」　《群芳譜》：「朱橘實小，色赤如火。」　又：「金橘一名金柑，一名小木奴。」　韋應物詩：「書後欲題三百顆，洞庭須待滿林霜。」　杜詩：「蘇晉長齋繡佛前。」　義山詩：「綵樹轉燈珠錯落。」　《幽怪錄》：「巴邛人家有橘園，霜後橘盡收斂，有大橘如三斗盎，巴人異之。剖開，中有二叟，相對象戲，談笑自若。」　《上林賦》：「盧橘夏熟。」

桃核船

漢家水戰習昆明，曼倩偷來下瀨橫。三士漫成齊相計，五湖好載越姝行。桑田核種千年久，河渚槎浮一葉輕。從此武陵漁問渡，胡麻飯裏棹歌聲。

《漢武故事》：「東郡獻短人，指東方朔謂上曰：『王母種桃，三千歲一實，此兒已三過偷之矣。』」曼倩，東方字。　又，《本紀》：「甲為下瀨將軍，下蒼梧。」《注》：「甲，故越人歸漢者也。」　三句本《晏子春秋》。　四句本范蠡泛湖事。　《漢武故事》：「西王母出桃七枚，以五與帝，自啖其二。帝留核，曰：『此桃美，欲種之。』」母

笑曰:『此桃三千年一著子,非下土所植也。』」 七句本《桃花源記》。《續齊諧志》:「劉晨、阮肇入天台山採藥,見桃實,食之,身輕,見一杯流出胡麻飯屑。溪邊二女子笑曰:『劉、阮二郎至矣。』」

蓮蓬人

獨立平生重此翁,反裘雙袖倚東風。殘身顛倒憑誰戲,亂服粗疏恥便工。共結苦心諸子散,早拈香粉美人空。莫嫌到老絲難斷,總在污泥不染中。

《新序》:「魏文侯出遊,見人反裘而負薪。」 李詩:「笑倚東風白玉床。」《世說》:「裴令公有儁儀,粗服亂頭皆好。」 《愛蓮說》:「出淤泥而不染。」

戲詠不倒翁

掉首浮生半紙輕,一丸封就任縱橫。何妨失足貪遊戲,不耐安眠欠老成。盡受推排偏屈強,敢煩扶策自支撐。卻遭桃梗妍皮誚,此內空空浪得名。

《後漢書·隗囂傳》:「王元說囂曰:『元請以一丸泥為大王東封函谷關。』」《北史·韓麒麟傳》:「安眠美食,優於遷固也。」 《後漢書·方術傳》:「吏人推排,終不搖動。」 《歸去來辭》:「策扶老以流憩。」 杜詩:「枝撐聲窸窣。」 《戰國策》:「土偶人與桃梗相與語,桃梗謂土偶曰:『子西岸之土也,淄水至,則汝殘矣。』」 古諺:「妍皮不裹癡骨。」 《世說》:「王導指周顗腹曰:『卿此中何所有?』答曰:『此中空洞無物,但足容卿輩數百人。』」

海虞孫孝維三十贈言

法護僧彌並絕倫,聽經蕭寺紫綸巾。高齋點筆依紅樹,畫檝徵歌轉綠蘋。一榻茶香專供佛,五湖蝦菜待留賓。丈夫早歲輕名宦,鄧禹無為苦笑人。綸音鰥。

《晉書·王珣傳》:「法護,珣小字也。」 又,《王瑉傳》:「時人為之語曰:『法護非不佳,僧彌難為兄。』僧彌,瑉小字也。」 《正字通》:「綸巾,巾名,世傳孔明軍中服之。」 《劇談錄》:「九霞曰:『某,山野之人,早修直道,無意於名宦金玉。』」《南史·王融傳》:「三十內望為公輔。及為中書郎,嘗撫案歎曰:『為爾寂寂,鄧禹笑人。』」

其二

招真臺下讀書莊，總角知名已老蒼。何氏三高推小隱，荀家群從重中郎。鬥茶客話千山雨，寄橘人歸百顆霜。原注：太末理官孝若，其兄也，地產橘最佳。麈尾執來思豎義，旻公同飯贊公房。

《南史·何胤傳》：「初，胤二兄求、點並棲遁，至是胤又隱，世謂何氏三高。」《後漢書·荀爽傳》：「字慈明，穎川為之語曰：『荀氏八龍，慈明無雙。』後公車徵為大將軍何進從事中郎。」《南史·謝澹傳》：「昔荀中郎年二十九，為北府都督。」

其三

始立何容減宦情，法曹有弟尚諸生。松匆映火茗芽熟，貝葉研朱梵夾成。金谷酒空消冶習，曲江花落悟浮名。原注：花落者為扶桑誌感也。年來恥學王懷祖，初辟中兵捧檄行。

《南史·王僧虔傳》：「誡子曰：『汝年入立境，方應從宦。』」《晉·王衍傳》：「吾少無宦情。」《唐·百官志》：「法曹，司法參軍事。」《夢溪筆談》：「茶芽，古人謂之雀舌、麥顆，言其至嫩也。」高千里詩：「滴露研朱點周易。」《後漢》：「孔融曰：『座上客常滿，樽中酒不空，吾事足矣。』」《晉書·王述傳》：「字懷祖，年三十，尚未知名，王導以門地辟為中兵屬，曰：『懷祖清貞簡貴，不減祖父。』」《後漢書·劉平等傳·序》：「盧江毛義府檄適至，義捧檄而入，喜動顏色。」

其四

高柳長風六月天，青鞋白襪尚湖邊。輕舟掠過破山寺，橫笛邀來大石仙。原注：孫氏之先遇仙於烏目山之大石。王儉拜公猶昨歲，張充學易在今年。種松記取合圍後，樹下著書堪醉眠。

《南史·王儉傳》：「領史部，時年二十八。高帝踐阼，建元元年，改封南昌縣公。」又，《張充傳》：「字延符。少好逸遊，左臂鷹，右牽狗，曰：『充聞三十而立。今充二十九年矣，請至來歲。』及明年，便修改，多所該通，尤明《老》、《易》。」《晉·阮籍傳》：「方據案醉眠。」

送楊懷湄擢臨安令

聽松鈴閣放衙陰，飛瀑穿階石室琴。許掾仙居丹井在，謝公遊策碧雲深。山農虎善樵微徑，溪女蠶忙採遠林。此地何王誇衣錦，錦城人起故鄉心。原注：今成都人，臨安乃錢鏐衣錦城也。

《杭州府志》：「於潛縣許遊丹井在觀山，許邁丹井在雲封菴。」　杜詩：「遊山憶謝公。」　王詩：「階前虎心善。」　《嘉靖臨安縣志》：「錢武肅王衣錦還鄉，盛燕父老，山林皆覆以錦，故名臨安為十錦。」

登縹緲峰

絕頂江湖放眼明，飄然如欲御風行。最高尚有魚龍氣，半嶺全無鳥雀聲。芳草青蕪迷近遠，夕陽金碧變陰晴。夫差霸業銷沉盡，楓葉蘆花釣艇橫。

過席允來山居

碧梧門巷亂山邊，灑掃雖頻得自然。石筍一林雲活活，藥欄千品雨娟娟。養花性為先人好，種樹經從伯氏傳。社酒已濃茶已熟，客來長繫五湖船。

贈武林李笠翁原注：笠翁名漁，能為唐人小說，兼以金元詞曲知名。

家近西陵住薛蘿，十郎才調歲蹉跎。江湖笑傲誇齊贅，雲雨荒唐憶楚娥。海外九州書志怪，坐中三疊舞回波。前身合是玄真子，一笠滄浪自放歌。

《史記》：「淳于髡者，齊之贅婿也。」　杜詩：「雲語荒臺起夢思。」　《莊子》篇：「繆悠之說，荒唐之言。」　《唐》：「張志和，字子同，婺州金華人，自稱煙波釣徒，著《元真子》，亦以自號。」

送張玉甲憲長之官邛雅錄一

其三

岷峨悽愴百蠻秋，路折邛崍九阪愁。城裏白雲從地出，馬前黑水向人流。松番將在看高臥，雪嶺僧歸話遠遊。欲問辟支諸佛土，貝多羅樹即關頭。原注：雅州關外即烏思藏。

杜詩：「岷峨氣悽愴。」　《漢·王尊傳》：「先是王陽為益州刺史，行部至邛崍九折阪。」　《酉陽雜俎》：「于闐國贊摩寺有辟支佛韡。」

贈學易友人吳燕餘

風雨菰蘆宿火紅，胥靡憔悴過牆東。吞爻夢逐虞生放，端策占成屈

子窮。縱絕三編身世外，橫添一畫是非中。道人莫訝姚平笑，六十應稱未濟翁。

《後漢・逢萌傳》：「避世牆東王君公。」 《虞翻別傳》：「臣郡吏陳桃夢臣與道士相遇，放髮被鹿裘，布《易》六爻，撓其三以飲臣，臣乞盡吞之。道士言易道在天，三爻足矣，豈臣受命應當知經？」《楚辭》：「詹尹乃端笑拂龜曰：『君將何以教之？』」《史記・孔子世家》：「讀《易》，韋編三絕。」 七句出《漢・京房傳》。 《丹鉛錄》：「程子遇青城箍桶翁，乃知《未濟》三陽失位為男窮之義。」

其二

注就梁丘早十年，石壕呼怒篳門前。范升免後成何用，寧越鞭來絕可憐。人世催科逢此地，吾生憂患在先天。從今郫上田休種，簾肆無家取百錢。

《漢》：「梁丘賀，字長翁，琅琊諸人也，從大中大夫京房受《易》。」 杜《石壕吏》詩：「吏呼一何怒。」 《後漢・范升傳》：「字辯卿，代郡人也。習《梁丘易》。光武徵詣懷宮，拜議郎，遷博士。後為出妻所告，坐繫。得出，還鄉里。永平中，為聊城令，坐事免，卒於家。」 《晉》：『王承遷東海太守，有犯夜者，為吏所拘。承問其故，曰：從師受書，不覺日暮。承曰：鞭撻寧越，以立威名，非政化之本。使吏送令歸家。』」《唐・陽城傳》：「催科政拙。」 《宋史・趙方傳》：「催科不擾，是催科中撫字。」《漢》：「嚴君平卜筮於成都市，裁日閱數人，得百錢，足自養，則閉四下簾而受《老子》。」

贈張以韜來鶴詩

草聖傳家久著聞，鬥看孤鶴下層雲。路從蓬島三山遠，影落琴川七水分。自是昂藏矜鳳侶，休教嫉妒報雞群。春風一樹梅花發，耐守寒香孰似君。

杜詩：「張旭三杯草聖傳。」《北史・高昂傳》：「其父以其昂藏敖曹，故以名字之。」 高嶠詩：「駕言尋鳳侶。」《晉・嵇紹傳》：「昂昂然如野鶴之在雞群。」 杜牧詩：「寒香一樹梅。」 陸游詩：「天寒看鶴守梅花。」

儒將

河朔功名指顧收，身兼使相領諸侯。按兵白道調神鵲，挾妓青山駕快牛。論敵肯輸楊大眼，知書不減范長頭。他年信史推儒將，馬槊清談第一流。

《晉·溫嶠傳》：「劉琨曰：『吾欲立功河朔。』」　《宋史·曹彬傳》：「上謂曰：『本授卿使相，然劉繼元未下，姑少待之。』賜彬錢二十萬。未幾，拜樞密使。」《宋書·武帝紀》：「我按兵堅陣，勿與交鋒。」　《一統志》：「白道在歸化城北。」　《世說》：「王愷有牛，名八百里駁。」　《北史·楊大眼傳》：「武都氐，難當之孫，當世推其號，果以為張弗之過也。」　《南史·范岫傳》：「范雲謂人曰：『諸君進止威儀，當問范長頭，以岫多識前代舊事也。』」

俠少

寶刀千直氣凌雲，俠少新參龍武軍。柳市博徒珠勒馬，柏堂箏妓石華裙。招權夜結金安上，挾策朝幹王長君。堪笑年年秘書客，白頭空守太玄文。

《漢·司馬相如傳》：「飄飄有凌雲之氣。」　又《萬章傳》：「長安熾盛，街閭各有豪俠，章在城西柳市。」《史記·信陵君傳》：「公子聞趙有處士毛公藏於博徒。」《洛陽伽藍記》：「河間王琛最為豪首，常與高陽爭衡，造文柏堂。」《漢·季布傳》：「辨士曹丘生數招權顧金錢。」又，《金日磾傳》：「倫子安上，始貴顯封侯。安上，字子侯。」　王長君出《鄒陽傳》。　陶秀寔詩：「堪笑翰林陶學士，年年依樣畫葫蘆。」

九峰詩

鳳凰山《松江府志》：「鳳凰山在郡城之北。《圖經》云：『以其據九峰之首，延頸舒翼，宛若鳳翥，故名。』」

碧樹丹山千仞岡，夫差親獵雉媒場。五茸風動琅玕實，三泖雲流沆瀣漿。鳥聽和鳴巢翡翠，花舒錦翼照文章。西施醉唱秦樓曲，天半吹簫引鳳凰。

厙公山《一統志》：「厙公山在松江府福泉縣南，與陸寶山隔溪相對。昔有厙公隱此，故名。」

厙公石磴掩莓苔，千載陰符戰骨哀。鐵鎖任從田父識，玉書休為道人開。三分舊數江東望，二俊終非馬上才。恨殺圮橋多授受，鬥他劉項至今來。厙音舍。

《晉書·陸機傳》：「與弟雲俱入洛，造張華。華曰：『伐吳之役，利獲二俊。』」《史記·陸賈傳》：「高帝罵之曰：『廼公居馬上而得之，安事詩書？』」

神山

　　紫蓋青童白鹿巾，細林仙館鶴書頻。洗來丹井千年藥，蛻去靈蛇五色鱗。洞起春雲招勝侶，潭空秋月證前身。赤松早見留侯志，何況商顏避世人。

　　《南史‧何點傳》：「梁武帝手詔：論舊賜以鹿皮巾。」　《北山移文》：「鳴騶入谷，鶴書赴隴。」　《楚辭》：「靈蛇吞象，厥大何如。」　《〈漢書‧溝洫志〉注》：「師古曰：『商顏，商山之顏。譬人之顏額也。』」

佘山《松江府志》：「佘山在盧山東北，由神山塘折而東，舊傳有佘姓者養道於此，故名。」

　　溪堂剪燭話徵君，通隱升平半席分。茶筍香來朝命酒，竹梧陰滿夜論文。知交倒屣傾黃閣，妻子誅茅住白雲。處士盛名收不盡，至今山屬佘將軍。

　　《史記‧張詠傳》：「願分華山一半席可乎？」　《一統志》：「佘山土宜茶、產筍，香如蘭。」　《三國志‧王粲傳》：「蔡邕聞粲在門，倒屣迎之。」

薛山《松江府志》：「薛山在佘山東，中限一水。」《吳地記》：「昔薛道約居此，因名。」

　　薛公高臥始何年，學士傳家有墓田。枉自布衣登侍從，長將雲壑讓神仙。坐來石榻蒼苔冷，採得溪毛碧藕鮮。最愛玉屏山下路，月明橋畔五湖船。

機山

　　蒹葭滿目雁何依，內史村邊弔陸機。豪士十年貪隱遁，通侯三世累輕肥。江山麗藻歸文賦，京洛浮沉負釣磯。白袷未還青蓋遠，辨亡書在故園非。

　　《晉‧陸機傳》：「齊王冏既矜功自伐，受爵不讓，機惡之，作《豪士賦》以刺焉。」又：「祖遜，吳丞相。父抗，吳大司馬。」　又：「成都王穎使收機，機釋戎服，著白袷。」　又：「以孫氏世在吳，孫浩舉而棄之，遂作《辨亡論》二篇。」

橫雲山《一統志》：「橫雲山在松江府婁縣西北。」

　　橫雲插漢嶺諸峰，雨過泉飛亂壑松。赤壁豈經新戰伐，丹楓須記舊遊蹤。祠荒故相江村鼓，客散名園蘭若鐘。莫信夤龍雲不去，此山雲只為人龍。原注：山有龍母祠，又陸雲故宅。

　　《水經注》：「連山插漢，秀木於雲。」　《晉‧陸雲傳》：「字士龍。」

天馬山原注：一名干山。

龍媒天馬出昆崙，青海長留汗血痕。此地干將騰劍氣，何來逸足鎖雲根。石鯨潭影秋風動，原注：山有二石魚飛去。鐵笛江聲夜雨昏。原注：鐵崖葬處。芻秣可辭銜勒免，空山長放主人恩。

李義山詩：「運去不逢青海馬。」《呂氏春秋》：「陽曰干將，陰曰莫邪。」 杜詩：「虎氣必騰上。」 謝希逸《舞馬賦》：「戢追電之逸足。」 杜詩：「石鯨鱗甲動秋風。」《家語》：「夫德法者，御民之具，猶御馬之有銜勒也。」

小崑山《一統志》：「崑山在松江府婁縣西北。」

積玉昆岡絕代無，讀書臺上賦吳都。君臣割據空祠廟，家國經營入畫圖。勢去河橋悲士馬，詩成山館憶蓴鱸。傷心白璧投何處，汗簡淒涼陸大夫。

戊申上巳過吳興家園次太守招飲郡圃之愛山臺坐客十人同修禊事余分韻得苔字

六客堂西禊飲臺，亂山高會嘯歌開。塔懸津樹雨中出，鐘送浦帆天際來。同輩酒狂眠怪石，前賢墨妙洗蒼苔。右軍勝集今誰繼，仗有吾家季重才。

《一統志》：「六客堂在湖州府治圃中。愛山臺在六客堂之右。」 唐玄宗詩：「春來津樹合。」 王詩：「雨中春樹萬人家。」 《一統志》：「墨妙亭在湖州府治內。」

八風詩並序

余消夏小園，風塕然而四至，雖泠泠可以折酲，已疾而淒其怒號，不能無爰居之思，避其庶人之雌風乎？聊廣其意，作為此詩。莊、列寓言，沈、謝作賦，庶以鳴候蟲而諧比竹。若雲俟諸輶軒，則此不足採也。

東風

汴水楊花撲面迎，飄飄飛過雒陽城。陶潛籬畔吹殘醉，宋玉牆頭送落英。油壁馬嘶羅袖舉，綠塘波皺畫簾聲。獨憐趙後身輕甚，斜倚雕闌待月生。

《漢·外戚傳》：「孝成趙皇后號曰飛燕。」

南風

　　玉尺披圖解慍篇，相為高指越裳天。終南雲出松檜響，雙闕雨飛鈴索懸。師曠審音吹不競，鍾儀懷土操誰傳。九疑望斷黃陵廟，曾共湘靈拂五絃。

　　《家語》：「南風之薰兮，可以解吾民之慍兮。」　《西京雜記》：「長安靈臺相風銅烏，有千里風則鳴。」　《後漢》：「交阯之南有越裳國，周公居攝，越裳以三象重譯而獻白雉。」　五六句本《左傳》。

西風

　　落日巴山素女秋，梧宮蕭瑟唱涼州。白團掌內恩應棄，絳蠟匆前淚未收。隴阪征夫蘆管怨，玉關思婦杵聲愁。可堪益部龍驤鼓，獵獵牙旗指石頭。

　　《晉》：「王濬重拜益州刺史，修舟艦，起樓櫓，拜龍驤將軍，監益涼諸軍事。伐吳，順流鼓棹，入於石頭，孫皓面縛降。初，詔使濬受王渾節度。及濬至秣陵，王渾遣信，要令暫過論事。濬舉帆直指，報曰：風利，不得泊也。」　鮑詩：「獵獵晚風遒。」

北風

　　萬里扶搖過白登，少卿書斷雁難憑。蕭梢駿尾依宛馬，颯爽雄姿刷代鷹。野火燒原青海雪，驚沙擊面黑河冰。愚公壄戶頭如蝟，傳道君王獵霸陵。

　　《莊子》：「摶扶搖而上者九萬里。」《一統志》：「白登故城在大同府陽高縣南。」李少卿《答蘇武書》：「時因北風，復惠德音。」　杜詩：「騂尾蕭梢朔風起。」《漢·張騫傳》：「天子好宛馬，使者相望於道。」　杜詩：「代北有豪鷹。」

東南風

　　紫蓋黃旗半壁中，斗牛斜直上游通。漫分漢沔魚龍陣，須仗江湘烏鵲風。捩柂引船濡口利，禡牙揮扇赭圻功。試看片刻周郎火，一捲曹公戰艦空。

　　《吳志·孫權傳》注：「舊說紫恭黃旗，運在東南。」　《一統志》：「督軍壇在漢中府沔縣東南，是亮宿營處，營東即八陣圖也。」　《漢·揚雄傳》：「橫江湘以南洰兮。」　曹孟德《樂府》：「烏鵲南飛。」　《宋史·禮志》：「太宗征河東，遣右贊善大夫出郊，用少牢一，祭蚩尤禡牙。」　朱《傳》：「禡祭，始造軍法者，謂黃帝及蚩尤也。」　《一統志》：「赭圻城在太平府繁昌縣東。」

西南風

武帝雄圖邛笮開，相如馳傳夜郎回。巴童引節旌旄動，僰馬隨車塵土來。堯女尚應愁赭樹，原注：《史記》：「秦皇西南渡淮水，浮江至湘山祠，逢大風，幾不得渡。知是堯女，使刑徒伐湘山樹，赭其山。」楚王從此怕登臺。小臣欲進乘槎賦，萬里披襟好快哉。

鮑詩：「燕姬色沮，巴童心恥。」注：「巴童，善舞者。」《漢·西南夷傳》：「巴蜀民或竊出，商賈取其笮馬僰僮旄牛。」

東北風

飛廉熛怒向人間，徐福求仙恨未還。萬乘雨休封禪樹，原注：《史記·封禪書》：「始皇上太山，遇大風雨，休於大樹下。」八神波斷羨門山。原注：《史》：「三神山在渤海中。患且至，則船引風而去。始皇時，方士皆以風為解。」又：「八神皆在齊北。成山斗入海，最居齊東北隅。」蕭蕭班馬東巡海，發發嚴旄北距關。錯認祖龍噫氣盛，蓬萊咫尺竟誰攀。

《〈漢·武帝紀〉》注：「蜚廉，神禽，能致風氣者也。」《風俗通》：「飛廉，風伯也。」《風賦》：「激揚熛怒。」《仙傳拾遺》：「徐福，字君房。秦始皇聞東海中祖洲有不死之草，乃遣福乘樓船入海尋祖洲，不返。」《莊子》：「夫大塊噫氣，其名為風。」

西北風

沛宮親作大風歌，往事彭城奈楚何。身陷重圍逢晦冥，母迴切，上聲。天留數騎脫干戈。原注：《史記》：「項王圍漢王三匝，從西北起，折木發屋，揚沙石，窈冥晝晦，楚軍亂，乃得遁去。」威加河朔金方整，地繞幽并殺氣多。好祭蚩尤衬風伯，飛揚長護漢山河。

《述異記》：「蚩尤氏兄弟七十二人，銅頭鐵額，食鐵石。今冀州人掘地得髑髏如銅鐵者，即蚩尤之骨也。」

送許堯文之官莆陽

烏石煙巒列畫圖，雙旌遙喜入名都。路經鷓嶺還龍嶺，符剖鴛湖更鯉湖。訪舊草堂搜萬卷，吟詩別墅補千株。知君不淺絃歌興，別有高樓起望壺。

《漢·高帝紀》：「與功臣剖符作誓。」《晉·庾亮傳》：「老子於此，興復不淺。」《一統志》：「壺山堂在莆田縣治前，有壺公山，故名。壺公山在莆田縣南，昔有人隱此，遇一老人，引於絕頂，見宮闕臺殿，曰：『此壺中日月也。』故名。」

其二

榕陰五馬快驂驔，親到遊洋古越南。抹麗香分魚魷細，荔支漿勝橘奴甘。鮫宮月映浮春嶼，蜑市煙消見夕嵐。此去褰帷先問俗，上溪秋色正堪探。

《集韻》：「魷，魚子也。」

吳詩精華錄　　後學沈德潛歸愚選

穿山《太倉州志》：「穿山在州東北五十里，巨石屹立，崇十七丈，週三百五十步，中有石洞，通南北往來，相傳海中島也。」

勢削懸崖斷，根移怒雨來。洞深山轉伏，石盡海方開。廢寺三盤磴，孤雲五尺臺。蒼然飛動意，未肯臥蒿萊。

王仲初詩：「廢寺亂來為縣驛。」　又：「盤磴迴廊古塔深。」　陶詩：「孤雲獨無依。」　《韓詩外傳》：「原憲居環堵之室，茨以蒿萊。」

過聞果師園居

帆影窗中沒，鐘聲樹杪移。簷依懸果近，閣避偃松敧。菜甲春來蚤，茶槍雨後遲。散齋閒獨往，應與道人期。

揭曼碩詩：「鐘聲衡嶽曙，帆影洞庭秋。」　謝玄暉詩：「窗中列遠岫。」　杜詩：「清聞樹杪磬。」　白詩：「秋雨簷果落。」　《抱朴子》：「大陵偃蓋之松。」　杜詩：「自鋤稀菜甲。」　《群芳譜》：「茶始生而嫩者為一鎗，寖大而開為一旗。」　白詩：「散齋香火今朝散。」《史記·留侯世家》：「與老人期，何後也！」　僧貫休詩：「曾與道人期。」

送繼起和尚入天台

振錫西泠渡，潮聲定後聞。屐侵盤磴雪，衣濕渡江雲。樹向雙崖合，泉經一杖分。石林精舍好，猿鳥慰離群。

《釋氏要覽》：「遊行僧為飛錫，安住僧為掛錫。」　庾詩：「山深雲濕衣。」　詞名有《渡江雲》。　《一統志》：「石橋山在天台縣北五十里，兩山並峙，上有石樑，懸架兩崖間。」　又：「錫杖泉在天台縣國清寺。昔寺取水甚遠，明禪師以錫杖叩之，泉水湧出。」　郎君胄詩：「石林精舍武溪東。」

溪橋夜話

予偕子俶兄弟，臨流比屋，異戶同橋。久雨得月，新浴乍涼，輒書數語，以識幽事。

竹深斜見屋，溪冷不分橋。老樹連書幌，孤村共酒瓢。茶香消積雨，人影話良宵。同入幽棲傳，他年未寂寥。

杜詩：「竹深留客處。」　又：「突兀倚書幌。」　王元之詩：「睡起殘花落酒瓢。」　杜必簡詩：「積雨生昏霧。」

兔缺 《中華古今注》：「兔口有缺。」

舌在音何讓，唇亡口半呿。病同師伯醜，方問仲堪醫。露涿從人誚，銜碑欲語遲。納言親切地，補闕是良規。

《史記·張儀傳》：「視吾舌尚在不？」《字典》：「讓，吃也。」《左傳·僖五年》：「唇亡齒寒。」《莊子》：「公孫龍口呿而不合。」《玉篇》：「張口貌。」《南史·王元謨傳》：「孝武狎侮群臣，各有稱目。顏師伯缺齒，號之曰醜。」《字典》：「醜音獻，露齒也。」《續晉陽秋》：「魏詠之生而兔缺，相者云後當貴。聞荊州殷仲堪帳下有術人能治之。」　「露涿」，待考。《晉讀曲歌》：「石闕生口中，銜碑不得語。」《〈蜀志·馬謖傳〉注》：「今可更惠良規。」

織女

軋軋鳴梭急，盈盈涕淚微。懸知新樣錦，不理舊殘機。天漢期還待，河梁事已非。玉箱今夜滿，我獨賦無衣。

溫飛卿詩：「鳴機札札停金梭。」　張子壽詩：「不復理殘機。」　魏文帝《燕歌行》：「牽牛織女遙相望，爾獨何辜限河梁。」

謝蒼雪贈葉染道衣

娑羅多寶葉，煎水衲衣黃。不染非真色，拈來有妙香。足跌僧相滿，手綻戒心長。一笠支郎許，安禪向石傍。

張道濟詩：「山中二月娑羅會。」　岑參詩：「多寶滅已久，蓮華付吾師。」《淨住子》：「心常無礙，空有不染。」《洛浦和尚頌》：「入荒田不揀，信手拈來草。」《婆娑論》：「結跏趺坐，是相圓滿。」　王詩：「安禪制毒龍。」

黃州杜退之改號蛻斯其音近而義別索詩為贈

述志賦秋蟲，孤吟御遠風。掜皮忘我相，換骨失衰翁。畫以通靈妙，詩因入悟空。少陵更字說，不肯效韓公。

陸士衡《遂志賦序》：「昔崔篆作詩以明道述志。」　杜詩：「秋蟲聲不去。」《世說》：「謝公稱藍田掜皮皆真。」　《金剛經》：「無我相。」　《捫虱新話》：「文章雖不要蹈襲古人，然自有奪胎換骨等法。」　《晉書‧顧愷之傳》：「妙畫通靈，變化而去，亦如人之登仙。」　梁簡文帝《六根識文》：「於一念中，怳然入悟。」　唐韓休，字退之。

王瓜

同摘誰能待，離離早滿車。弱藤牽碧蔕，曲項戀黃花。客醉嘗應爽，兒涼枕易斜。齊民編月令，瓜瓞重王家。

韋應物詩：「弱籐已扶椶。」　陳元伯詩：「碧帶團香上芳樹。」《群芳譜》：「黃瓜亦有細白刺，開黃花。」《隋書‧經籍志》：「《齊民要術》十卷，賈思勰撰。」《唐書‧藝文志》：「崔寔《四民月令》一卷。」　按：此當謂《禮記‧月令》「孟夏之月，王瓜生。」

豇豆《本草綱目》：「豇，江、絳二音。」《字彙》：「音岡。」

綠畦過驟雨，細束小虹蜺。錦帶千條結，銀刀一寸齊。貧家隨飯熟，餉客借糕題。五色南山豆，幾成桃李谿。

黨懷英詩：「綠畦春溜引筒車。」　《春秋元命苞》：「虹蜺者，陰陽之精。」　《本草注》：「蕈或謂錦帶。」　杜《白小》詩：「出網銀刀亂。」　《蘇州府志》：「豇豆，赤黑色，四月種，六月熟，可為餻，又名沿江十八粒。」　《邵氏聞見後錄》：「劉夢得作《九日》詩，欲用餻字，以五經中無之，輒不復為。宋子京有句云：『劉郎不敢題餻字，虛負詩中一世豪。』」　《漢書‧楊惲傳》：「田彼南山，蕪穢不治。種一頃豆，落而為萁。」　《史記‧李將軍傳》：「桃李不言，下自成蹊。」

送照如禪師還吳門

秋氣肅群慮，衲衣還故棲。雲生孤杖迥，月出萬山低。乞火青楓寺，疏泉紫芋畦。石床椶拂子，盡說是曹溪。原注：師姓曹。　按：曹溪在韶州。

孟東野詩：「羈禽思故棲。」　李詩：「向余東指海雲生。」　岑參詩：「天圍萬

嶺低。」　杜詩：「魂來楓林青。」　白詩：「喘牛犁紫芋。」　《傳燈錄》：「梁天監元年，有僧智藥泛舶至韶州曹溪水口，聞其香，嘗其味，曰：『此水上流有勝地。』遂開山立名寶林，乃云：『此去百七十年，當有無上法寶在此演法。』今六祖南華是也。」

園居柬許九日

逬筍穿茶竈，欹花罨釀房。曝書移畫幾，敲筆響琴床。晚食知眠懶，輕衫便酒狂。翛然吾願足，不肯負滄浪。

岑參詩：「逬筍穿階踏還來。」　《唐書·陸龜蒙傳》：「齎束書、茶竈、筆床、釣具往來。」　徐照字道暉詩：「欹花半在池。」　《四民月令》：「七月七日曝經書。」　白詩：「瀑布濺琴床。」　《戰國策》：「晚食以當肉。」　《漢書·蓋寬饒傳》：「我乃酒狂。」　《莊子》：「翛然而往。」

題心函上人方庵

頂相安單穩，圓塵覆缽銷。誰知眠丈室，不肯效團焦。石鼎支茶灶，匡床掛瘦瓢。一枝方竹杖，夜雨話參寥。

劉克莊詩：「僧借虛堂竟掛單。」　《維摩詰經》：「唐王元策使西域，有維摩居士石室，以手板縱橫量之，得十笏，故名方丈室。」　高季迪詩：「酒滿長生瘦木瓢。」《鎮江府志》：「甘露寺一僧，李贊皇廉問日嘗與之遊。及罷任，以方竹杖一枝留贈焉。方竹杖出大宛國，實堅而正方，節眼須牙，四百對出，實衛公之寶也。」《墨莊漫錄》：「參寥本名曇潛，子瞻改曰道潛。」　《廣輿記》：「於潛人。」

題儆上人代笠

空山無住著，就石架孤笻。愛雪編茅整，愁風剪箬工。樹陰休灌叟，蓑雨滴漁翁。要自謀安隱，吾師息此中。

《楞嚴經》：「本氏無住，建立世界及諸眾生。」　《廣韻》：「笻，竹名，可為杖。」　李詩：「愁水復愁風。」　《本草》：「箬，草名，相莖皆似小竹，葉與籜似蘆荻，南人取葉作笠。」　《北史·魏收傳》：「夏日坐板床，隨樹陰諷誦。」　《儀禮注》：「簑同蓑。」　《阿含經》：「於是世尊所患，即除而得安穩。」

簡武康姜明府

地僻誰聞政，知君自不同。放衙山色裏，聽事水聲中。竹稅官橋市，茶商客渚篷。前溪歌舞在，父老習遺風。

義山詩：「高聲喝吏放兩衙。」　杜牧之詩：「鳥去鳥來山色裏，人歌人哭水聲中。」《漢書・宣帝紀》：「五日一聽事。」　王詩：「官橋祭酒客。」《宋史・趙開傳》：「輕立價，以惠茶商。」　《茶經》：「茶，浙西以湖州為上。」　《宋書・樂志》：「《前溪哥》者，車騎將軍沈琉所製。」　《一統志》：「前溪在武康縣治。」

其二

花發訟庭香，松風夾道涼。溪喧因紙貴，邑靜為蠶忙。魚鳥高人政，煙霞仙吏裝。知君趨召日，取石壓歸航。《唐書・陸龜蒙傳》：「陸氏在姑蘇，其門有巨石，遠祖續嘗事吳，為鬱林太守。罷歸，無裝，舟輕不可越海，取石為重，人稱其廉，號為廉石。」

岑參詩：「松風夾馳道。」　杜詩：「溪喧獺趁魚。」　《晉書・左思傳》：「賦三都，洛陽為之紙貴。」　《湖州府志》：「黃紙出歸安縣十九區東沈錢家邊，傍溪分流，激石轉水為碓，以殺竹青而搗之以成口。」　李頎詩：「桑野蠶忙時，憐君久踟躕。」　子瞻《謝表》：「雜薄書於魚鳥。」　《南史・江革傳》：「或請濟江，徙重物以迮輕艫。革既無物，乃於西陵岸取石十餘片以寔之。」

夜泊漢口

秋氣入鳴灘，鉤簾對影看。久遊鄉語失，獨客醉歌難。星淡漁吹火，風高笛倚闌。江南歸自近，盡室寄長安。

杜詩：「鉤簾宿鷺起。」　李詩：「對影成三人。」　鄭守愚詩：「一尺鱸魚新釣得，兒童吹火荻花中。」　趙承祐詩：「倚闌香徑晚。」

送友人還楚

燈火照殘秋，聞君事遠遊。客心分暮雨，寒夢入江樓。酒盡孤峰出，詩成眾籟收。一帆灘響急，落日滿黃州。

沈雲卿詩：「亭傳理殘秋。」　杜牧之詩：「點滴侵寒夢。」　吳子華詩：「灘響忽高何處雨。」

讀史雜感十首其一

吳越黃星見，園陵紫氣浮。六師屯鵲尾，雙闕表牛頭。鎮靜資安石，艱危仗武侯。新開都護府，宰相領揚州。

《三國志·魏武紀》:「初,桓帝時有黃星見於楚宋之分。」 《漢書·叔孫通傳》:「先帝園陵寢廟。」 《〈吳志〉注》:「陳紀曰:『黃旗紫氣,運在東南。』」 《綱目質寔》:「鵲尾,渚名,在廬州府舒城縣治西北。」 《南史·何胤傳》:「世傳王丞相指牛頭山云:『此天闕也。』」 《晉書·謝安傳》:「字安石。時強敵寇境,邊書續至,梁益不守。樊、鄧陷沒,安每鎮以和靖。」 杜詩:「艱危氣益增。」 武侯,即諸葛。《宋書·武帝紀》:「宰相帶揚州,可置甲士千人。」

其二

莫定三分計,先求五等封。國中惟指馬,閫外盡從龍。朝事歸諸將,軍輸仰大農。淮南數州地,幕府但歌鍾。

《史記·淮陰侯列傳》:「莫若兩利而俱存之,三分天下,鼎足而居。」 又,《李斯傳》:「二世拜趙高為中丞相,高自知權重,乃獻鹿,謂之馬。」 又,《馮唐傳》:「閫以外者,將軍制之。」 《史記·景帝紀》:「改治粟內史為大農。」

其三

北寺讒成獄,西園賄拜官。上書休討賊,進爵在迎鑾。相國爭開第,將軍罷築壇。空餘蘇武節,流涕向長安。《後漢書·李膺傳》:「下膺等於黃門北寺獄。」補考。

《後漢書·宦者傳》:「當之官者,先至西園諧價,然後得去。」 《明史·史可法傳》:「時自成既走陝西,猶未滅,可法請頒討賊詔書。」 《五代史·梁臣傳》:「劉桿,開封人也。唐昭宗召見,賜號迎鑾毅勇武臣。」 杜詩:「蒼茫舊築壇。」 《漢書·蘇武傳》:「字子卿。杖漢節牧羊,臥起操持,節旄盡落。上崩,武聞之,南鄉號哭,歐血數月。」

其五

聞築新宮就,君王擁麗華。尚言虛內主,廣欲選良家。使者螭頭舫,才人豹尾車。可憐青冢月,已照白門花。

皇甫茂政詩:「聞道選良家。」 《國史補》:「兩省諫起居郎為螭頭,以其立近石螭也。」 蘇詩:「映山黃帽螭頭舫。」 《〈漢書·揚雄傳〉注》:「大駕屬車八十一乘,作三行。最後一乘豹尾,豹尾以前皆為省中。」

其七

漫說黃龍府，須愁朱雀桁。三軍朝坐甲，十客夜傳觴。王氣矜天塹，邊書棄御床。江州陳戰艦，不肯下潯陽。《通鑑綱目》：「孔範曰：『長江天塹，限隔南北。』」又，《隋紀》：「陳叔寶從帝登印山，及出，帝目之曰：『當賀若弼度京口，彼人密啟告急，叔寶飲酒，遂不之省。高熲至日，猶見啟在床下，未開封。』」

《宋史‧岳飛傳》：「語其下曰：『直抵黃龍府，與諸君痛飲耳。』」《通鑑綱目》：「晉明帝太寧二年七月，王含水陸五萬，奄至江寧南岸，人情恟懼，溫嶠燒朱雀桁以挫其鋒。」《南史‧齊東昏侯紀》：「眾皆怠怨，不為致力。募兵出戰，至城門數十步，皆坐甲而歸。」又，《陳後主紀》：「常使張貴妃、孔貴人等八人夾坐，江總、孔範等十人預宴，號曰狎客。先令八婦人擘彩箋，製五言詩，十客一時繼和，遲則罰酒。」《通鑑綱目》：「陳主從容謂侍臣曰：『王氣在此。』」

其八

偏師過采石，突騎滿新林。已設牽羊禮，難為刑馬心。孤軍摧韋粲，百戰死王琳。極目蕪城遠，滄江暮雨深。《南史‧王琳傳》：「字子衍。會稽山陰人。齊令便赴壽陽，並許召募。陳將吳明徹進兵圍之，堰泜水灌城。而齊將皮景和等屯於淮西，竟不赴救。明徹晝夜攻擊，城內水氣轉侵，人皆患腫，死病相枕。從七月至十月，城陷被執，百姓泣而從之。明徹恐其為變，殺之城東北二十里。」

《一統志》：「牛渚山在當塗縣，一名採石。」《漢書‧晁錯傳》：「輕車突騎。」《隋書‧韓擒虎傳》：「擒虎率五百人宵濟，襲採石，守者皆醉，擒虎遂取之，進攻姑熟，半日而拔次於新林。」《左傳‧宣十二年》：「鄭伯肉袒，牽羊以迎。」《戰國策》：「孟嘗君舍人謂衛君曰：『臣聞齊、衛先君刑馬壓羊而盟。』」《南史‧韋粲傳》：「字長倩。比及青塘，夜已過半，壘柵至曉未合。左右高馮牽粲避賊，粲不動，兵略盡，遂見害。」

其十

越絕山河在，征人尚錦袍。乘風竹箭利，狎浪水犀豪。怪石千灘險，疑城百里高。臨江諸將帥，委甲甬東逃。《一統志》：「鄞江在寧波府鄞縣東北二里，一名甬江。翁山故城在定海縣東三十里翁山下，春秋時越之甬東也。」

《隋書‧經籍志》：「又有越絕相承，以為子貢所作。」杜詩：「國破山河在。」《北史‧何稠傳》：「波斯嘗獻金線錦袍。」《晉書‧宗愨傳》：「願乘長風破萬里浪。」

《周禮·夏官》:「東南曰揚州,其利金錫、竹箭。」 《吳越春秋》:「今夫差衣水犀甲者三萬人。」 《晉紀》:「魏文帝之在廣陵,吳人大駭,乃臨江為疑城。」 《史記·淮南王傳》:「彊弩臨江而守。」 《唐書·王智興傳》:「令士委甲而入。」 《左傳·哀二十二年》:「越滅哭,請使吳王居甬東。」

送王子彥 原注:王以孝廉不仕,後因事避吏,將入都。

失意獨焉往,自憐歸計非。無家忘別苦,多難愛書稀。白首投知己,青山負布衣。秋風秣陵道,惆悵素心違。

偶值

偶值翻成訝,如君不易尋。出門因酒癖,謝客為書淫。久坐傾愁抱,高譚遇賞心。明朝風日暖,餘興約登臨。

白詩:「共放詩狂同酒癖。」 《史記·信陵君傳》:「乃謝客就車。」 《晉書·皇甫謐傳》:「耽翫典籍,忘寢與食,時人謂之書淫。」 庾承宣詩:「愁抱望自寬。」 謝靈運《擬鄴中詩序》:「天下良辰、美景、賞心、樂事,四者難並。」

座主李太虛師從燕都間道北歸尋以南昌兵變避亂廣陵賦呈八首
其一

風雪間關路,江山故國天。還家蘇武節,浮海管寧船。妻子驚還在,交朋淚泫然。兩京消息斷,離別薦經年。

《三國志·管寧傳》:「字幼安,北海人也。華歆舉寧,寧遂將家屬浮海。」 杜詩:「妻孥怪我在,驚定還拭淚。」 又:「數州消息斷。」 宋延清詩:「少別已經年。」
其二

白鹿藏書洞,青牛採藥翁。買山從五老,避世棄三公。舊德高詞苑,長編續史通。十年金馬夢,回首暮雲中。

《一統志》:「白鹿書院在星子縣北廬山五老峰下。唐貞元中,洛陽人李渤與兄涉讀書廬山,嘗畜一白鹿自隨,遂以白鹿名洞。淳熙中,朱子知南康軍,因其遺址重建書院。」 《後漢書·甘始傳》注:「《漢武帝內傳》曰:『封君達,隴西人。常乘青牛,故號青牛道士。聞有病者,識與不識,便以要間竹管中藥與服,或下針,應手皆愈。』」 班固《西征賦》:「士食舊德之名氏,農服先疇之畎畝。」 王士熙詩:「詞苑恩波供染翰。」 周子充《玉堂雜記》:「李仁父燾《續通鑑長編》。」 又,《漢書·

司馬遷傳》：「王莽時，求封遷後，為史通子。」《注》：「史通，國子爵也。」 又，《唐書‧劉子玄傳》：「自以為見用於時而志不遂，乃著《史通》內外四十九篇。」

其三

愛酒陶元亮，能詩宗少文。桃花忘世事，明月望湘君。山靜聞簫鼓，江空見陣雲。不知時漢晉，誰起灌將軍。

桃花句暗用《桃花源記》「問今是何世」。 賈幼鄰詩：「白雲明月弔湘娥。」 唐子西詩：「山靜似太古。」 韓詩：「山淨江空水見沙。」 《史記‧天官書》：「陣雲如立垣。」 《桃花源記》：「乃不知有漢，無論魏晉。」 《史記‧魏其武安侯傳》：「灌將軍夫者，穎陰人也。為中郎將，坐法去。家居長安。」

其四

浩劫知難問，秋風天地哀。神宮一柱火，仙灶五丁雷。劍去龍沙改，鐘鳴鼉鼓來。可憐新戰骨，落日獨登臺。按：太虛南昌人。此首蓋指南昌兵變言也。

《一統志》：「妙濟萬壽宮在南昌縣西南廣潤門內，一名鐵柱宮，中有鐵柱，相傳許旌陽所鑄以鎮蛟螭之害。」 駱賓王詩：「石路五丁開。」 《一統志》：「劍池在南昌府豐城縣西南三十里。相傳晉雷煥得龍泉、太阿二劍處。龍沙在新建縣北。」 又：「緣德，字道濟。住廬山圓通寺。曹翰下江州，率部曲入寺，僧驚走，緣德獨端坐不起。翰怒曰：『獨不聞殺人不轉眼將軍乎？』緣德曰：『汝安知有不怕生死和尚？』翰曰：『眾僧何在？』答曰：『聞鐘則來。』翰擊鐘，而僧不集。緣德自起擊之，僧皆至，因謂曰：『公鳴鐘有殺心耳。』」

其五

彭蠡初無雁，潯陽近有書。干戈愁未定，骨肉苦離居。江渚宵傳柝，山城裏出車。終難致李白，臥病在匡廬。《南康軍圖經》：「白性喜名山，以廬阜水石佳處，遂往遊焉。至五老峰，曰：『天下之壯觀也。卜築於此，吾將老焉。』今峰下有書堂舊基。」

《明史‧地理志》：「南昌府東有翻陽湖，即彭蠡也。」 何仲默詩：「近得潯陽江上書，遙思李白更愁予。」 杜詩：「干戈未息苦難居。」 義山詩：「空聞虎旅傳宵柝。」 《周禮正義》：「鄭康成曰：『賦謂出車徒、給繇役也。』」《唐書‧李白傳》：「安祿山反，轉側宿松、匡廬間。永王璘辟為府僚佐。璘起兵，逃還彭澤。璘敗當誅，郭子儀請解官以贖。有詔長流夜郎。會赦，還潯陽。」

其六

世路長為客，家園況苦兵。酒偏今夜醒，原注：新佞切。笛豈去年聲。一病餘孤枕，千山送獨行。馬當風正緊，捩柂下溢城。《一統志》：「隋平陳，廢柴桑縣，置尋陽縣。大業初，改為溢城。」

《後漢書‧崔駰傳》：「子苟欲勉我以世路。」 杜詩：「年年至日長為客。」《漢書‧陳湯傳》：「北邊蕭然苦兵。」《一統志》：「馬當山在九江府彭澤縣東北。」《摭言》：「王勃年十三，遊江左，舟次馬當，遇老叟問曰：『子非王勃乎？來日重九，南昌都督命客作《滕王閣序》，子盍往賦之？』勃曰：『此去南昌七百餘里，今已九月八日矣。』叟曰：『子誠往，吾助清風一席。』勃翌日昧爽已抵南昌。」

其七

莫問投何處，輕帆且別家。漫栽彭澤柳，好種廣陵瓜。飲興愁來減，詩懷老自誇。南徐山色近，題語報侯芭。按：太虛因兵變而避亂廣陵，故此首寔指之也。

常建詩：「春帆宜別家。」《晉書‧陶潛傳》：「宅邊有五柳樹，故嘗著《五柳先生傳》。」 又：「執事者聞之，以為彭澤令。」《三國志‧步騭傳》：「騭避難江東，與廣陵衛旌同年相善，俱以種瓜自給。」 劉夢得詩：「樓中飲興因明月。」 郝伯常詩：「塞上詩懷尤索莫。」《漢書‧揚雄傳》：「鉅鹿侯芭常從雄居，受其《太玄》、《法言》焉。」

其八

海內論知己，天涯復幾人。關山思會面，戎馬涕沾巾。賓客侯嬴老，諸生原憲貧。相看同失路，握手話艱辛。

王子安詩：「海內存知己，天涯若比鄰。」 杜詩：「身老時危思會面。」 又：「正思戎馬淚盈巾。」《史記‧信陵君傳》：「魏有隱士曰侯嬴，年七十，遂為上客。秦昭王已破趙長平，又進兵圍邯鄲，公子計不獨生而令趙亡，乃請賓客約車騎百餘乘，欲以客往赴秦軍，與趙俱死。侯生曰：『公子勉之矣，老臣不能從。』」 第六句本杜詩〔註5〕。 《滕王閣序》：「誰悲失路之人。」《史記‧滑稽傳》：「握手無罰。」

歲暮送穆大苑先往桐廬

客中貪過歲，又上富春船。燭影欹寒枕，江聲聽夜眠。石高孤岸迴，雪重半帆偏。明日停橈處，山城落木天。

〔註5〕此下作五條小豎線。靳榮藩注作：「杜詩：諸生原憲貧。」

杜詩：「半扉開燭影。」　黃文江詩：「旅館移欹枕。」　杜詩：「高枕遠江聲。」
駱賓王詩：「岸迴秋霞落。」　蘇子由詩：「晚日落帆偏。」　陳伯玉詩：「停橈問土
風。」

其二

臥病才回棹，征軺此再遊。亂山穿鳥道，匹馬向嚴州。遠水浮沙嶼，
高楓入郡樓。知君風雨夜，落葉起鄉愁。

元詩：「迴櫂子猷歸。」　《史記·季布傳》：「朱家乘軺車之洛陽。」　孟詩：「亂
山殘雪夜。」　江詩：「京月照沙嶼。」　《淮南子》：「見一葉之落，知歲之將暮。」

其三

到日欣逢節，招尋有故人。官廚消絳蠟，客舍煖烏薪。鎖印槐廳靜，
班春柏酒新。翩翩杜書記，瀟灑得閒身。

王詩：「每逢佳節倍思親。」　《隋書·酷吏傳》：「庫狄士文為貝州刺史，其子啖
官廚餅。」　顧應詳詩：「豪華浪說爆炊廚。」范致能詩：「誰與幽人煖直身，筠籠沖
雪送烏薪。」　賈閬仙詩：「鎖印子規啼。」　梅聖俞詩：「靜掃古槐廳。」　《〈後漢
書·崔駰傳〉注》：「班春，班布春令。」　《漢官儀》：「正旦以柏葉酒上壽。」　《唐
書·杜牧傳》：「字牧之。為牛僧孺淮南節度府掌書記。」　孔德璋《北山移文》：「瀟
灑出塵之想。」

其四

知爾貪乘興，沖寒蠟屐忙。鶴翻松磴雪，猿守栗林霜。官醖移山榼，
仙碁響石房。嚴光如可作，故態客星狂。

《晉書·王徽之傳》：「本乘興而來。」　杜詩：「山意沖寒欲放梅。」《晉書·阮
孚傳》：「或有詣阮，正見自蠟屐，因自歎曰：『未知一生當著幾量屐。』」　王元長《與
隱士劉虬書》：「豈能鳳舉鶴，翻有心儀群。」　李巨山詩：「吐葉依松磴。」　張文昌
詩：「秋猿守栗林。」　王元之詩：「官醖綠開萍〔註6〕。」　高季迪詩：「載酒攜山
榼。」　薛大拙詩：「平身入石房。」　《後漢書·逸民傳》：「嚴光，字少陵。少有高
名，與光武同學。」

〔註6〕「萍」，王禹偁《寄題陝府南溪兼簡孫何兄弟》原作「瓶」。靳榮藩注已更正。

曉發

曉發桐廬縣，蒼山插霧中。江村荒店月，野戍凍旗風。衣為裝綿暖，顏因被酒紅。日高騎馬滑，愁殺白頭翁。

陳伯玉詩：「歸帆出霧中。」　溫飛卿詩：「雞聲茅店月。」　庾詩：「野戍孤煙起。」　虞世茂詩：「霜旗凍不翻。」　杜詩：「衣冷欲裝棉。」《史記·高祖紀》：「高祖被酒。」　辛德源詩：「衰顏借酒紅。」　杜詩：「只愁騎馬滑。」　岑參詩：「不見沙場愁殺人。」　杜詩：「已作白頭翁。」

贈劉虛受

中歲交朋盡，新知得此翁。道因山水合，詩向病愁工。悟物談功進，亡情耳識空。原注：重聽。真長今第一，兄弟擅宗風。

王詩：「中歲頻好道。」　永叔《醉翁亭記》：「山水之樂，得之心而寓之酒也。」又，《梅聖俞詩序》：「非詩之能窮人，殆窮者而後工也。」　何敬祖詩：「悟物思遠託。」《晉書·王衍傳》：「聖人忘情。」　梁武帝《淨業賦》：「觀耳識之愛聽，亦如飛鳥之歸林。」《晉書·劉惔傳》：「字真長。桓溫嘗問惔：『第一復誰？』惔曰：『故在我輩。』」

其二

識面已頭白，論心惟草玄。孝標三世史，摩詰一門禪。獨宿高齋晚，微吟細雨天。把君詩在手，相慕十年前。

溫飛卿詩：「論心若合符。」　杜詩：「草玄吾豈敢。」《南史·劉峻傳》：「字孝標，本名法武，懷珍從父弟也。」《唐書·王維傳》：「字摩詰。與縉俱奉佛。」　又：「縉字夏卿。本太原祁人。」　杜詩：「把君詩過日。」

閬園詩並序

閬園者，李太虛先生所創別墅也。廣廈層軒，迴廊曲榭。門外有修陂百頃，堂前列灌木千章。採文石於西山，導清流於南浦。綠藻被沼，紫奈當窗。芳枳樹籬，修藤作架。白鶴文鷴，飛翔廣囿；駕鵝黃鵠，游泳清池。豈止都蔗為鄉，素馨成幄已哉！況經傳惠遠，廚藏金粟之儀；山近麻姑，壇擬玉臺之觀。果名羅漢，花號佛桑。紺室聞鐘，丹泉洗藥。茲為靈境，夫豈塵區。而吾師偃仰茂林，從容長薄。千里致程鄉之酒，十年探禹穴之書。叔夜銅鎗，可容一斗；茂先寶劍，足值千金。焚香而

明月滿簾，鬥茗而清風入座。張華燈而度曲，指孤嶼以題詩。若將終焉，洵可樂也。不謂平原鹿走，一柱蛟飛。始也子魚已下虞翻之說，既而孝頲遽來周迪之軍。浪激亭湖，兵焚樵舍。馬矢積桓伊之墓，鼓聲震徐孺之臺。將仙人之藥臼車箱，俱移天上；豈帝子之珠簾畫棟，尚出人間。雲卿棄藥圃而不歸，少陵辭瀼溪而又往。放舟采石，浪跡雷塘。愛子則痛甚元規，故園則情同王粲。望匡山而不見，指章水以為言。嘿嘿依人，傷心而已。於是秭生授簡，趙子抽毫。重邀大別之云，再續小園之賦。庶幾峰連北固，不異香爐；潮上邗溝，居然溢口。心乎慰矣，歡也何如。偉業幸遇龍門，曾隨兔苑。自灌園於海畔，將負笈於山中。顧茲三逕之荒，已近十年之別。願依杖屨，共肆登臨。弟子舁陶令之輿，興思彭澤；故吏逐謝公之屐，寄念東山。爰託五言，因成十律。華林園追陪之宴，而今渺然；浣花潭話舊之遊，於茲在矣。

先生家住處，門泊九江船。彭蠡春來水，匡廬雨後天。芰荷香石浦，粳稻熟湖田。獨坐憑闌久，虛堂且晏眠。

杜詩：「門泊東吳萬里船。」　又：「春水船如天上坐。」　王詩：「空山新雨後。」《宋書・孔季恭傳》：「墾起湖田。」

其二

有客扶藜過，空山猿鳥知。苔侵蘿逕屐，松覆石床棋。楚米炊菰早，吳羹斫鱠遲。柴門相送罷，重定牡丹期。

杜詩：「扶藜望清秋。」　虞伯施詩：「階前綠苔侵。」　蕭子良詩：「蘿逕轉連綿。」　孟東野詩：「楚倉傾向西吳米。」　庾子慎詩：「黑米生菰葉。」《楚辭》：「和酸若苦，陳吳羹些。」　杜詩：「相送柴門月色新。」　白詩：「唐昌玉蕊會，崇敬牡丹期。」

其三

性僻耽書畫，蹉跎遍兩京。提攜詩卷重，笑傲客囊輕。小閣尊彝古，高人池館清。平生無長物，端不負虛名。

杜詩：「為人性僻耽佳句。」《晉書・王恭傳》：「吾生平無長物。」《漢書・周黨傳》：「私竊虛名，誇上求高。」

其四

興極歌還哭，狂來醉復醒。床頭傾小檻，壁後臥長瓶。月出呼漁艇，花開置幔亭。門前流水急，數點暮山青。

王詩：「狂來或自歌。」 《宋書·樂志》：「願令諸君醉復醒。」 鮑詩：「床頭恒有沽酒錢。」 白詩：「行攜小檻出。」 蘇詩：「長瓶分未到。」 《武夷山記》：「武夷君於八月十五日山上置幔亭，化虹橋，通上下，大會鄉人宴飲。」 何仲言詩：「天暮遠山青。」

其五

絕壑非人境，丹砂廢井留。移家依鶴砦，穿水遇龍湫。白石心長在，黃金藥可求。何時棄妻子，還伴葛洪遊。

《一統志》：「丹井有二。一在南城縣南十五里，乃洪崖丹井。一在麻姑山仙都觀，世傳為葛洪丹井。」 《韻會》：「山居以木柵作砦。」 《一統志》：「龍泉在南昌府治北。」 《神仙傳》：「白石先生者，中黃丈人弟子也。常煮白石為糧。」 《史記·封禪書》：「黃金可成，不死之藥可得。」 《晉書·葛洪傳》：「字稚川，丹陽句容人。」

其六

我愛東林好，還家學戴顒。經臺憑怪石，麈尾折青松。書卷維摩論，溪山曹洞宗。欲修居士服，持偈問黃龍。《一統志》：「五代超慧，字誨機。住寧州黃龍寺。初遊嶽麓，遇一僧曰：『東北行，遇洪即止，逢龍可住。』及至黃龍山，有雙峰庵，馬和尚以法付之而去，後禪侶雲集，黃龍一派被天下。」

《一統志》：「東林寺在九江府德化縣南廬山麓。」 《南史·張機傳》：「後王常幸鍾山開善寺，敕取松枝，手以屬機，曰：『可代麈尾。』」 《傳燈錄》：「臨濟宗、溈仰宗、曹洞宗、雲門宗、法眼宗為五宗。」 《陳書·虞寄傳》：「陳寶應據有閩中，慮禍及己，乃為居士服以拒絕。」 郎君冑詩：「心持半偈萬緣空。」《南史·戴顒傳》：「字仲若，譙郡銍人也。父逵善琴書，顒與兄勃受於父，出居吳下，吳下士人共為築室以居。」

其七

倦策登臨減，名山坐臥圖。避人來栗里，投老乞菱湖。舊業存榆柳，新齋待竹梧。亂離知又至，安穩故園無。

《南史‧陶潛傳》：「潛嘗往廬山，王弘令潛故人龐通之齎酒具，於半道栗里要之。」　《一統志》：「菱湖在湖州府歸安縣東南。」　《隋書‧房彥謙傳》：「家有舊業。」　高達夫詩：「獨坐新齋木落時。」　蘇詩：「來集竹與梧。」　杜詩：「亂離知又甚。」　又：「幕下郎官安德無。」

其八

陶令休官去，迎門笑語忙。那知三徑菊，卻怕九秋霜。十具牛誰種，千頭橘未荒。可憐思愛子，付託在滄浪。

《陶潛傳》：「潛為彭澤令，門吏報曰：『督郵至矣，當束冠見之。』潛曰：『吾不能為五斗米折腰。』遂休官去，作《歸去來辭》以歸隱焉。」　《晉書‧載記》：「苻堅讓王猛子散騎侍郎皮曰：『丞相臨終託卿以十具牛為田。』」

其九

青史吾徒事，先朝忝從臣。十年搜典冊，萬卷鎖松筠。好友須分局，奇書肯借人。劫灰心力盡，牢落感風塵。

《宋書‧鄧琬傳》：「黃閣是吾徒事耳。」　二句本杜詩。〔註7〕　又：「閉門終日鎖松筠。」《後漢書‧馬融傳》：「曹伍相保，各有分局。」　《漢書‧河間獻王傳》：「從民間借書，必為好寫之。」

其十

早買淮陰棹，仍登江上樓。曉來看北固，何處似南州。王謝池臺盡，齊梁寢樹秋。天涯憂國淚，豈為故鄉流。

《後漢書‧徐穉傳》：「此必南州高士徐孺子也。」　杜詩：「梁苑池臺雪欲飛。」又：「棟宇自齊梁。」　又：「寒蟬碧樹秋。」　又：「向來憂國淚。」　岑參詩：「憑添兩行淚，寄向故園流。」

嘉湖訪同年霍魯齋觀察

官舍鶯聲裏，旌旗拂柳堤。湖開山勢斷，塔迴樹痕齊。世路催青鬢，春風到紫泥。還看鮑司隸，驄馬灞橋西。

岑參詩：「柳拂旌旗露未乾。」　張道濟詩：「山勢遠濤連。」　司空文明詩：「河

〔註7〕下作五小豎線。靳榮藩《吳詩集覽》作「杜詩：先朝忝從臣」。

分岡勢斷。」　周利用詩：「塔向三天迥。」　許仲晦詩：「綠蛾青鬢醉橫塘。」《後漢書・鮑永傳》：「父宣，哀帝時任司隸校尉。永建武十一年徵為司隸校尉。子昱，中元元年拜司隸校尉。」《一統志》：「霸水在西安府咸寧縣，東霸橋在縣東二十五里。」《史記》作「灞」。

其二

蹤跡知何處，溪山興不孤。閒亭供鳥雀，仙吏得蓴鱸。紅荔涪江樹，青楓笠澤圖。須教趙承旨，煙雨補南湖。

謝靈運詩：「虛館絕諍訟，空庭來鳥雀。」　《一統志》：「蓴菜，烏程縣蘇灣出。鱸魚，太湖出。」　晉張翰因秋風起，思蓴鱸，曰：「人生貴適志耳。」因命駕而歸。　楊仲宏《趙公行狀》：「公諱孟頫，字子昂。延祐丙辰七月進拜翰林學士承旨、榮祿大夫，知制誥。」

其三

門外銀塘滿，鷗飛入晚衙。公田若下酒，鄉夢杜陵花。水碓筒輪紙，溪船籯貢茶。看雲堪拄笏，幕客莫思家。

梁簡文帝詩：「銀塘瀉清溜。」　白詩：「寒庭放晚衙。」　《一統志》：「若溪在湖州府長興縣南，亦作箬。南岸曰上箬，北岸曰下箬。二箬皆村名。村人取下箬水釀酒，醇美。」　《南史・陳武帝紀》作「下若」。　《唐書・地理志》：「湖州土貢紫筍茶。」　蘇詩：「朝來拄笏看西山。」　《清異錄》：「顯德中，岐下幕客入朝。」

其四

羽蓋菰城道，春風行部勞。長公山郡簡，小杜水嬉豪。簫鼓催征騎，琴書壓畫舠。獨憐憔悴客，剪燭話同袍。

《獨斷》：「凡乘輿車皆羽蓋。」　《一統志》：「楚春申君立菰城縣，秦改為烏程。」　按：長公謂子瞻。子瞻熙寧中徙知湖州。　《唐書・杜牧傳》：「乞為湖州刺史。牧於詩，情致豪邁，人號為小杜，以別杜甫云。」　《歸去來辭》：「樂琴書以消憂。」

贈郡守李秀州隆吉

偶值溪山勝，相逢太守賢。邀人看水閣，載酒上菱船。鶴料居官俸，魚租宴客錢。今朝風日好，春草五湖煙。

李詩：「皆美太守賢。」 錢仲文詩：「閒卻採菱船。」 曾彥和詩：「寧美一囊供鶴料。」注云：唐幕府官俸謂之鶴料。《元史・余闕傳》：「令民取湖魚而輸魚租。」七句本李詩。〔註8〕

破山興福寺僧鶴如五十

聽法穿雲過，傳經泛海來。花深山徑遠，石破講堂開。潭出高人影，泉流古佛苔。長留千歲鶴，聲繞讀書臺。

高達夫詩：「聽法還應難。」 李有中詩：「穿雲不覺勞。」 耿湋諱：「傳經韋相後。」 張見賾詩：「芳杜雜花深。」 李長吉詩：「石破天驚逗秋雨。」 宋子虛詩：「洞中養隻千年鶴。」《一統志》：「讀書臺在常熟縣治西。相傳梁昭明太子讀書於此。」

園居

傍城營小築，近水插疏籬。岸曲花藏釣，窗高鶴聽棋。移床穿磴遠，喚茗隔溪遲。自領幽居趣，無人到此知。

《東坡集》：「吾嘗獨遊五老峰，入白鶴觀，松陰滿地，不見一人，古松流水間，惟聞碁聲。」 庾詩：「就水更移床。」《群芳譜》：「茶，一名檟，一名蔎，一名茗，一名荈。」 祖詠詩：「蘭若無人到。」

高郵道中

野宿菰蒲晚，荒陂積雨痕。湖長城入岸，塔動樹浮村。漁出沙成路，僧歸月在門。牽船上瓜埭，吹火映籬根。

李詩：「馬首迷荒陂。」 王詩：「積雨空林煙火遲。」 杜詩：「天闊樹浮秦。」 庾詩：「涸渚通沙路。」 賈閬仙詩：「僧敲月下門。」《南史・張融傳》：「權率小船於岸上住。」《一統志》：「瓜洲壩在江都南瓜洲鎮。」 盧允言詩：「流水到籬根。」

其二

十里藕塘西，浮圖插碧虛。霜清見江楚，山斷入淮徐。水驛難逢樹，溪橋易換魚。客程愁幾日，已覺久無書。

〔註8〕下作五小豎線。靳榮藩《吳詩集覽》作「李詩：今朝風日好」。

張子壽詩：「華池澹碧虛。」　皇甫茂政詩：「霜清野翠濃。」　宋延清詩：「崖口眾山斷。」　《唐書‧百官志》：「凡三十里有驛，水驛有舟。」

其三

曾設經年戍，殘民早不堪。柳營當午道，水柵算丁男。雪滿防旗暗，風傳戰鼓酣。淮張空幕府，樓艦隔江南。

《左傳‧桓二年》：「民不堪命。」　盧允言詩：「諸戎拜柳營。」　《〈史記‧楚世家〉注》：「一縱一橫為午道。」　《陳書‧高祖紀》：「軍至義興，拔其水柵。」　何大復詩：「丁男把來復歸田。」　楊炯詩：「雪暗凋旗畫，風多雜鼓聲。」　《南史‧王琳傳》：「乃大營樓艦，將圖義舉。」

其四

甓社重來到，人家出遠林。種荷泥補屋，放鴨柳成陰。蝦菜春江酒，煙蓑暮雨砧。曹生留畫水，三十六陂深。原注：高郵有曹生畫水壁，米元章極稱之。其地有三十六陂。

《一統志》：「甓社湖在高郵州西北。」　杜詩：「遠林暑氣薄。」　陸游詩：「雨泥看放鴨。」　應碩《祝社文》：「有肉如坻，有酒如江。」　《揚州府志》：「宋曹仁熙，高郵人。善畫水。」　蘇詩：「三十六波春水，白頭想見江南。」

遠路

遠路猶兵後，寒程況病餘。裝綿妻子線，致藥友人書。晚渡河津馬，晨冰驛舍車。蕭條故園樹，多負向山廬。

《後漢書‧楊厚傳》：「有詔太醫致藥。」　李楚望詩：「柳拂中橋晚渡津。」　梁簡文帝詩：「晨冰照彩鸞。」

黃河 原注：金龍口決河，從北入海。清江宿遷水勢稍緩，皆起新沙。

白浪日崔嵬，魚龍亦壯哉。河聲天上改，地脈水中來。潮落神鴉廟，沙平戲馬臺。滄桑今古事，戰鼓不須哀。

宋延清詩：「仙遊實壯哉。」　韋端己詩：「夢逐河聲出禹門。」　李詩：「黃河之水天上來。」　《史記‧蒙恬傳》：「此其中不能無絕地脈哉！」　范致能《吳船錄》：「神女廟前有馴鴉，客舟將來，則迓於數里外。舟過，亦送數里。土人謂之神鴉。」　《一統志》：「戲馬臺在徐州府銅山縣南。」

過古城謁三義廟原注：去桃源八十里為石崇鎮，下邳所築，非三國時古城也。

廟貌高原古，村巫薦白蘋。河山雖兩地，兄弟只三人。舊俗傳香火，殘碑誤鬼神。普天皆漢土，何必史書真。

諸葛孔明《黃陵廟碑》：「廟貌廢去，使人歎息。」 范致能詩：「村巫橫索錢。」杜詩：「舊俗存祠廟，空山泣鬼神。」 白詩：「思結空門香火緣。」

過南旺謁分水龍王廟《一統志》：「南旺在兗州汶上縣西南。」

鱗甲往來中，靈奇奪禹功。平分泰山雨，兩使濟河風。岸似黃牛斷，流疑白馬通。始知青海上，不必盡朝東。

《公羊傳》：「不崇朝而徧雨乎天下者，惟泰山爾。」 《後赤壁賦》：「斷岸千尺。」 《一統志》：「黃牛山在湖北宜昌府東湖縣。」 《水經注》：「文種沒後，錢塘江於八月望後見銀濤白馬，依期往來。」

送純祜兄浙中藩幕

散吏仍為客，輕帆好過家。但逢新種柳，莫話久看花。黃閣交須舊，青山道未賒。獨嗟兄弟遠，辛苦滯京華。

《後漢書·胡廣傳》：「隨輩入郡為散吏。」 杜詩：「輕帆好去便。」 柳子厚詩：「種柳柳江邊。」 劉禹錫有《贈看花人詩》。 白詩：「黃閣交夔龍。」

其二

一第添憮悴，似君遭遇稀。杜門先業廢，乞祿壯心違，歌管移山棹，湖光上客衣。浪遊裝苟足，叩我故園扉。

《唐書·元結傳》：「一第溷子爾。」《史記·商君傳》：「公子虔杜門不出。」《國語》：「亦能纂修其身，以承先業。」 《晉陽秋》：「羅友以家貧乞祿。」 杜詩：「白首壯心違。」 韋端已詩：「莫遣楊花上客衣。」 杜詩：「真成浪出遊。」 虞炎詩：「方掩故園扉。」

其三

亦有湖山興，棲遲減宦情。官非遷吏傲，客豈故侯輕。粉壁僧僚畫，煙堤妓舫聲。從容趨府罷，斗酒聽流鶯。

《晉書·阮裕傳》：「吾少無宦情。」 胡曾《謝賜錢啟》：「悉用豎儒，皆除遷

吏。」　陸游詩：「屋窄似僧僚。」　高季迪詩：「湖中妓舫歇歌聲。」　《高士傳》：「戴顒春日攜雙柑斗酒，人問何之，答曰：『往聽黃鸝聲。』」

其四

忽忽思陳事，全家客剡中。江山連暮雨，身世隔殘虹。高館燃官燭，清猿叫曉風。一竿秋色裏，蹤跡愧漁翁。

李詩：「官燭未曾燃。」　王詩：「石上聞清猿。」　唐明皇詩：「雞聲逐曉風。」

病中別孚令弟十首其二

秋盡霜鐘急，歸帆畏改風。家貧殘雪裏，門閉亂山中。客睡愁難熟，鄉書喜漸通。長年沽市酒，宿火夜推篷。

杜詩：「客睡何曾著。」　韋應物詩：「空林無宿火。」　沈通理詩：「風雨夜推篷。」

其七

似我真成誤，歸從汝仲兄。教兒勤識字，事母學躬耕。州郡羞干請，門庭簡送迎。古人親在日，絕意在虛名。

《宋史·陳自強傳》：「仕進干請，必諧價而後予。」　《晉書·皇甫謐傳》：「吾送迎不出門。」

其八

老母營齋誦，家貧只此心。飯僧餘白氎，裝佛少黃金。骨肉情難盡，關山思不禁。楞嚴經讀罷，無語淚痕深。

《梁書·高昌國傳》：「草實如繭，繭中絲如細纑，名為白疊子，國人多取織以為布。」　《後漢書·天竺國傳》：「明帝夢金人長丈餘，頭有光明，以問群臣，或曰西方有神，名曰佛，其形丈六而黃金色。」

其十

稚子稱奇俊，迎門笑語忙。挽鬚憐尚幼，摩頂喜堪狂。小輩推能慧，新年料已長。吾家三萬卷，付託在兒郎。

退之《平淮西碑》：「迎門笑語。」　杜詩：「問事競挽鬚，誰能即嗔喝。」　《南史·徐陵傳》：「陵年數歲，寶誌摩其頂曰：『天上石麒麟也。』」　杜詩：「漫捲詩書喜欲狂。」　韓詩：「鄴侯家多書，插架三萬軸。」

再寄三弟

拙宦真無計，歸謀數口資。海田人戰後，山稻雨來時。官稅催應早，鄉租送易遲。荷鋤西舍叟，憐我問歸期。

其二

五畝山園勝，春來客喚茶。籬荒謀補竹，溪冷課栽花。石迸牆根動，松敧屋腳斜。東莊租苟足，修葺好歸家。

《杜臆》：「崔氏草堂在東山，可稱東莊，則輞川固可稱為西莊矣。」 《南史·宋武帝紀》：「詔以來歲，修葺庠序。」

送王子彥歸南

得失歸時輩，如君總不然。共知三徑志，早定十年前。身業先疇廢，家風素德傳。蕭條書一卷，重上故鄉船。

《後漢書·竇章傳》：「收進時輩，甚得名譽。」 高達夫詩：「此翁殊不然。」《後漢書·班固傳》：「農服先疇之畎畝。」《晉書·王承傳》：「素德清規，足傳於汗簡矣。」

其二

一第雖無意，名場技有餘。解頤匡鼎說，運腕率更書。材已遭時棄，官猶辱詔除。白頭才一命，需次復何如。原注：子彥已謁選得官，需次未授。

《南唐書·韓熙載傳》：「以鄉早奮名場。」 《漢書·匡衡傳》：「字稚圭，東海承人也。諸儒為之語曰：『無說《詩》，匡鼎來。匡說《詩》，解人頤。』」《續書譜》：「不可以指運筆，以腕運筆。」 《唐書·歐陽詢傳》：「字信本，潭州臨湘人。初倣王羲之書，後險勁過之。貞觀初，歷太子率更令。」 《後漢書·馬融傳》：「謂融羞薄詔除。」 朱子《答方耕道書》：「今茲需次，暫得閒日。」

其三

錯受塵途誤，棲棲盡半生。中年存舊業，雅志畢躬耕。憂患妨高臥，衰遲累遠行。與君嗟失路，不獨為無成。

荀仲豫《申鑒》云：「衣裳服者不昧於塵途，愛也。」 朱喬年詩：「我亦惜花癡半生。」 《漢書·揚雄傳》：「當塗者升青雲，失路者委溝壑。」

其四

客裏逢中表，登臨酒一杯。好將身計拙，留使後人材。燈火鄉園近，風塵笑語開。相攜孫入抱，解喚阿翁來。原注：子彥近得孫，余之外孫也。

嵇叔夜《絕交書》：「濁酒一杯，彈琴一曲。」《禮記》：「君子抱孫不抱子。」《周書·陸騰傳》：「阿翁真得好婿。」

送何蓉庵出守贛州

想見征途便，還家正早秋。江聲連賜第，帆影上浮丘。兒女貪成長，親朋感去留。無將故鄉夢，不及石城頭。

《晉書·賀循傳》：「賜第一區。」 郭景純詩：「左挹浮丘袖。」 杜詩：「兒女忽成行。」

其二

郡閣登臨迥，江湖已解兵。百灘爭二水，一嶺背孤城。石落蛟還鬥，天晴雁自橫。新來賢太守，官柳戰場生。

《陳書·高祖紀》：「南康贛石舊有二十四灘。」 《明史·地理志》：「贛南有崆峒山，章、貢二水夾山左右，經城之東西。」 《一統志》：「賀蘭山在贛州府治西南隅，舊名文筆山，頂即鬱孤臺。其左綿亙為白家嶺。」 杜詩：「蛟龍鬥不開。」 《淮南子》：「天清地定。」

其三

三載為郎久，棲遲共一貧。師恩衰境負，友道客途真。世德推醇謹，鄉心入隱淪。蕭條何水部，未肯受風塵。《史記·衛綰傳》：「醇謹無他。」

《史記·馮唐傳》：「父老何自為郎。」 李詩：「友道孰云喪。」 杜詩：「行歌非隱淪。」 《世說》：「王戎云：『太尉自是風塵外物。』」

其四

弱息憐還幼，扶持有大家。高門雖宦跡，遠嫁況天涯。小字裁魚素，長亭響鹿車。白頭雙淚在，相送日將斜。《後漢書》：「鮑宣妻桓少君裝送資賄甚盛。宣曰：『少君生富驕，習美飾，而吾實貧賤，不敢當禮。』少君乃悉歸侍御服飾，更著短布裳，與宣共挽鹿車歸鄉里。拜姑禮畢，提甕出汲，脩行婦道。」

《南史・周盤龍傳》：「王成買曰：『小人弱息，當得一子。』」 《古詩》：「汝是大家子。」 李于鱗詩：「天涯宦跡左遷多。」《漢書・張禹傳》：「愛女甚於男，遠嫁為張掖太守蕭咸妻，不勝父子私情。」《古詩》：「呼兒烹鯉魚，中有尺素書。」《白帖》：「十里一長亭，五里一短亭。」 《風俗通》：「俗說鹿車窄小，纔容一鹿。」 張承吉詩：「雙淚落君前。」 錢仲文詩：「前路日將斜。」

猿

得食驚心裏，逢人屢顧中。側身探老樹，長臂引秋風。傲弄忘形便，羈棲抵掌工。忽如思父子，回叫故山空。

《爾雅翼》：「猿所以壽者，以長臂好引其氣也。」 《漢書・東方朔傳》：「皆傲弄無所為屈。」 《莊子》：「故養志者忘形。」 《戰國策》：「抵掌而前。」 《吳都賦》：「猿父哀吟，獶子長嘯。」 應德連〔註9〕詩：「日暮歸故山。」

橐駝 《山海經》：「陽光之山，其獸多橐駝，善行流沙中，日三百里，負千斤。」

獨任三軍苦，安西萬里行。鑄銅疑鶴頸，和角廢驢鳴。山負祁連重，泉知鄯善清。可憐終後載，汗血擅功名。

杜詩：「安西都護胡青驄。」 又：「萬里可橫行。」 《洛陽記》：「漢鑄銅駝二枚，在宮西四會道頭，夾路相對。」 張道濟詩：「鶴頸抽長柄。」 《世說》：「王仲宣好驢鳴。」 《一統志》：「祁連山在甘州府張掖縣西南。」 《前漢書・西域傳》：「鄯善國本名樓蘭王，民隨畜牧逐水草，有驢馬，多橐駝。」 《博物志》：「燉煌西渡流沙千餘里，中無水，皆乘橐駝，知水脈，遇其處，停不肯行，以足踏地，人於踏處掘之，得水。」

象

神象何年至，傳聞自戰場。齒能齊玉德，性不受金創。白足跏趺坐，黃門拜舞行。越人歸駕馭，未許鼻亭狂。

《左傳・襄二十四年》：「象有齒。」 《禮記》：「昔君子比德於玉焉。」 《埤雅》：「服馴巨象，以小斧刃斲之，其金瘡見星月即合。」 《初學記》：「《晉諸公贊》：『晉時，南越致馴象於皋澤中養之，黃門鼓吹數十人令越人騎之。每正朝大會，皆入充庭。』」 《萬歲書》：「咸康六年，臨邑王獻象一，知跪拜。」 柳子厚《道州毀鼻亭神記》：「鼻亭神，象祠也。」 《山堂肆考》：「象封有庳，故云庳亭公。」

〔註9〕「連」，《吳詩集覽》作「璉」。

牛

瑩角偏轅快，奔蹄伏軛窮。賣刀耕隴上，執靷犒軍中。遊刃庖丁技，扶犁田父功。君王思繭栗，座右置豳風。原注：時頒戒殺牛文。

劉孝威《青牛畫贊》：「朗陵瑩角，介葛瞻聲。」 《晉書·石崇傳》：「牛本不遲，良由御者逐不及，反制之，可聽蹁轅則駛矣。」 魏文帝《與曹洪書》：「田單騁奔牛之誑。」 《古詩》：「牽牛不負軛。」 《漢書·龔遂傳》：「令賣劍買牛，賣刀買犢。」 又，《陳勝傳》：「輟耕之壟上。」 《禮記》：「凡獻牛者執靷。」 《左傳·僖三十三年》：「鄭商人弦高以乘韋先牛十二犒師。」《莊子》：「庖丁為文惠君解牛。恢恢乎其於遊刃必有餘地矣。」 《禮》：「祭天地之牛角繭栗。」

蒲萄

百斛明珠富，清陰翠幕張。曉懸愁欲墜，露滴愛先嘗。色映金盤果，香流玉碗漿。不勞蔥嶺使，常得進君王。對作墜。

張文昌詩：「西江估客珠百斛。」 梁簡文帝詩：「林芳翠幕懸。」 王介甫《梅花》詩：「須嫋黃金危欲墜。」 《本草綱目》引魏文帝詔曰：「蒲桃當夏末涉秋，尚有餘暑，醉酒宿醒，掩露而食。」 《南史·劉穆之傳》：「令廚人以金盤貯檳榔一斛以進之。」 李詩：「玉碗盛來琥珀光。」 《漢書·西域傳》：「西則限以蔥嶺，而張騫始開西域之跡。」 又，《大宛國傳》：「漢使採蒲陶、目宿種歸，天子以天馬多，又外國使來眾，益種蒲陶、目宿，離宮館旁極望焉。」

石榴

五月華林晏，榴花入眼來。百株當戶牖，萬火照樓臺。絳帳垂羅袖，紅房出粉腮。江南逢巧笑，齲齒向人開。原注：江南石榴多裂，北方獨否。

韓詩：「五月榴花照眼明。」 祖詠詩：「南山當戶牖。」 王光庭詩：「旌旗萬火紅。」 潘正叔《石榴賦》：「擢纖手兮舒皓腕，羅袖靡兮流芳散。」 《北史·魏收傳》：「石榴房中多子。」 方雄飛詩：「葉墮殷殷膩粉顋。」 《〈後漢書·梁冀傳〉注》：「齲齒笑者若齒痛。」 《蜀都賦》：「石榴競裂。」

蘋婆《群芳譜》：「奈，一名頻婆，樹與葉皆似林檎而稍大。」

漢苑收名果，如君滿玉盤。幾年沙海使，移入上林看。對酒花仍豔，經霜實未殘。茂陵消渴甚，飽食勝加餐。

《西京襍記》：「初修上林苑，群臣遠方各獻名果異樹。」 王仲寶詩：「轉葉度沙海。」 《西京襍記》：「上林苑紫柰大如升，核紫花青，其汁如漆，著衣不可浣，名脂衣柰。此皆異種也。」 杜詩：「老樹飽經霜。」 《史記·司馬相如傳》：「常有消渴疾。既病免，家居茂陵。」

文官果 《群芳譜》：「文官果仁如馬檳榔。」

近世誰來尚，何因擅此名。小心冰骨細，虛體綠袍輕。味以經嘗淡，香從入手清。時珍誇眾口，殼核大縱橫。

白詩：「詞賦擅名來已久。」 嵇叔夜《絕交書》：「以促中小心之性。」 楊大年詩：「謫仙冰骨照人清。」 白詩：「燈下紅裙間綠袍。」 《客難》：「大味必淡。」 楊誠齋詩：「入手知價重。」 蘇詩：「酸醶不堪調眾口，使君風味好攢眉。」

冰

清濁看都淨，長安喚買冰。見來消易待，欲問價偏增。潔自盤中顯，涼因酒後勝。若求調燮理，坐上去青蠅。

李長吉詩：「買冰防夏蠅。」 《天寶遺事》：「或勸進士張彖謁楊國忠，曰：『見之富貴可立圖。』彖曰：『君輩倚楊右相如泰山，吾以為冰山耳。若皎日既出，得無失所望乎？』」 《唐書·陸贄傳》：「增價以市所無。」 《拾遺記》：「董偃常以玉精為盤，貯水於膝前，玉精與冰同其潔澈。」 《詩傳》：「屬王信讒，大夫憂之，賦《青蠅》。」

南苑春蒐應制

詔閱期門旅，鐃歌起上林。風雲開步伍，草木壯登臨。天子三驅禮，將軍百戰心。割鮮親宴罷，告語主恩深。

送程太史翼蒼謫姑蘇學博

道重何妨謫，官輕卻便歸。程門晴雪迥，吳市暮山微。舊俗絃歌在，前賢文字非。即今崇政殿，寥落侍臣衣。

《唐書·張說傳》：「宴集賢院。故事，官重者先飲。說曰：『吾問儒以道相高，不以官閥為先。』」 《宋史·道學傳》：「楊持〔註10〕，字中立，南劍將樂人。見程

〔註10〕「持」，《吳詩集覽》乙本亦作「持」，天圖本、讀秀本、哈佛本作「時」。

頤於洛陽。頤偶瞑坐,時與游酢侍立不去,頤既覺,則門外雪深一尺矣。」《越絕書》:「吳市者,春申君所造,闕兩城以為市,在湖里。」《宋史‧道學傳》:「程子,字正叔。召為祕書省校書郎。既入,見擢崇政殿說書。」 宋延清詩:「花落侍臣衣。」

送郭宮贊次庵謫宦山西

薄宦知何恨,秋風刷羽毛。因沾太行雪,憶賜未央袍。問俗壺關老,籌邊馬邑豪。爭傳郭有道,名姓壓詞曹。

梁元帝《懷舊賦序》:「長安郡公為其延譽,扶風長者刷其羽毛。」 《漢書‧戾太子傳》:「壺關三老茂上書。」 《唐書‧李德裕傳》:「建籌邊樓。」 《後漢書‧郭太傳》:「蔡邕謂涿郡盧植曰:『吾為碑銘多矣,皆有慙德,惟郭有道無愧色耳。』」《唐詩紀事》:「杜審言謂宋之問、武平一曰:『吾在,久壓公等。』」 高達夫詩:「星使出詞曹。」

送純佑兄之官確山

五十猶卑宦,棲棲在此行。官從鵝炙貴,客向馬蹄輕。風俗高持論,山川喜罷兵。清時人物重,縣小足知名。

《南史‧庾悅傳》:「劉毅家在京口酷貧,曰:『身今年未得子鵝,豈能以殘炙見惠。』」 王詩:「雪盡馬蹄輕。」 《後漢書‧許劭傳》:「好共覈論鄉黨人物,每月輒更其品題,故汝南俗有月旦評焉。」 《史記‧魯連傳》:「秦必喜罷兵去。」

其二

絕有明湖勝,青山屬蔡州。曾為釣臺客,今作朗陵侯。定訪袁安臥,須從叔度遊。政閒人吏散,廳壁掃丹丘。

《一統志》:「朗陵故城在確山縣西南。」 《後漢書‧袁安傳》:「字邵公,汝南汝陽人也。」《注》:「大雪積地丈餘,洛陽令出案行,見人家皆除雪。至袁安門,獨無行路。除雪入戶,見安僵臥。」 又,《黃憲傳》:「字叔度,汝南慎陽人也。穎川荀淑至慎陽,遇憲於逆旅,與語,移日不能去。」

其三

懸瓠城西路,關山雪夜刀。至今勞戰伐,何日剪蓬蒿。地瘠軍租少,官輕客將豪。相逢蔡父老,閒說漢功曹。

《唐書‧李愬傳》：「討吳元濟，從事鄭澥見裴度，告師期。夜半至懸瓠城，雪甚，城旁皆鵝鶩〔註11〕池，愬令擊之，以亂軍聲。黎明，雪止，愬入駐元濟外宅。蔡吏驚曰：『城陷矣！』」

其四

落日龍陂望，西風動黍禾。歸人淮右近，名士汝南多。河上孤城迥，天中萬馬過。一官凋瘵後，兄弟意如何。

耿湋詩：「秋風動禾黍。」 杜詩：「濟南名士多。」 木玄虛《海賦》：「為凋為瘵。」 杜詩：「君子意如何。」

過韓蘄王墓

訪古思天塹，江聲戰鼓中。全家知轉斗，健婦笑臨戎。汗馬歸諸將，疲驢念兩宮。淒涼岳少保，宿草起秋風。

《史記‧淮陰侯傳》：「楚人起彭城，轉斗逐北，至於滎陽。」 《古詩》：「健婦當門戶。」 唐太宗詩：「臨戎八陣張。」 《史記‧晉世家》：「矢石之難，汗馬之勞。」 《宋史‧韓世忠傳》：「成閔、解元、王勝、王權、劉寶、岳超起行伍，秉將旄，皆其部曲云。」 又：「紹興十一年十月，罷為醴泉觀使，奉朝請。自此杜門謝客，絕口不言兵。時跨驢攜酒，從一二奚童，縱遊西湖以自樂。」 兩宮，謂徽、欽也。 《世忠傳》：「與兀朮會語，亦有『還我兩宮，復我疆土』等語。」 《宋史‧岳飛傳》：「字鵬舉，湯陰人。紹興五年，加檢校少保，進封公。」 杜牧之詩：「五陵無樹起秋風。」

其二

行在倉黃日，提兵過故鄉。傳聞同父老，流涕說君王。石馬心猶壯，雲臺跡已荒。一壞堪漬酒，殘日下平岡。

蔡伯喈《獨斷》：「天子自謂曰行在所，猶言今雖在京師，行所至耳。巡狩天下，所至處皆為宮。」 《唐書‧秦瓊傳》：「太宗詔有司琢石為人馬立墓前，以旌戰功。」 杜詩：「落日心猶壯。」 《後漢書‧二十八將傳》：「永平中，顯宗追感前世功臣，乃圖畫二十八將於南宮雲臺，其外又有王常、李通、竇融、卓茂，合三十二人。」以太傅、高密侯鄧禹為首。 劉孝標《廣絕交論》：「門罕漬酒之彥。」

〔註11〕鵝，《新唐書》卷一百五十四《李愬傳》作「鵞」。

其三

詔起祁連冢，豐碑有賜亭。掛弓關塞月，埋劍羽林星。百戰黃龍艦，三江白石銘。趙家金碗出，山鬼哭冬青。

《漢書・霍去病傳》：「為冢象祁連。」 《〈後漢書・賈周傳〉注》：「天山即祁連山也。」 《吳中勝紀》：「韓蘄王墓旁立石，髼數仞，石如之，御書『中興定國，佐命元勳』之碑。」 杜詩：「天山早掛弓。」 李詩：「邊月隨弓影。」 《刀劍錄》：「孝武帝以太元元年於華山頂埋一劍，銘曰神劍。」 《隋書・楊素傳》：「造大艦，名曰五牙，容戰士八百人。次曰黃龍，置兵百人。陳將戚欣以青龍百餘艘守狼尾灘，素親率黃龍數千，銜枚而下，悉擄其眾。」 杜詩：「空餘金椀出。」

其四

丘壟今蕪沒，江山竟寂寥。松風吹北固，碑雨洗南朝。細路牛羊上，荒岡草木凋。肯容樵豎擾，遺恨在金焦。

《南史・梁元帝紀》：「庭草蕪沒，令鞭去之。」 溫飛卿詩：「猶有南朝舊碑在。」 杜詩：「石古細路行人稀。」 杜牧之詩：「秋盡江南草未凋。」 歐陽永叔《祭石曼卿文》：「惟見樵夫牧豎歌吟而上下。」 《世忠傳》：「世忠軍已先屯焦山寺，謂敵至必登金山廟，觀我虛實，乃遣兵百人伏廟中，百人伏岸滸，約聞鼓聲，岸兵先入，廟兵合擊之。金人果五騎闖入，廟兵喜，先鼓而出，僅得二人，逸其三。中有絳袍玉帶既墜而復馳者，詰之，乃兀朮也。」 按：此所謂「遺恨在金焦」也。

宿沈文長山館

一徑草堂偏，湖光四壁天。焙茶松灶火，浴繭竹籬泉。玉鼠仙人洞，銀鱸釣客船。前村呼種樹，偶語石橋邊。

白詩：「夜火焙茶香。」 又：「趁暖泥茶竈，防寒夾竹籬。」 太白詩序：「荊州玉泉寺山洞白蝙蝠大如鴉，名仙鼠，千歲後體白如雪。」 高季迪詩：「煙霞閉深洞，絕壁飛玉鼠。」 張汝弼詩：「紫蟹銀鱸不論價。」 漢文帝詔曰：「吾詔書數下，歲勸民種樹。」

其二

遇山思便住，此地信堪留。謀食因溪碓，齋心在石樓。漁舟帆六面，橘井樹千頭。長共鴟夷子，翩然結伴遊。

《莊子》：「回曰：『敢問心齋？』仲尼曰：『惟道集虛。虛者，心齋也。』」　趙閱道詩：「晴雲六面披。」　《桂陽列仙傳》：「蘇耽，漢時人。事母以孝聞。一旦啟母曰：『耽當仙去。今年疫癘，取庭前井水橘葉救之，可得無恙。賣此水，過於供養也。』」　《史記·句踐世家》：「范蠡浮海出齊，變姓名，自謂鴟夷子皮。」　江總持詩：「霜雁多情恒結伴。」

福源寺原注：去毛公壇三里為攢雲嶺，有福源泉寺，以泉名。羅漢松係梁朝舊物。

千尺攢雲嶺，金銀佛寺開。鹿仙吹笛過，龍女換珠來。泉繞譚經苑，松依說法臺。蕭梁留古樹，風雨不凡材。

二句本杜詩。〔註12〕　顧逋翁《虎丘藏經碑》：「覺華長者得定光如來授記，鹿仙長者得釋迦如來授記。」　梅聖俞詩：「龍女廟中來幸稀。」　王詩：「揚子談經處。」　杜詩：「金睟玉爪不凡材。」

包山寺贈古如和尚

古木包山寺，蒼然曉氣平。石毛仙蛻冷，原注：近毛公壇。雲影佛衣輕。咒鉢蛟人聽，彈棋鶴子驚。相逢茶早熟，匡坐說無生。

《傳燈錄》：「初，達摩奉佛衣來，得道者付以為真印。至大鑒，乃置其衣而無傳焉。」　《晉書·僧涉傳》：「符堅使之咒龍請雨，俄而龍下鉢中，天輒大雨。」　《述異起》：「南海中有鮫人，水居如魚。」　《淮南子》：「一淵不兩鮫。」　按此則鮫通蛟。　《淮南子》：「瓠巴鼓瑟而鱏魚聽之。」　《典論》：「予於他戲少所喜，唯彈棋略盡其妙。」　蘇詩：「谷鳥驚棋響。」　《韓詩外傳》：「原憲匡坐而絃歌。」

過圻村

萬壑響鳴蟬，湖光樹杪懸。雲鬟神女廟，雪乳隱君泉。山籠櫻桃重，溪船菱芡鮮。相攜從此住，松老不知年。

杜詩：「森木亂鳴蟬。」　羅昭諫詩：「神女廟前雲有心。」　蘇詩：「晨瓶得雪乳。」　儲光羲詩：「借問故園隱君子。」　王詩：「種松皆作老龍鱗。」

湖中懷友

渺渺晴波晚，青青芳草時。遠帆看似定，獨樹去何遲。花落劉根廟，雲生柳毅祠。香蓴正可擷，欲寄起相思。

〔註12〕下作五小豎線。靳榮藩《吳詩集覽》作「杜詩：金銀佛寺開」。

陸魯望詩：「海門蒼翠出晴波。」 《古詩》：「青青河畔草。」 庾子慎詩：「遠帆似凌空。」 陶詩：「獨樹眾乃奇。」

七夕即事

羽扇西王母，雲軿薛夜來。針神天上落，槎客日邊回。鵲渚星橋迥，羊車水殿開。祇今漢武帝，新起集靈臺。

《拾遺記》：「文帝所愛美人，姓薛，名靈芸。改靈芸之名曰夜來，帝以文車十乘迎之。夜來妙於針工，宮中號為針神也。」 孫逖詩：「美人天上落。」 《博物志》：「近有人居海渚者，年年八月有浮槎，去來不失期。人有奇志，乘槎而去。十餘月，至一處，有城郭狀。宮中有織婦。見一丈夫牽牛渚次飲之，因問此是何處，答曰：『訪嚴君平則知之。』因還至蜀，問君平，曰：『某年某月，有星犯牽牛宿。』計其年月，正是此人到天河時也。」 《晉書・明帝紀》：「不聞人從日邊來。」 《淮南子》：「烏鵲填河成橋而渡織女。」

其二

今夜天孫錦，重將聘雒神。黃金裝鈿合，寶馬立文茵。刻石昆明水，停梭結綺春。沉香亭畔語，不數戚夫人。

《史記・李斯傳》：「中廄之寶馬，臣得賜之。」《詩經注》：「文茵，虎皮也。」 曹毗《志怪》：「昆明池作二石人，東西相望，象牽牛織女。」 邢子才《七夕詩》：「秋期忽云至，停梭理容色。」 白詩：「七月七日長生殿，夜半無人私語時。」

其三

仙醞陳瓜果，天衣曝綺羅。高臺吹玉笛，複道入銀河。曼倩詼諧笑，延年婉轉歌。江南新樂府，齊唱夜如何。

宋延清詩：「時菊芳仙醞。」 《荊楚歲時記》：「陳瓜果於庭中以乞巧。」 《集仙錄》：「謝自然在靜室，有仙人將天衣來迎，即乘麒麟昇天。」 《西京雜記》：「太液池西有漢武帝曝衣樓。七月七日，宮女出后衣曝之。」 李詩：「黃鶴樓中吹玉笛。」《史記・叔孫通傳》注：「複道，閣道也。」 江總持有《婉轉歌》。 《漢書・禮樂志》：「武帝定郊祀之禮，乃立樂府。」 杜詩：「數問夜如何。」

其四

花萼高樓迥，岐王共輦遊。淮南丹未熟，緱嶺樹先秋。詔罷驪山宴，恩深漢渚。愁傷心長枕，被無意候牽牛。

《唐書‧讓皇帝傳》：「光天後，以隆慶舊邸為興慶宮，於宮西南置樓，其西暑曰花蕚相輝之樓。」《梁書‧漢孝王傳》：「入則侍帝同輦，出則同車遊獵上林中。」《漢書‧淮南王安傳》：「《中篇》八卷，言神仙黃白之術。」 《列仙傳》：「王子喬者，周靈王太子晉也。告桓良曰：『告我家，七月七日待我緱氏山巔。』至時，果乘白鶴駐山頭。」 《通鑑》：「唐玄宗初即位，為長枕大被，與兄弟同寢。」

大根菜

幾葉青青古，穿泥弗染痕。誰人愛高潔，留汝歷涼溫。輪囷形難老，芳辛味獨存。古來磐石重，不必取深根。

駱賓王詩：「無人信高潔。」 鮑詩：「心思歷涼溫。」 蘇詩：「金盤玉指破芳辛。」 《漢書‧文帝紀》：「犬牙相制，所謂磐石之宗也。」 《莊子》：「深根固蒂。」

趵突泉

似瀑懸何處，飛來絕壑風。伏流根窈渺，跳沫拂虛空。石破奔泉上，雲埋廢井通。錯疑人力巧，天地桔槔中。

杜詩：「伏流何處入。」 元裕之詩：「窈渺朱弦寂寞心。」 《江賦》：「柎拂瀑沫。」 杜詩：「奔泉濺水珠。」 張文昌詩：「城闕濕雲埋。」 《莊子》：「且子獨不見夫桔槔者乎？」

其二

不信乘空起，憑闌直濺衣。池平難作勢，石隱定藏機。曲水金人立，凌波玉女歸。神魚鱗甲動，咫尺白雲飛。

儲光羲詩：「分出小池平。」 《晉書‧王敦傳》：「因作勢而起。」 又，《束皙傳》：『武帝問：三日曲水何義？束曰：秦昭王以三日置酒於河，見金人捧水心劍，曰：令君制有西夏。乃霸諸侯。』因此也。」 《洛神賦》：「凌波微步。」 《漢武內傳》：「帝間居華殿，忽見一女子曰：『我墉宮玉女王子登也。』」 曹詩：「河伯獻神魚。」 漢武帝《秋風辭》：「秋風起兮白雲飛。」

秋夜不寐

秋多入眾音，不寐夜沉沉。浩劫安危計，浮生久暫心。鄰雞殘夢斷，窗雨一燈深。薄冷披衣起，晨烏已滿林。

蘇頌詩：「蒼茫孤亭上，歷亂多秋音。」　李詩：「月寒天清夜沉沉。」　杜詩：「遮莫鄰雞下五更。」　蘇詩：「馬上續殘夢。」　韋端己詩：「夜窗風雨急，松外一庵燈。」　王子敬有《薄冷帖》。　魏文帝詩：「輾轉不能寐，披衣起徬徨。」　陸務觀詩：「忽已晨烏遷。」　杜詩：「昏鴉已滿林。」

虎丘中秋新霽

萬籟廣場合，道人心地平。天留今夜月，雨洗去年兵。歌管星河動，禪燈風露清。淒涼闔閭墓，斷螢起松聲。

岑參詩：「夜渡巴江雨洗兵。」　鮑詩：「歌管為誰清？」　杜詩：「三峽星河影動搖。」

憩趙凡夫所鑿石

石骨何年鏨，蒼然萬態收。直從文字變，豈止斧斤搜。亂瀑垂痕古，枯松結體遒。即今苔蘚剝，一一類銀鉤。

韓詩：「巧匠鑿山骨。」　白詩：「向背萬態隨低昂。」　《唐書·薛稷傳》：「結體遒麗，遂以書名天下。」

趙凡夫山居為祠堂今改為報恩寺

高人心力盡，石在道長存。古佛同居住，名山即子孫。飛泉穿樹腹，奇字入雲根。夜半藤蘿月，鐘聲冷墓門。

《南史·劉穆之傳》：「心力俱盡。」　蔣冽《明妃神女舊跡》詩：「搗衣餘石在。」　《北史·楊椿傳》：「居住宅舍，不作壯麗華飾。」　杜詩：「諸峰羅列似兒孫。」　歐陽永叔詩：「惟啄槎牙枯樹腹。」　杜詩：「請看石上藤蘿月。」

訪商倩郊居有贈

花影瘦籬根，江平客在門。曉吟寒入市，晚食雨歸村。管記看山爽，傭書宿火痕。西京游俠傳，乃父姓名存。

杜詩：「江平不肯流。」　杜彥之詩：「望海樓中徹曉吟。」　《晉書·衛玠傳》：「總角乘羊車入市。」　《戰國策》：「晚食以當肉。」　鄭守愚詩：「牛羊送日獨歸村。」　謝靈運《詩序》：「阮瑀管書記之任。」　《晉書·王徽之傳》：「西山朝來，致有爽氣耳。」　《後漢書·班超傳》：「家貧，常為官傭書以供養。」　韋應物詩：「空林無宿火。」

假寐得月

滅燭貪涼夜，窗陰夢不成。雲從閉目過，月向舉頭生。樹黑添深影，溪長耐獨行。故人多萬里，相望祇盈盈。

謝玄暉詩：「停琴佇涼月，滅燭聽歸鴻。」　溫飛卿詩：「水簟銀床夢不成。」　白詩：「靜念道經深閉目。」　李詩：「舉頭望明月。」　張承吉詩：「樹黑雲歸去。」

三峰秋曉　《蘇州府志》：「三峰寺在三山，唐咸通十三年所建也。」

曉色近諸天，霜空萬象懸。雞鳴松頂日，僧語石房煙。清磬秀群木，幽花香一泉。欲參黃蘗義，便向此中傳。

顧逋翁詩：「風隨松頂雪。」　馬虞臣詩：「僧語石樓空。」　趙子昂《臨濟正宗之碑》：「遊學江左，事黃蘗。黃蘗種松，劚地有聲。師聞之，豁然大悟。歸鎮州，築室滹沱河之上，今臨濟院是也，因號臨濟大師。」

偕顧伊人晚從維摩踰嶺宿破山寺

樹老不言處，秋深無事中。雲根僧過白，霜信客來紅。樵語隔林火，茶煙小院風。杳然松下路，人影石橋東。

《筆談》：「北方白雁，似雁而小，至則霜降，謂之霜信。」　杜牧之詩：「霜葉紅於二月花。」　錢仲文詩：「雲裏隔林火。」

樓聞晚角　杜牧之詩：「風送孤城臨晚角。」

霜角麗譙聞，天邊橫海軍。旗翻當落木，馬動切寒雲。風急城烏亂，江昏野燒分。何年鼙鼓息，倚枕向斜曛。

《卻掃編》：「顏師古曰：『樓，一名譙，故謂美麗之樓為麗譙。』」　劉孝孫詩：「耀日彩旗翻。」　《大戴禮》：「馬動而鸞鳴。」　《左傳·襄十八年》：「城上有烏。」　白詩：「江昏水暗流。」　又：「野火燒不盡。」

過諸乾一細林山館

興極期偏誤，名山識旅愁。橋痕穿谷口，亭影壓溪頭。霞爛丹山鼎，松鳴白石樓。居然華燭夜，先為一峰留。

王少伯詩：「向晚茫茫發旅愁。」　杜詩：「谷口舊相得。」　陳去非詩：「遊魚聚亭影。」　李詩：「羨君素書常滿案，含丹照白霞色爛。」　盧昇之詩：「圓洞開丹鼎。」

神山夜宿贈諸乾一

高士能調鶴，仙人得臥龍。穿雲三徑杖，聽月五更鐘。管樂名堪亞，彭佺道自濃。獨來天際住，嘯詠赤城松。

劉元濟詩：「列鼎具調鶴。」 《三國志》：「徐庶謂先主曰：『諸葛孔明，臥龍也。』」 唐玄宗詩：「歌鍾聽月虛。」 《蜀志‧諸葛亮傳》：「評曰：可謂識治之良才，管、蕭之亞匹矣。」 按：彭佺，彭祖、偓佺也。 《神仙傳》：「偓佺以松子遺堯，堯不暇服也。時人服者，皆至二三百歲。」 《晉書‧阮孚傳》：「正應端拱嘯詠，以樂當年耳。」

過徐文在西佘山莊

已棄藍田第，還來灞水濱。煙開孤樹迴，霜淨一峰真。路曲山迎杖，廊空月就人。始知蕭相計，留此待沉淪。

《漢書‧竇嬰傳》：「屏居藍田南山下。」 《水經注》：「灞水出藍田縣藍田谷。」 孟詩：「江清月近人。」

天馬山過鐵崖墓有感

天馬龍為友，雲山鳥自飛。定愁黃紙召，獨羨白衣歸。長卷心同苦，狂歌調已非。悲來吹鐵笛，莫笑和人稀。

《漢書‧禮樂志》：「今安匹龍為友。」《注》：「謂天馬也。」 白詩：「黃紙除書落枕前。」 《明史‧楊維楨傳》：「明年，復遣有司敦促，賜安車還山。宋濂贈之詩曰：『不受君王五色詔，白衣宣至白衣還。』」 岑參詩：「由來此曲和人稀。」

送聖符弟之任蘄水丞四首其二

四十未專城，除書負姓名。才高方薦達，地僻鮮逢迎。夏簟琴床淨，春泉茗碗清。公餘臨墨沼，洗筆劃圖成。原注：蘄有陸羽泉、右軍洗筆池。聖符善畫。

《古詩》：「四十專城居。」 陸務觀詩：「空向除書見姓名。」 《晉書‧盧諶傳》：「才高行潔，為一時所推。」 《湖廣通志》：「蘄簟出蘄州。」 又：「松蘿出黃州府。」 柳子厚詩：「小學新翻墨沼波。」 《白孔六帖》：「白樂天每一詩成，輒洗其筆。」

暑夜舟過溪橋示顧伊人

深岸聽微風，江清不寐中。舟行人影動，橋語月明空。寺樹侵門黑，漁燈颭水紅。誰家更吹笛，歸思澱湖東。

張承吉詩：「樹黑雲歸去。」　陸務觀詩：「孤舟風雨伴漁燈。」　柳子厚詩：「驚風亂颭芙蓉水。」

贈青溪蔡羽明

家傍山城住，前賢定可追。一經傳漢相，八法繼秦碑。仙是麻姑降，才非唐舉知。逃名因賣藥，不愧鹿門期。

《漢書·韋賢傳》：「字長孺，魯國鄒人也。兼通《禮》、《尚書》，以《詩》教，代蔡義為丞相。少子玄成，復以明經歷位至丞相。鄒、魯諺曰：『遺子黃金滿籯，不如一經。』」　《說文》：「自秦壞古文，更用今體，一曰大篆，二曰小篆，三曰刻符，四曰蟲書，五曰摹印，六曰署書，七曰殳書，八曰隸書。」　《神仙傳》：「王方平降蔡經家，並召麻姑。」　《史記·蔡澤傳》：「唐舉見蔡澤，熟視而笑曰：『吾聞聖人不相，殆先生乎？』」　《後漢書·逸民傳》：「龐公攜其妻子登鹿門山，因採藥不反。」　杜詩：「空有鹿門期。」

蛤蜊《本草綱目》：「蛤蜊生東南海中，白殼紫唇，大二、三寸者，閩、浙人以其肉充海錯，亦作為醬醢。」

彊飯無良法，全憑適口湯。食經高此族，酒客得誰方。水斷車螯味，廚空牡蠣房。江南沈昭略，苦嗜不能嘗。又，《王融傳》：「遇沈昭略，未相識。昭略屢顧盼，謂主人曰：『是何年少？』融殊不平，謂曰：『僕出於扶桑，入於暘〔註13〕谷，照耀天下，誰云不知，而卿此問？』昭略云：『不知許事，且食蛤蜊。』融曰：『物以群分，方以類聚。君長東隅，居然應嗜此族。』」

《魏書·崔浩傳》：「浩著《食經》。」　梁元帝《謝賚蛤蜊車螯啟》：「車螯，味高食部，名陳物志。」　《漢書·陳遵傳》：「黃門郎揚雄作《酒箴》，以諷諫成帝，其文為酒客難法度士。」　《酉陽雜俎》：「車螯牡蠣，故宜長充庖廚，永為口寔。」《本草綱目》：「車螯，南海、北海皆有之，採無時。其肉食之似蛤蜊，而堅硬不及。」　又：「蠣房，晉安人呼為壕莆。初生止如拳石，四面漸長，至二丈者，嶄巖如山，俗呼蠔山。每一房內有肉一塊。海人取以烈火逼之，挑取其肉。當食品，其味美好，更有益也。海族為最貴。」　《南史·沈昭略傳》：「字茂隆。」

〔註13〕「暘」，乙本誤作「賜」。

膾殘《博物志》：「吳王江行食鱠，有餘，棄於中流，化為魚。今魚中有吳王鱠魚者，長數寸，大者如箸，猶有鱠形。」

棄擲誠何細，夫差信老饕。微茫經匕箸，變化入波濤。風俗銀盤薦，江湖玉饌高。六千殘卒在，脫網總秋毫。

《蜀志·先主志》：「先主方食，失匕箸。」　文通《兔園賦》：「碧玉作盌銀為盤。」　杜詩：「蒙將玉饌俱。」　《史記·越世家》：「君子六千人伐吳。」　《晉書·慕容垂載記》：「脫網之鯨，豈罟所制？」

石首《本草綱目》：「石首魚生東南海中，其形首有白石二板，瑩潔如玉，至秋化為冠鳧，即野鴨有冠者也。」

採鮮諸狹少，打鼓伐藏冰。五月三江去，千金一網能。尾黃荷葉蓋，腮赤柳條勝。笑殺兒童語，烹來可飯僧。

《松江府志》：「石首俗呼黃魚，每夏初，賈人駕巨舟，群百人呼噪出洋，先於蘇州水廠市冰以待，謂之冰鮮。鹽曬為鯗，曰白鯗，金山青村為盛。」　白詩：「就荷葉上包魚鮓。」　謝無逸詞：「柳條帶雨穿雙雙鯉。」　《舊唐書·王縉傳》：「元載、杜鴻漸與縉喜飯僧。」　《東坡志林》：「僧謂酒為般若湯，魚為水梭花，雞為鑽籬菜，竟無所益，但欺而已。」

燕窩《湖海搜奇》：「出廣東陽江縣，乃海燕採小魚營巢，故名燕窩。」

海燕無家苦，爭銜白小魚。卻供人採食，未卜汝安居。味入金虀美，巢營玉壘虛。大音太。官求遠物，早獻上林書。

杜詩：「白小群分命，天然二寸魚。」　《南部煙花錄》：「南人魚鱠，細縷金橙拌之，號為金虀玉鱠。」　蘇詩：「莫將將南海金虀鱠，輕比東坡玉糝羹。」　《漢書·百官公卿表》師古注：「大官主饍食，湯官主餅餌，導宮主擇米。」

海參周櫟園曰：「參益人。海參得名，亦以能溫補也。生於土者為人參，生於海者為海參。」

預使燖湯洗，遲才入鼎鐺。禁猶寬北海，原注：產登萊海中，故無禁。饌可佐南烹。莫辨蟲魚族，休疑草木名。但將滋味補，勿藥養餘生。

《禮記》：「燖湯清洗。」　韓詩：「自宜味南烹。」　《後漢書·崔瑗傳》：「盛修肴膳，殫極滋味。」　《易》：「无妄之疾，勿藥有喜。」

比目《宋書·符瑞志》：「比目魚，王者德及幽隱則見。」 《本草綱目》：「比目魚各一目，相併而行也。」 《爾雅》所謂「東方有比目魚，不比不行，其名曰鰈」是也。 段氏《北戶錄》謂之鰜，音兼。 《吳都賦》謂之魪，音介。 《上林賦》謂之魼，音墟。 《臨海志》名婢簁魚。 《臨海風土記》名奴屩魚。 《南越志》名版魚。 《南方異物志》名箬葉魚。

比目誠何恨，滄波作伴遊。幸逃網罟厄，可免別離愁。小市時珍改，殘書土物收。若逢封禪詔，定向海邊求。原注：得東海比目魚，始可封禪。見《管子》。

宋延清詩：「作伴誰憐合浦葉。」 王浚詩：「蘭羞備時珍。」 《史記·封禪書》：「管仲曰：『古之封禪，東海致比目之魚，西海致比翼之鳥。』」

鯗《本草綱目》：「石首魚，乾者名鯗。鯗能養人，人恒想之，故字從養。以白者為佳，故呼白鯗。」

舊俗魚鹽賤，貧家入饌輕。自慚非食肉，每飯望休兵。餘骨膻何附，長餐臭有情。腐儒嗟口腹，屬饜負升平。

杜詩：「白白江魚入饌來。」 《左傳·莊十年》：「肉食者鄙。」 《史記·馮唐傳》：「今吾每飯，意未嘗不在鉅鹿也。」 《莊子》：「羊肉不慕蟻，蟻慕羊肉，羊肉羶也。」 《荀子》：「『括囊，无咎无譽』，腐儒之謂也。」 《左傳·昭二十八年》：「以小人之腹為君子之心，屬厭而已。」

莫釐峰《一統志》：「洞庭東山在吳縣西南太湖中。」《吳縣志》：「相傳隋莫釐將軍居此，故名。」

始信一生誤，未來天際看。亂峰經數轉，遠水忽千盤。獨立久方定，孤懷驟已寬。亦知歸徑晚，老續此遊難。

蘇詩：「蜀道走千盤。」

秦留仙寄暢園三詠同姜西溟、嚴蓀友、顧伊人作〔註14〕

山池塔影

黛色常疑雨，溪堂正早秋。亂山來眾響，倒景漾中流。似有一帆至，何因半塔留。眼前通妙理，斜日在峰頭。

〔註14〕按：「同姜西溟、嚴蓀友、顧伊人作」係原注。

謝靈運《山居賦》:「日倒影於椒塗。」 《北史‧高允傳》:「天下妙理至多。」 陰子堅詩:「翠柳將斜日。」

惠井支泉

石斷源何處,涓涓樹底生。遇風流乍急,入夜響尤清。枕可穿雲聽,茶頻帶月烹。只因愁水遞,到此暫逃名。

李詩:「石斷寒泉流。」 義山詩:「流處水花急。」 杜詩:「隨風潛入夜。」 王仲宣詩:「流波激清響。」 《世說》:「孫子荊曰:『所以枕流,欲洗其耳。』」 曹業之詩:「孤吟對月烹。」 《芝田錄》:「李德裕喜惠山泉,在京置驛遞鋪,號水遞。」

宛轉橋

斜月掛銀河,虹橋樂事多。花欹當曲檻,石礙折層波。客子沉吟去,佳人窈窕過。玉簫知此意,宛轉採蓮歌。

李詩:「君王多樂事。」 李涉詩:「花欹渾拂檻。」 梅聖俞詩:「暗石惟愁礙。」 《南史‧羊侃傳》:「自造《採蓮》、《棹歌》兩曲,甚有新致。」

慧山酒樓遇蔣翁

桑苧誰來繼,名泉屬賣漿。價應誇下若,味豈過程鄉。故老空山裏,高樓大道旁。我同何水部,漫說撥醅香。

《唐書‧陸羽傳》:「自稱桑苧翁,嗜茶。」 米元章詩:「好作新詩繼桑苧,垂虹秋色滿東南。」 《列子》:「登高樓,臨大路。」 《南史‧陳暄傳》:「何水曹眼不識杯鐺,吾口不離瓢杓。」 樂天《醉吟先生傳》:「吟罷自哂,揭甕撥醅,又飲數杯,兀然而醉。」

家園次罷官吳興有感

世路嗟誰穩,棲遲可奈何。官隨殘夢短,客比亂山多。閉閣凝香坐,行廚載酒過。卻聽漁唱響,落日有風波。

《神仙傳》:「左慈能坐致行廚。」 《滕王閣序》:「漁舟唱晚。」

其二

勝事難忘處,陰晴檻外峰。高臺爭見水,曲塢自栽松。失志花還放,離程鶴未從。白雲長澹澹,猶做到時容。

王詩：「陰晴眾壑殊。」　施肩吾詩：「草迷曲塢花滿園。」　《宋史・趙抃傳》：「匹馬入蜀，以一琴一鶴自隨。」

其三

枉殉千金諾，空酬一飯恩。只今求國士，誰與報王孫。強悶裁詩卷，長歌向酒尊。古人高急難，歎息在夷門。

《史記・季布傳》：「得黃金百斤，不如得季布一諾。」　又，《范雎傳》：「一飯之恩必償。」　又，《淮陰侯傳》：「蕭何曰：『至如信者，國士無雙。』」　又：「漂母曰：『吾哀王孫而進食，豈望報乎？』」　杜詩：「排悶強裁詩。」《史記・信陵君傳》：「魏有隱士曰侯嬴，年七十，家貧，為大梁夷門監者。」

其四

劇郡非吾好，蕭條去國身。幾年稱傲吏，此日作詩人。京洛虛名誤，江湖懶病真。一官知己愧，所得是長貧。

《漢書・朱邑傳》：「張敞與邑書：敞遠守劇郡，馭於繩墨，匈臆約結，故無奇也。」　郭璞詩：「漆園有傲吏。」　韓詩：「餘事作詩人。」　李詩：「空名適自誤。」《漢書・陳平傳》：「固有美如陳平長貧者乎？」

許九日顧伊人和元人齋中雜詠詩成持示戲效其體

焦桐

流落中郎怨，薰風意乍開。響因知己出，歌為逐臣哀。一曲尊前奉，千金爨下材。漢家忘厝火，絕調過江來。

嵇叔夜《絕交書》：「濁酒一杯，彈琴一曲，志願足矣。」　《後漢書・蔡邕傳》：「吳人有燒桐以爨者，邕聞火聲，知其良木，因請而裁為琴，果有美音。而其尾猶焦，故時人名曰焦尾琴焉。」《漢書・賈誼傳》：「抱火厝之積薪之下而寢其上，火未及然，則以為安。方今之勢，何以異此！」

蠹簡

飽食終何用，難全不朽名。秦灰招鼠盜，魯壁竄鼪生。刀筆偏無害，神仙豈易成。卻留殘闕處，付與豎儒爭。《酉陽雜俎》：「蠹魚三食神仙字則化為脈望，夜持向天，從規望星，星立降，可求丹度世也。」

李義山詩:「將圖不朽名。」　劉夢得詩:「夷陵上黑有秦灰。」　《漢書‧叔孫通傳》:「此特群盜鼠竊狗盜。」　《魯恭王傳》:「恭王初好治宮室,壞孔子舊宅,以廣其宮,聞鍾磬琴瑟之聲,遂不敢復壞,於其壁中得古文經傳。」《史記‧留侯世家》:「沛公曰:『鯫生教我距關,無內諸侯。』」　《索隱》曰:「鯫謂小魚也。」　又,《蕭相國世家》:「蕭相國何者,沛豐人也,以文無害。太史公曰:蕭相國何於秦時為刀筆吏。」　《史記‧留侯世家》:「豎儒幾敗而公事。」

殘畫

原自無多筆,年深色便凋。茶煙沖雨過,竹粉遇風飄。童懶犀從墮,兒頑墨誤描。六朝金粉地,落木更蕭蕭。

《圖畫見聞錄》:「王獻之能為一筆書,陸探微能為一筆書。」　韓詩:「年深豈免有缺畫。」　白詩:「可憐衝雨客,來訪阻風人。」　義山詩:「危亭題竹粉。」《畫史》:「檀犀同匣,共發古香。」

舊劍

此豈封侯日,摩挲憶往年。恩仇當酒後,關塞即燈前。解去將誰贈,輸來弗值錢。不逢張壯武,辜負寶刀篇。

杜詩:「男兒生世間,及壯當封侯。」　韓詩:「往取將相酬恩仇。」　《吳越春秋》:「伍子胥過江,解其劍與漁父。」　《說苑》:「干將、莫邪,刺鍾不錚,試物不知,以之綴履,不如兩錢之錐也。」　《漢書‧灌夫傳》:「生平毀程不識,不值一錢。」

破硯

一擲南唐恨,拋殘剩石頭。江山形半截,寶玉氣全收。洗墨池成玦,窺書月仰鉤。記曾疏闕失,望斷紫雲愁。

《書苑》:「當南唐有國時,於歙州置硯務,選工之善者,命以九品之服,號硯務官。」《硯譜》:「李後主得青石硯,墨池中有黃石如彈丸,水常滿,終日用之不耗,每以自隨。後歸朝,陶穀見而異之。硯大不可持,乃取石彈丸去。後主拽其手,振臂就取,請以寶玩為謝,陶不許。後主索之良苦,陶不能奈,曰:『要當碎之。』石破,中有小魚跳地上,即死。自是硯無復潤澤。」《史記‧封禪書》:「闕下有寶玉氣來者。已,視之,果有獻玉杯者。」《〈漢書‧五行志〉注》:「師古曰:『半環曰玦。』」《五代史‧裴皞傳》:「每陳朝廷闕失。」　《天中記》:「宋謝暨知徽州時,嘗於舊坑取石貢理宗。初,坑上常有五色雲如錦衾,郡檄隨雲覆處斸之,得佳石。既發為硯,雲氣不復見矣。」　李賀《紫石硯歌》:「端川石工巧如神,踏天磨刀割紫雲。」

廢檠

憶曾同不寐，棄置亦何心。喜伴疏窗冷，愁添老屋深。書將鄰火映，夢共佛燈沉。莫歎蘭膏燼，應無點鼠侵。

《西京雜記》：「匡衡好學，貧而無燭。鄰舍有燭而不逮，乃穿壁引其光，以書映光而讀。」　蘇詩：「佛燈初上報黃昏。」　《漢書・龔勝傳》：「有父老弔之曰：『蘭以芳自燒，膏以明自煎。』」

塵鏡

舉目風塵暗，全遮皓魄輝。休嗟青鏡改，憐我白頭非。秦女粉猶在，陳宮淚怎揮。不知徐孺子，負局幾時歸。

《晉書・王導傳》：「風景不殊，舉目有江山之異。」　《西京雜記》：「秦始皇有方鏡，照見心膽。女子有邪心，即膽張心動，乃殺之。」　《貧士傳》：「徐穉，字孺子，豫章南昌人也。讀書豐城櫧山之厓。家貧，常自耕稼，非其力不食。恭儉義讓，所居服其德。常齎磨鏡具，到所住，傭以自給。」　《列仙傳》：「負局先生者，不知何許人也。語似燕代間人，負磨鏡局，徇吳市中。」

斷碑

妙跡多完闕，天然反失真。銷亡關世代，洗刷見精神。拓處懸崖險，裝來斷墨新。正從毫髮辨，半字亦先秦。

孟東野詩：「洗刷凝霜彩。」　《莊子》：「澡雪而精神。」　權載之詩：「已取貝多翻半字。」　《漢書・景十三王傳》：「獻王所得書，皆古文先秦舊書。」

葉君允文偕兩叔及余兄弟遊寒山深處《蘇州府志》：「莫釐山又南為寒山，亦名韓山。」

投足疑無地，逢泉細聽來。松顛湖影動，峰背夕陽開。客過攜山橁，僧歸掃石臺。狂呼聲撼木，麋鹿莫驚猜。

拜王文恪公墓

舊德豐碑冷，湖天敞寂寥。勳名高故相，經術重前朝。致主惟堯舜，憂時在豎刁。百年人世改，野唱起漁樵。

《漢書・蕭何傳》：「故相國蕭何。」　《南史・檀道濟傳》：「立功前朝，威名甚重。」　王元之詩：「致主比唐虞。」　《左傳・僖二年》：「齊寺人貂始漏師於多魚。」　《注》：「寺人，內奄官豎貂也。」　杜詩：「夷歌幾處起漁樵。」

胥王廟

伍相丹青像，鬚眉見老臣。三江籌楚越，一劍答君親。雲壑埋忠憤，風濤訴苦辛。平生家國恨，偏遇故鄉人。

《國語》：「子胥諫曰：『夫吳之與越也，仇讎敵戰之國也，三江環之。』」 劉文房詩：「身留一劍答君恩。」 孔德璋《北山移文》：「欺我雲壑。」 《吳越春秋》：「子胥把劍，仰天歎曰：『自我死後，後世必以我為忠。』」

查灣過友人飯

碧螺峰下去，宛轉得山家。橘市人沽釀，桑村客焙茶。溪橋逢樹轉，石路逐灘斜。莫負籃輿興，夭桃已著花。

《蘇州府志》：「寒山之西岸有仙人石，又南為碧螺峰。」 李文饒詩：「魚蝦集橘市。」 陸游詩：「身老桑村麥野中。」 王詩：「寒梅著花未。」

寒山晚眺

驟入初疑誤，沿源興不窮。穿林人漸小，攬葛道微通。湖出千松杪，鍾生萬壑中。晚來山月吐，遙指斷巖東。

沙嶺《蘇州府志》：「莫釐山一支自西而南，為白沙嶺。」

亂峰當面立，反憩得平丘。坐臥此云適，歌呼不自由。支頤蒼鹿過，坦腹白雲留。笑指鳥飛處，有人來上頭。

朱子詩：「高旻矗亂峰。」 王詩：「支頤問樵客。」 錢仲文詩：「幽溪鹿過苔還淨。」 杜詩：「坦腹江村暖。」 盧思道詩：「遙居最上頭。」

飯石峰《蘇州府志》：「寒山之西岸有仙人石，又南為飯石峰。」

半空鳴杵臼，狼藉甑山傍。莫救黔黎餓，誰開白帝倉。養芝香作粒，煮石露為漿。飯顆相逢瘦，詩翁詎飽嘗。

《一統志》：「甑山在兗州府滋陽縣東北。」 唐文宗詩：「願蒙四海福黔黎。」 《後漢書·公孫述傳》：「成都郭外有秦時舊倉，述改名白帝倉。」 《唐人本事詩》：「飯顆山頭逢杜甫，頭戴笠子日卓午。為問因何太瘦生，只為從來作詩苦。」

柳毅井原注：其地即橘社。 《一統志》：「柳毅井在洞庭東山。」

仙井鹿盧音，原泉瀉橘林。寒添玉女恨，清見柳郎心。短綆書難到，雙魚信豈沉。波瀾長不起，千尺為情深。

　　韓君平詩：「人家掃橘林。」　周明帝詩：「寒井落疏桐。」　《釋名》：「井，清也。泉之清潔者也。」　《南史・柳惲傳》：「宅南柳郎，可為儀表。」此借用。　《莊子》：「綆短者不可以汲深。」　孟東野詩：「波瀾誓不起，妾心古井水。」　李詩：「桃花潭水深千尺，不及汪倫送我情。」

雞山原注：夫差養鬥雞處。　《一統志》：「雞陂墟在元和縣東。」

　　飲啄丹山小，長鳴澤畔雲。錦冠虛恃氣，金距耿超群。斂翅雌猶守，專場勝未分。西施眠正熟，啼報越來軍。

　　《莊子》：「澤雉十步一啄，百步一飲，不蘄畜乎樊中。」　沈懷遠有《長鳴雞贊》。　《楚辭》：「行吟澤畔。」　《虞衡志》：「南中有錦雞，一名金雞，頭項鬆毛金色，身紅黃相間，極有文采。」　《列子》：「紀渻子為周宣王養鬥雞。十日，而問之曰：『雞可鬥乎？』曰：『未也。方虛憍而恃氣。』」　《左傳・昭二十五年》：「季氏介其雞，郈氏為之金距。」　《淮南子》：「同師而超群者，必其樂之者也。」　淵明《閒情賦》：「雞斂翅而未鳴。」　《老子》：「知其雄，守其雌，為天下谿。」　劉孝威《鬥雞篇》：「妬敵得專場。」　《吳越春秋》：「越得苧蘿山鬻薪之女，曰西施、鄭旦，而獻於吳。」

廄里原注：在武山，吳王養馬處。　《蘇州府志》：「廄里在洞庭東山，昔吳王牧馬處。」

　　夫差芻秣地，遺跡五湖傳。柳葉青絲鞚，桃花赤汗韉。原注：武山桃花為東洞庭一勝。降王羞執轡，豔妾笑垂鞭。老驥哀鳴甚，西風死骨捐。

　　《周禮・天官》：「太宰以九式均節財用，七曰芻秣之式。」　《羅敷行》：「青絲繫馬尾。」梁簡文帝詩：「青絲懸玉鐙，朱汗染香衣。」　杜詩：「河瀧降王欷聖朝。」　《國語》：「越王其身親為夫差前馬。」　李詩：「薄暮垂鞭醉酒歸。」　曹孟德《樂府》：「老驥伏櫪。」　杜詩：「哀鳴思戰鬥，迥立向蒼蒼。」

武山原注：本名虎山。夫差於其地養虎。李唐諱虎為武，至今仍之。《一統志》：「洞庭東山其東麓曰武山，周十二里。」

　　霸略誇擒縱，君王置虎牢。至今從震澤，疑是射成皋。土俗無機阱，山風少怒號。千秋遺患處，誰始剪蓬蒿。

　　《史記・孟嘗君傳》：「折秦之謀而絕其霸強之略。」　李太和《鬥鴨賦》：「迭為擒縱。」《穆天子傳》：「七萃之士高奔。戎生捕虎而獻之，天子命之為柙而畜之東虞，是為虎牢。」　《後漢書・仲長統傳》：「是設機置穽，以待天下之君子也。」　杜詩：「八月秋高風怒號。」　《史記・項羽紀》：「此所謂養虎自遺患也。」

附錄九：蔣劍人《音注吳梅村詩》^{〔註1〕}

〔註 1〕據中華書局 1936 年版錄文。

七律

梅村

和王太常西田雜興韻

追悼

謁人少伯祠

陳青雷以半圖索題走筆戲贈

丁亥之秋王煙客招予西田賞菊踰月蒼雪師亦至今年予既臥病同遊者多以事阻追敘舊約為之慨然因賦此詩

宴孫孝若山樓賦贈

過朱買臣墓

自歎

臺城

無題四首

過淮陰有感二首

淮上贈秘叔子

新河夜泊

將至京師寄當事諸老四首

懷古兼弔侯朝宗

送王孝源備兵山西

贈遼左故人六首

茉莉

繭虎

蓮蓬人

贈武林李笠翁

庚子八月訪同年吳永調於錫山有感賦贈四首錄三

五排

晚眺

贈家園次湖州守五十韻

五絕

子夜詞三首錄二

揭要

　　梅村詩，格律本乎四傑，而情韻為深；敘述類乎香山，而風華較勝。少年之作，才思煥發，有清麗芊眠之致。中年以後，滄桑閱歷，感慨身世，蒼涼激楚，風骨愈覺道上。故歌行一體，尤為擅長。清初諸老，當以先生為巨擘。

小傳

　　先生名偉業，字駿公，一字梅村，江蘇太倉人。崇禎進士，官至中允、諭德。南中立福王，與馬士英、阮大鋮等不合，假歸。順治時，有司力迫入都，累官國子祭酒。卒年六十三。著有《梅村集》、《綏寇紀略》、《太倉十子詩選》等。

音注吳梅村詩

蔣劍人先生選本

五古

塗松曉發《蘇州府志》：「塗松市在太倉州北三十里，傍七浦塘。父老相傳，此亦灘也。塗松，塗上之松也。唐龍朔間有庵有院，宋、元亦有酒肆。偽吳張士誠嘗築城營兵於此，以備海寇。今廢。曉，天明也。發，發舟起程也。」

　　孤月傍一村，寒潮自來去。人語出短篷，纜沒溪橋樹。冒霜發輕舠，音刀。披衣聽雞曙。音署。簖讀如斷。響若鳴灘，蘆洲疑驟雨。漁因入浦喧，農或呼門懼。居然見燈火，市聲雜翁嫗。衣遇切。水改村店移，一帆今始遇。生涯問菰蒲，世事隔沮洳足豫切。洳。汝豫切。終當謝親朋，刺舟從此住。

　　【孤月二句】此寫曉景。【篷纜】篷謂蓬窗，即船窗也。纜，維舟索也。【舠】小船，形如刀者。【曙】東方明也。【簖響二句】陸龜蒙《漁具詩》注：「列竹於水溢曰滬，今謂之簖。」灘，近岸平迆水退見土之地。洲，水中可居之地。驟雨，雨之疾速者。此言舟過以簖鳴而乍聞其聲，疑蘆灘有驟雨也。【漁因句】漁捕魚人也。大水有小口別通曰浦。喧，大聲語也。【嫗】老婦。【水改二句】水改店移，非復舊觀，今於船中見之。【生涯二句】生涯猶言生計。菰，蔬類，俗謂之茭白。秋間開花，成長穗，結實如米，謂之菰米，可以為飯。蒲，蒲柳也。《左・宣》：「董澤之蒲。」沮洳，下濕之地。

見《〈詩‧魏風〉注》。言居民以菰蒲為生計，而地處下濕，隔絕塵俗，世事可不知也。【刺舟】即撐舟也。

毛子晉齋中讀吳匏庵手鈔宋謝翱西臺慟哭記

朱彝尊《明詩綜》：「毛晉，初名鳳苞，字子晉，常熟人。」《靜志居詩話》：「子晉性好儲藏祕冊，自群經十七史以及詩詞曲本、唐宋金元別集、稗官小說，靡不發雕，公諸海內。」《明史‧吳寬傳》：「吳寬，字原博，長洲人。成化八年會試、廷試皆第一。正德十六年，進禮部尚書。卒，贈太子太保，諡文定。寬自號匏庵。」程敏政《宋遺民錄》：「謝翱，字皋羽，長溪人，徙浦城。倜儻有大節。會丞相文天祥開府延平，署諮事參軍，已復別去。及宋亡，天祥被執以死，翱悲不能禁，乃挾酒登子陵臺，設天祥主，跪拜號慟，取竹如意擊石，作《楚些歌》招之。歌闋，竹石俱碎，因作《西臺慟哭記》。卒，葬子陵臺南。」

扁舟訪奇書，夜月南湖宿。主人開東軒，磊音壘。落三萬軸。別庋謹倚切。加收藏，前賢矜手錄。北堂學士鈔，南宋遺民牘。言過富春渚，登望文山哭。子陵留高臺，西面滄江綠，婦翁為神仙，天子共遊學。攜家就赤城，高舉凌黃鵠。尚笑君房癡，寧甘子雲辱。七里溪光清，千仞松風謖。音縮。廬陵赴急難，幕府從羈僕。運去須武侯，君存即文叔。臣心誓弗諼，音暄。漢祚憂難復。昆陽大風雨，虎豹如蜩於貴切。縮。詭譎潯音呼。沱音駝。冰，倉卒蕪亭粥。所以恢潢圖，無乃資赤伏。即今錢塘潮，莫救厓山麓。空阬戰士盡，柴市孤忠戮。一死之靡他，百身其奚贖。龔生夭天年，翟公湛同沉。家族。會音檜。稽處士星，求死得亦足。安能期故人，共臥容加腹。巢許而蕭曹，遭遇全高躅。音濁。文山竟以殉，趙社終為屋。海上悲田橫，國中痛王蠋。柱欲切。門人蒿好平聲。里歌，故吏平陵曲。彼存君臣義，此為朋友服。相國誠知人，舉事何顛蹙。丈夫失時命，無以辭碌音祿。碌。看君書一編，俾我愁千斛。禹績荒煙霞，越臺走麋鹿。不圖疊山傳，再向嚴灘續。配食從方干，豐碑繼梅福。主人更命酒，哀吟同擊筑。音竹。四座皆涕零，霜風激群木。嗟乎誠義士，已矣不忍讀。

【扁舟四句】扁舟，小舟也。訪，就而問之也。南湖，子晉有南湖草堂。主人，謂子晉。軒，長廊之有窗者。磊落，多貌。軸，卷軸也。古書皆用卷子，卷端有桿，通貫其中，亦謂之軸。韓愈詩：「鄴侯富藏書，插架三萬軸。」【別庋四句】《說文》：「庋，閣板為之，所以藏物。」前賢，謂吳匏庵。《中興書目》：「虞世南集群書中事可為文用者，凡一百七十三卷，號《北堂書鈔》。」北堂句蓋以世南比匏庵。牘，書版也。

即指謝翱《西臺慟哭記》。【言過四句】《後漢書・嚴光傳》：「除為諫議大夫，不就。乃耕於富春山。」小洲曰渚。任昉《贈郭桐廬詩》：「朝發富春渚。」《續資治通鑑》：「文天祥所居，對文筆峰，因自號文山。」子陵，嚴光字。光釣臺在浙江桐廬縣富春山。東西二臺，各高數百丈。滄江，即指富春江。【婦翁八句】此八句單就子陵說。宋存標《史疑》：「子陵娶梅福季女。」《漢書・梅福傳》：「梅福，字子真，九江壽春人。補南昌尉。王莽專政，棄妻子去九江，至今傳以為仙。」《後漢書・逸民傳》：「嚴光少有高名，與光武同遊學。」《元和郡縣志》：「赤城山在天台縣北六里，上石皆赤，狀如雲霞，望之如城堞，故名。」凌，升也。《韓詩外傳》：「田饒謂魯哀公曰：『臣將去君，黃鵠舉矣。』」攜家二句，言子陵之歸隱。皇甫謐《高士傳》：「侯霸使西曹屬侯子道奉書嚴光，光曰：『君房素癡，今小差否？』子道曰：『位至鼎足，殊不癡也。』」《漢書・楊雄傳》：「王莽篡位，雄上符命。後寖厭，有上者輒殺之。時雄校書天祿閣，使者將收雄，雄恐，乃從閣上自投下，幾死。」《嚴州府志》：「七里溪在釣臺之西，一名嚴瀨。」八尺曰仞。《世說・賞譽篇》：「世目李元禮謖謖如勁松下風。」謖謖，峻挺貌。尚笑四句，蓋美子陵之高節。【廬陵六句】胡翰《謝翱傳》：「元兵取宋，宋文天祥亡走江上，逾海至閩，檄州郡大舉勤王之師。翱傾家資，率數百人赴難，遂參軍事。」《史記索隱》：「古者出征，以幕帟為府署，故曰幕府。」羈，馬絡頭也。《左・僖》：「行者為羈絏之僕。」羅隱《武侯祠》詩：「運去英雄不自由。」君存，指宋帝昺。文叔，漢光武字。以光武比帝昺也。諼，忘也。《詩》：「永矢弗諼。」杜甫《詠懷古蹟》詩：「運移漢祚終難復。」【昆陽八句】《後漢書・光武紀》：「王莽遣王尋、王邑將兵圍昆陽，又驅諸猛獸虎豹犀象之屬以助威武。光武乃與敢死者三千人從城西上衝其中堅，城中亦鼓譟而出，莽兵大潰。會大風雨，屋瓦皆飛，雨下如注，虎豹皆股栗。」鮑照詩：「馬毛縮如蝟。」《後漢書・王霸傳》：「光武南馳，王郎兵在後，及至滹沱河，候吏還白河水澌流，無船，不可濟，光武令霸往視，霸恐驚眾，即詭曰：『冰堅可渡。』比至，河冰亦合。」倉卒，急遽貌。《後漢書・馮異傳》：「王郎起，光武自薊東南馳，至饒陽蕪蔞亭，天塞烈，眾皆飢疲，異上豆粥。」恢，大也。《隋書・經籍志》：「有《黃圖》一卷，記三輔宮觀、陵廟、明堂、辟雍、郊畤等事。」資，用也。《續漢書・祭祀志》：「同舍生彊華自關中奉赤伏符詣王，曰：『劉秀發兵捕不道，四夷雲集龍門野，四七之際火為主。』於是即天子之位。」《一統志》：「錢塘江即浙江，亦名曲江。」《綱目續編》：「宋帝昺祥興二年二月，張世傑與元張弘範戰於厓山。世傑兵潰，陸秀夫負帝赴海死之。」麓，山足也。此以光武中興作反類，而惜宋帝之不能也。【空阬四句】《宋史・文天祥傳》：「江西宣慰使李恆攻天祥於興國，天祥不意恆兵猝至，乃引兵走，即

鄒瀜於永豐。瀜兵先潰，恒窮追至空阬，軍士皆潰。」又：「被執至燕，絕粒八日，不死。元主召天祥，諭之降，不屈，臨刑，從容謂吏卒曰：『吾事畢矣。』南向再拜。殺於柴市。」《詩》：「之死矢靡他。」又：「如可贖兮，人百其身。」此敘天祥之殉國。

【龔生四句】《漢書·兩龔傳》：「龔勝，字君賓。王莽篡漢，遣五威將軍奉羊酒存問勝，勝謂門人高暉等曰：『吾受漢家厚恩，豈以一身事二姓？』因不食死。有老父來弔，哭甚哀。既而曰：『薰以香自燒，膏以明自煎。龔生竟夭天年，非吾徒也。』」《後漢書·翟方進傳》：「父翟公為郡文學。少子隆，討王莽，不克，被殺。莽發父方進及先祖冢在汝南者，夷滅三族。」湛，沒也。《晉書·隱逸傳》：「會稽謝敷隱居若邪山，名聞不及戴逵。時月犯少微，人云處士星也。皆為逵憂。俄而敷卒，人嘲逵曰：『吳中高士，求死不得。』」此以龔生、翟公之死引起謝翱。會稽處士，蓋指翱也。【安能四句】《後漢書·隱逸傳》：「帝引光入，論道舊故，因共偃臥，光以足加帝腹上。明日，太史奏客星犯御座甚急。帝笑曰：『朕故人嚴子陵共臥耳。』」巢父、許由，皆堯時隱士。蕭何、曹參，皆漢高功臣。高蹈，謂踐履高尚也。此傷謝翱之遭遇非時。共臥加腹，借嚴子陵事作關合。【文山八句】趙，宋姓。蔡邕《獨斷》：「古者取亡國之社以分諸侯。屋之掩其上，使不通天；柴其下，使不通地。明與天地絕也。」《史記》：「齊王廣死，田橫自立為王。漢高祖立，橫與其徒五百人入居海島。帝召之，乃乘傳詣洛陽。未至，自刎。五百人亦皆自殺。」又：「燕破齊，聞齊畫邑人王蠋賢，欲封以萬家，蠋固謝。燕人曰：『子不聽，吾將屠畫邑。』蠋曰：『忠臣不事二君。』遂自經死。」崔豹《古今注》：「田橫自殺，門人傷之，為作《薤露》之歌。」又：「《平陵曲》者，翟義討王莽被殺，門人歌以怨之。」《孔叢子》：「昔者虢叔、閎夭、太顛、散宜生、南宮适五臣，同僚比德，以贊文武。及虢叔死，四人為之服朋友之服。」言宋社既屋，追悼孤忠，死者殉君，生者殉友，此慟哭所以不能已也。【相國四句】言文山得翱，誠為知人，惜其厄於時命，舉事不成，乃至與碌碌者等。顛蹶，猶言傾跌，即覆敗之意。碌碌，凡庸貌。【禹績十二句】《詩》：「設都于禹之績。」禹績，謂禹所治之地。荒煙霞，謂土宇荒蕪，煙霞滿目而已。顧野王《輿地記》：「越王臺在會稽鍾山東北。」《史記》：「臣聞子胥諫吳王，乃曰：『臣今見麋鹿遊姑蘇之臺也。』」《宋史·謝枋得傳》：「枋得，字君直，弋陽人。少以忠義自奮。宋亡，南望慟哭，不食死。世稱疊山先生。」嚴灘，即嚴瀨。胡子山《遊釣臺記》：「登岸謁子陵遺像，其兩廡則唐之方干玄英，宋之謝翱皋羽也。」《禮·檀弓》：「公室視豐碑。」《史記·刺客傳》：「高漸離擊筑，荊軻和而歌。」目汁出曰涕。激，疾急也。《晉書》：「風力迅激。」《漢書·蘇武傳》：「李陵見其至誠，喟然歎曰：『嗟呼義士！』」已，止也。此言謝翱際國家淪亡，齎志以沒，僅

得從嚴陵地下，配食廊廡，樹碑臺南，令後之人展其遺文，想像其生平，為之涕泗霑襟而不忍卒讀也。言下有異世同悲意。

讀史雜詩 四首錄二

東漢昔雲季，黃門擅權勢。積忿召外兵，癰音雍。決身亦潰。雖自撥本根，庶幾蕩殘穢。誰云承敝起，仍出刑餘裔。孟德沾句音蓋。養，門資列朝貴。憑藉盜弄兵，豈曰唯才智。追王故長秋，無鬚而配帝。鉤黨諸名賢，子孫為卓音造。隸。

【東漢句】漢光武都洛陽，稱東漢，亦稱後漢。季，末也。【黃門句】黃門，宦者之稱。後漢黃門令、中黃門諸官，皆宦者任之。《後漢書·宦者傳·論》：「和帝幼弱，竇憲兄弟專總權威，鄭眾得專謀禁中，享分土之封，登宮卿之位，中官始盛。明帝以後，迄乎延平，委用漸大，中常侍至有十人，小黃門二十人。其後孫程定立順之功，曹騰參建桓之策，中外服從，上下屏氣，舉動回山海，呼吸變霜露，而漢之紀綱大壞矣。」擅，專也，據而有之也。權，謂權柄。勢，謂勢力。【積忿四句】忿，恨也，怒也。《資治通鑑》：「靈帝中平六年，何進謀誅宦官，召董卓，使將兵詣京師。復以袁紹為司隸校尉。紹促卓使馳驛上奏，欲進兵長樂觀，太后恐，悉罷中常侍、小黃門，使還里舍。進入長樂宮，白太后，請盡誅諸常侍，張讓、段珪等聞變，乃率其黨數十人持兵伏省戶下，斬進，挾太后、少帝從複道走北宮。袁紹引兵屯闕下，捕得趙忠等斬之，遂閉北宮門，勒兵捕諸宦者，無少長皆斬，凡二千餘人。進攻省內，讓、珪等困迫，旋投河死。」癰，瘡也。由血行不良，毒質淤積而生。決，亦潰壞之意。撥，絕也。庶幾，近詞。蕩，滌除也。穢，惡也，污也。殘穢，指宦官。言召外兵以誅閹宦，雖禍及官禁，而凶穢庶幾盡除也。【誰云六句】承敝起，承其敝壞而起也。《漢書·司馬遷傳》：「刑餘之人，無所比數。」刑餘，指閹宦。裔，胄也，猶言子孫。《魏志·武帝紀》：「帝諱操，字孟德，姓曹氏。」《後漢書·袁紹傳》：「司空曹操祖父騰，故中常侍；父嵩，乞匄攜養。」門資，謂門閥及資望。薛登《論選舉疏》：「晉、宋之後，專重門資。」列，排列也。朝貴，謂朝中貴官有權勢者也。憑藉，猶言依賴。《漢書·龔遂傳》：「渤海廢亂，遂謂宣帝曰：『此民困於飢寒而吏不恤，使陛下赤子盜弄陛下之兵於潢池之中耳。』」言魏武崛起，仍出閹宦之裔，憑藉門蔭，攘奪威權，豈得謂盡由才智也。【王追四句】《後漢書·宦者傳》：「曹騰，字季興，沛國譙郡人。初除黃門從官。順帝即位，為小黃門，遷中常侍。恒帝立，以定策功封費亭侯，遷大長秋。」《魏志·明帝紀》：「太和三年，追尊高祖大長

秋曰高皇帝，奉主入廟。」配帝，謂配享上帝。《後漢書・靈帝紀》：「建寧二年，制詔州縣大舉鉤黨。」注：鉤謂相牽引也。《左・昭》：「藥卻胥原，狐續慶伯，降在皁隸。」杜氏曰：「皁隸，賤官。」結意感喟無窮。

竇融昔布衣，任俠家扶風。翟公初舉事，海內知其忠。融也受漢恩，大義宜相從。低頭就新莽，顧入其軍中。轉戰槐音懷。里下，盡力為摧鋒。後來擁眾降，仍以當時功。忝竊居河西，蜀漢方相攻。一朝決大計，佐命蕭曹同。籲蹉翟太守，為漢傾其宗。劉氏已再興，白骨無人封。徒命千載後，流涕平陵東。

【竇融二句】《後漢書・竇融傳》：「融字周公，扶風平陵人。徙家長安中，結閭里豪傑，以任俠為名。」布衣，謂庶人也。《鹽鐵論》：「古者庶人耄老而後衣絲，其餘則僅麻枲，故曰布衣。」任謂任使其氣力，俠謂以權力輔人也。【翟公】謂報義。見前詩法注。【融也八句】竇融累世仕宦河西，受漢恩，宜從翟義同舉事也。《漢書・王莽傳》：「定有天下之號曰新。」《東觀漢記》：「王莽居攝中，融為強弩將軍司馬，東擊翟義，還攻槐里，以軍功封寧武男。」摧鋒，挫折敵人之鋒也。擁，從也。降，降伏也。《後漢書・竇融傳》：「漢兵起，融從王邑敗於昆陽。及莽敗，融以軍降更始大司馬趙萌，萌甚重之，薦為鉅鹿太守。」【忝竊四句】忝，辱也。非所據而據之曰竊。《竇融傳》：「融見更始新立，東方尚擾，不欲出關，而高祖父、從祖及弟累世守河西，知其土俗，謂其兄弟曰：『天下安危未可知。河西殷富，帶河為固。張掖屬國，精兵萬騎。一旦緩急，杜絕河津，足以自守。』於是日往求萌，辭鉅鹿，圖出河西。萌言於更始，以為張掖郡屬國都尉。」又：「融聞光武即位，心欲東向，以河西隔遠，未能自通。時益州有公孫述，天水有隗囂，蜀漢方相攻，而融又受制於囂，後以豪傑及諸太守議，決計東向，遣長史奉書獻馬。帝遺融書，所以慰藉之者甚至。融勸囂歸順，不從。乃與五郡太守合漢師伐囂，囂眾大潰，城邑皆降。帝以融功，封為安豐侯。」佐命，古稱創柔之君，受天命而為天子，其輔佐者謂之佐命。蕭曹同，謂與蕭何、曹參佐漢高同也。【劉氏四句】劉氏再興，謂光武中興。聚土為墳曰封。令，使也。《古歌》：「平陵東，松柏桐，不知何人劫義公。」此詩以竇融助新莽擊義，先叛後降，終身榮寵，而義始終一節，卹典無聞，深致不平之意。

詠古三首錄一

古來有烈士，軹音紙。里與易水。慶卿雖不成，其事已並美。專諸弒王僚，朱亥殺晉鄙。惜哉博浪椎，除為切。何如圯音怡。橋履。公孫擅西

蜀，可謂得士死。連刺兩大將，探囊取物耳。皆從百萬軍，夜半入帳裏。
匕音比。首中要害，絕跡復千里。若論劍術精，前人莫能比。胡使名弗
傳，無以著青史。誰修俠客傳，闕疑存二子。

【古來八句】《史記》：「烈士殉名。」《戰國策》：「軹深井里聶政，勇敢士也。
嚴遂有讎於韓相韓傀，因陰交於聶政。政為刺殺韓傀，自皮面屠腸而死。」軹，漢
縣名。《史記·刺客傳》：「荊軻入秦，燕丹送之易水。」又：「荊軻者，其先乃齊人，
徙於衛，衛人謂之慶卿。而之燕，燕人謂之荊卿。」不成，謂刺秦王不中而被殺也。
又：「專諸者，吳堂邑人也。吳公子光與王僚爭國，謀殺僚，乃具酒請僚，使專諸置
匕首魚炙之腹中而進之。既至王前，專諸擘魚，因以匕首刺王僚，王僚立死，左右
亦殺專諸。」《史記·信陵君傳》：「侯生謂隱公子曰：『臣所過屠者朱亥，賢者也。』
公子數往請之。後秦圍趙邯鄲，趙求救於魏，魏使晉鄙救趙，實持兩端以觀望。公
子患之，乃矯魏王令代晉鄙。晉鄙合符，疑之，欲無聽。朱亥袖四十斤鐵椎椎殺晉
鄙。」《史記·留侯世家》：「秦滅韓，韓人張良欲為韓報讎。東見倉海君，得力士，
為鐵椎重百二十斤。秦皇帝東遊，良與客狙擊秦皇博浪沙中，誤中副車。」又：「良
更姓名，亡匿下邳，常從容步行下邳圯上。有一老父衣褐至，直墮其履圯下，顧謂
良曰：『孺子下取履。』良愕然，欲毆之。為其老，強忍下取履。父曰：『履我。』良
業為取履，因長跪履之，父以足受，笑而去。」椎，擊物之具。圯，楚人謂橋曰圯。
履，屨也。【公孫十四句】《後漢書·公孫述傳》：「述字子陽，扶風茂陵人。居官臨
邛。更始立，豪傑各起其縣以應漢，於是詐稱漢使者東方來，假述輔漢將軍、蜀郡
太守兼益州牧印綬。選精兵，連破宗成及李寶、張忠兵，威震益部，遂自立為蜀王，
都成都，旋稱帝，建元龍興。」擅，據而有之也。常璩《華陽國志》：「建武十一年，
世祖命征南大將軍岑彭自荊門泝江徵述，又遣中郎將來歙喻述。彭破述荊門關及沔
關，徑至彭亡，述使刺客刺殺彭，又使刺客刺殺歙於武都。」將，將帥也。《五代史·
南唐世家》：「李谷曰『中國用吾為相，取江南如探囊中物耳。』」帳，軍幕也。匕首，
劍之最短者。其首類匕，故名。中，著也。《後漢書·來歙傳》：「歙自書表上曰：『臣
夜入定後，為何人所賊傷，中臣要害。』」曹植《與楊脩書》：「飛行絕跡，一舉千里。」
劍術，謂擊劍之術。《唐書》：「彼弧矢絕倫，劍術無前。」青史，古以竹簡書事，謂
之削青，故謂記事之史曰青史。《大戴禮》：「青史之記。」俠客，謂豪俠之客。《後
漢書·馬援傳》：「兄子嚴、敦，並喜譏謠而通俠客。」傳，紀載事蹟以傳於世也。
《論語》：「多聞闕疑。」謂疑則闕之也。

過南廂園叟感賦八十韻陳沂《金陵世紀》:「洪武十四年,建國子監於雞鳴山之南,日曰成賢門,曰集賢堂,曰彝倫堂。祭酒坐於東偏中楹,虛中臨幸位。西分為博士廳,東廂為祭酒燕居,南為司業廂。」顧湄《梅村先生行狀》:「崇禎己卯,升南京國子監司業。」叟,長老之稱。

寒潮衝廢壘,火雲燒赤岡。四月到金陵,十日行大航。平生遊宦地,蹤跡都遺忘。道遇一園叟,問我來何方。猶然認舊役,即事堪心傷。開門延我坐,破壁低圍牆。卻指灌莽中,此即為南廂。衙舍成丘墟,佃題妍切。種輸租糧。謀生改衣食,感舊存園莊。艱難守茲土,不敢之他鄉。

我因訪舊基,步步添思量。面水背蒼崖,中為所居堂。四海羅生徒,六館登文章。松檜皆十圍,鍾筍同管。聲鏘七央切。鏘。百頃搖澄潭,夾岸栽垂楊。池上臨華軒,菡苟坎切。萏隋感切。吹芬芳。談笑盡貴遊,花月傾壺觴。其南有一亭,梧竹生微涼。回頭望雞籠,廟貌諸侯王。左李右鄧沐,中坐徐與常。霜髦冉平聲。見鋒骨,老將東甌阿鉤切。湯。配食十六侯,劍佩森成行。音杭。得之為將相,寧復憂封疆。北風江上急,萬馬朝騰驤。音襄。重來訪遺蹟,落日惟牛羊。吁嗟中山孫,志氣胡勿昂。生世苟如此,不如死道旁。惜哉裸體辱,仍在功臣坊。蕭條同泰寺,南枕山之陽。當時寶誌公,妙塔天花香。改葬施金棺,手詔追褒揚。裟音嘉。裟音沙。寄靈谷,制度由蕭梁。千尺觀象臺,太史書禎祥。北望占旄頭,夜夜愁光鋩。高帝遺衣冠,月出修烝嘗。圖書盈玉几,弓劍堆金牀。承乏忝兼官,再拜陳衣裳。南內因灑掃,銅龍啟未央。幽花生御榻,苔澀煞揖切。青倉琅。音郎。離宮須望幸,執戟衛中郎。萬事今盡非,東逝如長江。鍾陵十萬松,大者參天長。根節猶青銅,屈曲蒼皮僵。不知何代物,同日遭斧創。音昌。前此千百年,豈獨無興亡。況自百姓伐,孰者非耕桑。群生與草木,長養皆吾皇。人理已澌滅,講舍宜其荒。獨念四庫書,卷軸誇縹音飄。緗。音箱。孔廟銅犧尊,斑剝填青黃。棄擲草莽間,零落誰收藏。

老翁見話久,婦子私相商。人倦馬亦疲,翦韭炊黃粱。慎莫笑貧家,一一羅酒漿。從頭訴兵火,眼見尤悲愴。大軍從北來,百姓聞驚惶。下令將入城,傳箭需民房。里正持府帖,僉在御賜廊。插旗大道邊,驅遣誰能當。但求骨肉完,其敢攜筐箱。扶持雜幼穉,失散呼耶孃。江南昔未亂,閭左稱阜康。馬阮作相公,行事偏猖狂。高鎮爭揚州,左兵來武

昌。積漸成亂離，記憶應難詳。下路初定來，官吏踰貪狼。按籍縛富人，坐索千金裝。以此為才智，豈曰惟私囊。今日解馬草，明日修官塘。誅求卻到骨，皮肉俱生瘡。野老讀詔書，新政求循良。瓜畦音攜。亦有畔，溝水亦有防。始信立國家，不可無紀綱。春來雨水足，四野欣農忙。父子力耕耘，得粟輸官倉。遭遇重太平，窮老其何妨。

薄音博。莫同暮。難再留，暝色猶十蒼。策馬自此去，悽惻摧中腸。顧羨此老翁，負耒歌滄浪。牢落悲風塵，天地徒茫茫。

【寒潮二十句】壘，軍壘也，即今營牆。《一統志》：「賀若弼壘在江寧府北二十里。韓擒虎邑在府西四里。」火雲，夏日之雲。岑參詩：「三峯火雲蒸。」《一統志》：「赤石磯在江寧縣東南城外，長江東來，有赤石枕中流，居人競種石榴，每盛夏時，緣隄燦若霞錦。」赤岡蓋即指此。《金陵世紀》：「楚滅越，置金陵邑於石頭。」許嵩《建康實錄》：「咸康二年，新立朱雀航，對朱巷門，甫渡淮水，亦名朱雀橋。本吳南津大航橋。」《晉起居注》曰：「白舟為航。」認舊役，言舊為南廂廝役，猶能認之。延，進也，納也。灌莽，叢生之草。鮑照《蕪城賦》：「灌莽杳而無際。」衙舍，官署也。土高曰丘，大丘曰墟。佃種句，謂為代耕佃戶而完納租糧也。謀生句，謂改其舊役而恃佃種以生也。農所居曰莊。自指灌莽以下，皆述園叟語。【面水十四句】蒼，深青色。崖，山邊也。《明史·后妃傳》：「太祖幸太學還，後問生徒幾何，帝曰：『數千。』后曰：『人才眾矣。』」羅，羅列也。《明史·選舉志》：「分六堂以館諸生。」《金陵世紀》：「彝倫堂後為率性、修道、誠心、正義、崇志、廣業，共六堂。」《晉書·桓溫傳》：「所種柳皆已十圍。」鏘鏘，聲也。《詩》：「磬筦鏘鏘。」百畝為頃。澄，水靜而清也。潭，深水也。栽，種也。小室曰軒。王佐《南廱志》：「司業宅廳事曰見賢堂，前為臺，立石三。前為蓮池，池上有小軒。垣外東南西三面，皆本廱官池。」陸璣《草木疏》：「未發為菡萏，已發為芙蕖。」芬芳，香也。《周禮·師氏》：「凡國之貴游子弟學焉。」《注》：「王公子弟無官司者。」傾，倒也。陶潛《歸去來辭》：「引壺觴以自酌。」此追憶舊時景物。【回頭二十句】樂史《寰宇記》：「雞籠山在上元縣東北九里，形如雞籠，故名。」《詩鄭箋》：「廟之言貌也。」鄭曉《今言》：「洪武二年，立功臣廟於雞籠山，論功列祀，二十一人。命死者塑其像，生者虛其位。」《漢書·高祖紀》：「願從諸侯王。」服虔曰：「漢名王為諸侯王。」李文忠，字思本，盱眙人。以功封曹國公。洪武十七年卒，追封岐陽王，配享太廟，肖像功臣祠，位皆第三。鄧愈，虹人。封衛國公。洪武十年卒，追封寧河王。沐英，字文英，定遠人。初封西平侯。卒，追封黔寧王。徐達，字天德，濠人。佐太祖起兵，屢拜大將軍，封信國公。洪武三年，改封魏國公。十七

年卒，追封中山王。配享太廟，肖像功臣祠，位皆第一。常遇春，字伯仁，懷遠人。
從太祖起兵。初封鄂國公、征虜副將軍。洪武二年卒。三年，追封開平王。配享太廟，
肖像功臣祠，位皆第二。湯和，字鼎臣，濠人。以功封中山侯。洪武二十八年卒，年
七十，追封東甌王。俱見《明史》本傳。配食，謂配食六王。《明史·禮志》：「從祀功
臣廟，西序：越國武莊公胡大海，梁國公趙德勝，巢國武壯公華高，虢國忠烈公俞通
海，江國襄烈公吳良，安國忠烈公曹良臣，黔國城毅公吳復，燕山忠愍侯孫興祖。東
序：郢國公馮國用，西海武莊公耿再成，濟國公丁德興，蔡國忠毅公張德勝，海國襄
毅公吳楨，蘄國武義公康茂才，東海郡公茆成。」案：正殿六王之外，西序八人，東
序七人，正與論次功臣二十一人之數合。詩中十六，「六」字疑當作「五」。森，整肅
之義。行，列也。萬馬騰驤，狀江風之聲。《詩》：「日之夕矣，牛羊下括。」昂，不卑
屈也。余懷《板橋雜記》：「中山公子徐青君，魏國公介弟也。南渡時，官中府部督。
鼎革後，籍沒田產，一身孑然。與傭句為伍，乃至為人代杖。其居第易為兵備道衙門。
一日，青君與當刑人約定杖數，計償若干。受杖時，其數過倍，因大呼曰：『我徐青君
也。』兵憲林公駭問，有哀王孫者對曰：『此魏公之子徐青君也。窮苦為人代杖，此堂
乃其家廳，不覺傷心號呼耳。』」裸體辱，指代杖也。《明史·徐達傳》：「帝嘗從容言
徐兄功大，未有寧居，乃命有司即舊邸前治甲第，表其坊曰大功。」此緬懷勳舊而弔
中山後嗣之陵夷也。【蕭條八句】蕭條，寂寥貌。《梁京寺記》：「同泰寺在臺城內，有
大佛閣七層，即梁武帝捨身處。」山南曰陽。《神僧傳》：「釋寶誌本姓朱氏，金城人。
梁天監十三年，無疾而終，武帝厚加殯送，葬於鍾山獨龍之阜。」梁簡文帝《唱導文》：
「菩提妙塔，多寶湧現。」宋濂《遊鍾山記》：「登玩珠峯。峯，獨龍岡也。梁開善道
場，寶誌大士葬其下，永定公主造浮圖五層覆之，時現五色寶光。」趙吉士《寄園錄》：
「明太祖建壽陵，將遷寶誌冢，祝之，不報。曰：『假地之半，遷瘞微偏，當一日享爾
一供。』乃得卜，發其坎，金棺銀槨，因函其骨，移瘞，建靈谷寺衛之，立浮圖於函
上，覆以無梁磚殿，工費鉅萬，仍賜莊田三百六十所，日食其一，歲而周焉，御製文
樹磚。」《水經注》：「佛涅槃後，天人以新白㲲裹佛，香花供養，盛以金棺。」《陀羅
尼經》：「袈裟者，秦言染衣也。」徐鈗《續本事詩注》：「靈谷寺有寶誌公袈裟。」《前
明寺觀記》：「靈谷寺在應天府鍾山東南，晉建，宋改太平興國寺。洪武中，徙建於此。」
此單敘改葬寶誌事。【千尺十六句】《明史·天文志》：「洪武十八年，設觀象臺於雞鳴
山。」《金陵世紀》：「國朝於雞籠山設渾天儀，立觀象臺，故雞籠山又號欽天山。」《後
漢書·百官志》：「靈臺掌候日月星氣，皆屬太史。」禎祥，福之兆也。《史記·天官書》：
「昂曰旄頭。」昂宿為冀州之分野，主邊兵，故曰「北望愁光鋩」也。《史記·叔孫通

傳》：「高寢衣冠，月出遊高廟。」冬祭曰烝，秋祭曰嘗。太白詩：「軒轅去時有弓劍。」
《抱朴子》：「項曼卿言到天上，先過紫府，金張玉几，晃晃昱昱。」《左·成》：「攝官
承乏。」言官適缺乏以己攝而承之也。《明史·禮志》：「孝陵每歲元旦、清明、七月望、
十月朔、冬至日，俱用太牢，禮官致祭。其伏臘、社、每月朔望，則用饋羊祠祭，署
官行禮。」先生嘗攝遣祭官，故曰「兼官」。忝，辱也。《中庸》：「設其裳衣。」灑，
汛也。掃，芟除也。《詩》：「灑掃庭內。」《漢書·成帝紀》：「上急召太子出龍樓門。」
顏師古曰：「門樓上有銅龍，若白鶴、飛廉之為名也。」《史記·高祖紀》：「蕭何作未
央宮。」苔，莓苔也。澀，不滑也。《漢書·五行志》：「木門倉琅根。」謂宮門銅鋃。
師古曰：「門之鋪首及銅鋃也。銅色青，故曰倉琅。鋪首銜鋃，故詞之根。」班固《西
都賦》：「離宮別館，三十六所。」天子所至曰幸。《史記·淮陰侯傳》：「官不過郎中，
位不過執戟。」張晏曰：「郎中，宿衛執戟之人也。」此就宮觀器物敘在官時之所見。
撫今追昔，如在目前。【東逝二十一句】逝，往也。顧炎武《唐韻正》：「江字自《宋書·
符瑞志》沈演之《嘉禾頌》『白鹿踰海，素鳥越江』，始與攘、彰、庚、陽為韻。」胡
廣《遊鍾山記》：「夾路松陰，亙八九里。清風時來，寒濤吼空。」余鴻客《金陵覽古
詩序》：「靈谷舊有松徑五里，交柯雲蔚，霾天晦景，麋鹿列百為群，今無矣。」參天，
高出空際也。杜甫《古柏行》：「柯如青銅根如石。」僵，僕也。創，戕傷也。群生四
句，言群生草木皆被皇恩，方能長養。人伐古樹，已無人理，宜講舍之不存也。《唐書·
經籍志》：「唐平隋之後，經籍漸備，書有四部：一曰甲為經，二曰乙為史，三曰丙為
子，四曰丁為集，分為四庫。」卷軸，古書皆用卷子，卷端有桿通貫其中心，亦謂之
軸。縹，帛青白色也。緗，帛淺黃色也。《隋書·經籍志》：「荀勗分為四部，總括群書，
盛以縹囊，書用緗素。」《莊子·天地篇》：「百年之木，破為犧尊，青黃而文之。」王
佐《南雝志》：「胡翰嘗作《犧尊辨》，曰：『宋劉杳言古者犧尊、彝尊皆刻木為鳥獸，
鑿頂及背，以出納酒。』而杳又云：『魯郡地中得大夫子尾送女器，有尊作犧牛形。晉
永嘉中，青州盜發齊景公冢，獲二器，狀類牛象，意者古之遺制也。苟以為刻木，安
能久置地中勿壞？蓋二尊皆以銅為之。』」斑剝，色彩相雜貌。器物雕刻花紋，加以彩
色，曰填。擲，投也，拋也。此與故宮禾黍同一悲愴。自「訪舊基」句至此，皆告語
園叟之詞，故下云「老翁見話久」也。【翦韭句】杜詩：「夜雨翦春韭，新炊間黃粱。」
【大軍】至【何妨】《識小錄》：「順治乙酉五月初九日，清兵渡江。十一日，抵龍江關，
薄都城，城中無一卒御者。」需，用也。《漢書·韓延壽傳》：「又置正五長。」師古曰：
「正若今之鄉正、里正也。」《海錄碎事》：「唐制，凡百戶為一里，里置正一人。」持，
執也。杜甫《新安吏》詩：「府帖昨夜下。」僉，皆也，眾也。驅遣，猶驅逐。篋，盛

物竹器也。方者曰筐。箱即篋也。人物幼小皆曰稺。耶孃,與爺娘同。《周禮》:「五家為比,五比為閭。」阜康,豐阜康寧也。《明史·諸王傳》:「馬士英迎立福王,王以為東閣大學士,國政一聽於士英,復以阮大鋮為兵部尚書。二人朋比為奸。」猖狂,謂妄行而不可整制也。《莊子》:「猖狂不知所往。」《明史·高傑傳》:「傑,米脂人。福王立,封傑為興平伯,列於四鎮,領揚州,駐城外。傑固欲入城,民畏傑不納。傑攻城急,日掠廂村婦女,民益惡之。城中堅守月餘,傑知不可攻,意稍息。閣部史可法議以瓜州予傑,乃止。」尤侗《明史樂府注》:「獻賊燒武昌,左良玉收復之,封寧南伯,俾功成世守。北都信至,有勸其引兵東下者,良玉弗聽。會弘光立,馬、阮方鉤黨,以良玉為侯恂所薦,築版磯西防,左疑之,令御史黃澍入朝面奏,觸柄臣怒,遣金吾逮治,隙遂開。」先生《綏寇紀略》:「左良玉以乙酉三月二十六日傳檄討馬士英,自漢口達蘄州,火光接天者二百餘里。」踰,過也。韓愈詩:「羊很狼貪,以口覆城。」籍,謂冊籍。索,謂搜索。裝,裹也。馬草,喂馬之草。誅求,苛責也。杜甫《又呈吳郎》詩:「已分誅求窮到骨。」《獨斷》:「帝之下書有四:三曰詔書。」循良,謂遵守成法而有良善之治績也。畦,區也。畔,田界也。防,隄也,郛也。紀綱,典章法度也。耕,犁田也。耘,除草也。輸,送也。聶夷中詩:「官家已修倉。」自「大軍北來」至「窮老」句,皆園叟訴詞。【薄莫八句】傍晚曰薄莫。薄,逼近也。暝,夜也。鞭馬曰策。悽惻,悲感也。摧,折也。心所愛慕曰羨。顧羨,謂顧而羨之也。耒,耜柄。《孟子》:「有孺子歌曰:『滄浪之水清兮,可以濯我纓。滄浪之水濁兮,可以濯我足。』」牢落,落落不群也。陸機賦:「心牢落而無偶。」茫茫,廣大貌。《左·襄》:「茫茫禹跡。」此以自傷語作結。言風塵寡合,倥傯驅馳,反不如老翁之閒逸也。

下相懷古《史記·項羽本紀》:「項籍者,下相人也,字羽。」《漢書·地理志》:「臨淮郡縣下相。」王幼學《綱目集覽》:「應劭云:『相水出沛國相縣。於水下流置縣,故曰下相。』」《明一統志》:「下相城在邳州城西南,一名項城。相傳項羽所生之處。」懷古,言追懷古昔也。北魏常景涉山水,悵然懷古,作《扶風歌》。詩文中懷古之作頗多,大抵因涉其地而憑弔往事也。

　　驅車馬陵山,落日見下相。憶昔楚項王,拔山氣何壯。太息取祖龍,大言竟非妄。破釜救邯音寒。鄲,音單。功居入關上。殺降復父讐,不比諸侯將。杯酒釋沛公,殊有君人量。胡為去咸陽,遭人扼音厄。其吭。音抗。亞父無諍爭去聲。言,奇計非所望。重瞳音同。顧柔仁,隆準音拙。至暴抗。脫之掌握中,骨肉俱無恙。所以哭魯兄,仍具威儀葬。古來名與色,英雄不能忘。力戰兼悲歌,西風起酸愴。廢廟枕荒岡,虞兮侍幃帳。

鳥雛朱龜切。伏座傍，踏音樸。地哀鳴狀。我來訪遺跡，登高見芒碭。情浪切。長陵竟抔蒲侯切。土，萬事同惆悵。

　　【驅車十二句】《明一統志》：「馬陵山在宿遷縣北二里，縣城枕其上。」憶，記也。拔山，見下注。《史記·秦始皇紀》：「使者夜過華陰平舒道，有人持璧遮使者曰：『為我遺滈池君，今年祖龍死。』使者具以聞，始皇默然，良久曰：『山鬼固不過知一歲事也。』」蘇林曰：「祖，始也。龍，人君之象。謂始皇也。」《漢書·項籍傳》：「秦始皇帝東遊會稽，渡浙江。梁與籍觀，籍曰：『彼可取而代也。』梁掩其口曰：『無妄言，族矣。』」《史記·項羽紀》：「秦章邯圍鉅鹿，羽遣軍救之，戰少利，陳餘復請兵，羽乃悉引兵渡河，皆沉船破釜甑，燒廬舍，持三日糧，以示士卒必死，無還心。」《史記·孝景紀》：「四年冬，以趙國為邯鄲郡。」《一統志》：「邯鄲故城在廣平府邯鄲縣西南。」《史記·高祖紀》：「懷王與諸將約，先入定關中者王之。懷元年十月，沛公西入咸陽，召諸縣父老豪傑曰：『吾與諸侯約，先入關者王之。吾當王關中。』」《史記·項羽紀》：「秦悉起兵益章邯，擊楚軍，大破之定陶，項梁死。及邯降羽，羽立邯為雍王。而諸侯吏卒乘勝輕折辱秦吏卒，秦吏卒多怨。羽患其為變，乃夜擊阬秦卒二十餘萬人新安城南。」梁，羽之叔父。時梁已死，故曰「復父讎」也。又：「於是已破秦軍，項羽召見諸侯將，諸侯將入轅門，無不膝行而前，莫敢仰視。」又：「羽聞沛公已破咸陽，大怒，擊關，遂入。旦日與沛公會於鴻門，留沛公與飲。范增請以劍舞，因擊殺沛公。沛公起如廁，遂逸去，令張良入謝曰：『沛公不勝桮杓，不能辭，脫身獨去，已至軍矣。』」釋，放也。殊，絕也，有極甚之意。【胡為四句】咸陽，秦都，即關中也。《史記·項羽紀》：「人或說項王曰：『關中阻山河四塞，地肥饒，可都以霸。』羽不聽，引兵西屠咸陽，燒秦宮室，收其寶貨婦女以歸。」《史記·劉敬傳》：「今陛下入關而都，案秦之故地，此亦扼天下之吭而拊其背也。」吭，咽喉也。扼吭，取扼要之義。亞父，范增也。亞，次也。羽尊敬之次於父。《史記·項羽紀》：「居鄛人范增年七十，素居家，好奇計。」諍，止也，謂以言止人之失也。增無諍言，不得為有奇計，故曰「非所望」也。【重瞳六句】《史記·項羽紀·贊》：「舜目蓋重瞳子，又聞項羽亦重瞳子。」顧，猶乃也。隆準，高鼻也。《史記·高祖紀》：「高祖為人隆準而龍顏。」至，極也。脫，免也。《史記·淮陰侯傳》：「漢王不可必，身居項王掌握中，數矣。」《史記·高祖紀》：「溺取漢王父母妻子於沛，置之軍中以為質。後羽與漢王約中分天下，以鴻溝為界，乃歸漢王父母妻子。」恙，憂也。《史記·項羽紀》：「漢王曰：『吾與項羽俱北面受命懷王，約為兄弟。』」又：「楚懷王初封項籍為魯公，及其死，魯最後下，乃以魯公禮葬項王穀城，漢王為發哀，泣之而去。」具，備也。【古來八句】名，功名。色，女色。

《三國志》：「太祖謂劉備曰：『天下英雄，惟使君與操耳。』」《史記‧項羽紀》：「項羽軍壁垓下，漢軍圍之數重。夜聞漢軍四面皆楚歌，項王乃大驚曰：『漢皆已得楚乎？是何楚人之多也！』項王則夜起飲帳中。有美人名虞，常幸從。駿馬名騅，常騎之。於是項王乃悲歌忼慨，自為詩曰：『力拔山兮氣蓋世，時不利兮騅不逝。騅不逝兮可奈何，虞兮虞兮奈若何。』歌數闋，美人和之，項王泣數行下，左右皆泣，莫能仰視。」《後漢書‧列女傳》：「辭甚酸愴。」岡，山脊也。幨帳，軍幕也。烏，黑色。踣，偃也，猶言跌倒伏地也。【我來四句】《史記‧高祖紀》：「始皇謂東南有天子氣，因東遊以厭之。高祖自疑，亡匿於芒碭山澤巖石之間。」馮智舒《綱目質實》：「芒碭，二山名。芒山在開封府歸德州城東一百八十里，碭山在徐州府陽山縣東南七十里。」《史記‧高祖紀》：「葬長陵。」抔土，一握之土，喻極少也。《漢書》：「假令愚民取長陵一抔土。」結言興亡一致，寄慨無窮。

礬清湖並序　王鏊《姑蘇志》：「澱山湖之北有范青漾，相傳范家田匯為巨浸，今語譌為礬清。」

　　礬清湖者，西連陳湖，南接陳墓。其先褚氏之所居也。礬清者，土人以水清，疑其下有礬石，故名。或曰：「范蠡去越，取道於此。湖名范遷，以音近而譌。」世遠莫得而攷也。太湖居吾郡之北，有大山衝擊，風濤湍音貪。悍，而陳湖諸水淳音亭。泓音宏。演迤，音以。居人狎而安焉。煙村水市，若鳧音扶。雁之著直藥切。波面，千百於其中。土沃以厚，畝收二鍾，有魚蝦菱芡之利，資船以出入，科徭視他境差緩，故其民日以饒，不為盜。吾宗之緣同猶。倩青房公益兄弟居於此四世矣。余以乙酉五月聞亂，倉皇攜百口投之。中流風雨大作，扁舟掀音軒。簸，音播。榜布孟切。人不辨水門故處，久之始達。主人開門延宿，雞黍酒漿，將迎灑掃。其居前榮後寢，葭音嘉。蘆掩映，榆柳蕭疎，月出柴門，漁歌四起，杳然不知有人世事矣。是時姑蘇送款，兵至，不戮一人，消息流傳，緩急互異，湖中煙火晏然。予將卜築買田，耦耕終老，居兩月，而陳墓之變作，於是流離遷徙，僅音勤。而後免。事定，將踐前約，尋以世故牽挽，流涕登車，疾病顛連，關河阻隔。比三載得歸，而青房過訪草堂，見予髮白齒落，深怪早衰。又以其窮愁煢音瓊。獨，妻妾相繼下世，因話昔年湖山兵火，奔走提攜，心力枯枯，骨肉安在，太息者久之。青房亦以毀家紓蜀語切。役，舊業蕩然。水鳥樹林，依稀如故，而

居停數椽，音傳。斷甀零甓，音擘。罔有存者。人世盛衰聚散之故，豈可問邪？撫今追昔，詮趣宣切。次為五言長詩，用識吾慨，且以明舊德於不忘也。

　　吾宗老孫子，住在礬清湖。湖水清且漣，音連。其地皆膏腴。堤栽百株柳，池種千石魚。教僮數鵝鴨，遶屋開芙蕖。有書足以讀，有酒易以沽。終老寡送迎，頭髮可不梳。相傳范大夫，三徙由中吳。一舸各我切。從此去，在理或不誣。嗟予遇兵火，百口如飛鳧。避地何所投，扁舟指菰蒲。北風晚正急，煙港生模糊。船小吹雨來，衣薄無朝餔。前村似將近，路轉忽又無。倉皇值漁火，欲問心已孤。俄見葭菼音毯。邊，主人出門呼。開柵引我船，掃室容我徒。我家兩衰親，上奉高堂姑。艱難總頭白，動止需人扶。妻妾病伶仃，嘔吐當中途。長女僅九齡，餘泣猶呱音姑。呱。入君所居室，燈火映窗疏。寬閑分數寢，嬉笑喧諸雛。縛帚東西廂，行李安從奴。前窗張罜音主。網，後壁掛未鋤。苦辭村地僻，客舍無精麤。同粗。翦韭烹伏雌，斫音灼。膾通膾。炊彫胡。淋頭出濁醪，音勞。人倦消幾壺。睡起日已高，曉色開煙蕪。漁灣一兩家，點染江村圖。沙嘴何人舟，消息傳姑蘇。或云江州下，不比揚州屠。早晚安集掾，音硯。鞍馬來南都。或云移民房，插箭下嚴符。囊橐歸他人，婦女充軍俘。音孚。里老獨晏然，催辦今年租。鑪音叶。耕看賽社，醳音渠。飲聽呼盧。軍馬總不來，里巷相為娛。而我遊其間，坦腹行徐徐。見人盡恭敬，不識誰賢愚。魚蝦盈小市，鳧雁充中廚。月出浮溪光，萬象疑沾濡。放棹凌滄浪，笑弄驪龍珠。夷猶發浩唱，禮法誰能拘。東南雖板蕩，此地其黃虞。

　　世事有反覆，變亂興須臾。草草十數人，盟歃讀若插。起里閭。兔園一老生，自詭讀穰日陽切。苴。足於切。漁翁爭坐席，有力為專諸。笮音窄。艋音孟。飾於疑當作「餘」。皇，簑笠裝犀渠。大笑擲釣竿，赤手搏於讀烏。菟。欲奪夫差宮，坐擁專城居。予又出子門，十步九崎乞漪切。嶇。音區。脫身白刃間，性命輕錙仄醫切。銖。音殊。我去子亦行，後各還其廬。官軍雖屢到，尚未成丘墟。生涯免溝壑，身計謀樵漁。買得百畝田，從子學長沮。天意不我從，世網將人驅。親朋盡追送，涕泣登征車。吾生罷音離。干戈，猶與骨肉俱。一官受逼迫，萬事堪欷歔。倦策既歸來，入室翻次音諮。且。音疽。念我平生人，慘澹留羅襦。音儒。秋

雨君叩門，一見驚清臞。音劬。我苦不必言，但坐觀髭音貲。鬚。歲月曾幾何，筋力遠不如。遭亂若此衰，豈得勝奔趨。十年顧妻子，心力都成虛。分離有定分，久暫理不殊。翻笑危急時，奔走徒區區。君時聽我語，顏色慘不舒。亂世畏盛名，薄俗容小儒。生來遠朝市，謂足逃沮洳。長官誅求急，姓氏屬里胥。夜半聞叩門，瓶盎少所儲。豈不惜堂構，其奈愁徵輸。庭樹好追涼，翦伐存枯株。池荷久不開，歲久填泥淤。廢宅耡為田，薺麥生階除。當時棲息地，零落今無餘。生還愛節物，高會逢茱萸。好採籬下菊，且讀囊中書。中懷苟自得，外物非吾須。君觀鷗稱脂切。夷子，眷戀傾城姝。千金亦偶然，奚足稱陶朱。不如棄家去，漁釣山之隅。江湖至廣大，何惜安微軀。揮手謝時輩，慎勿空躊陳留切。躇音廚。

【陳湖】《一統志》：「陳湖在長洲縣東南。」【陳墓】《蘇州府志》：「陳墓在長洲縣東南五十五里。宋光宗妃陳氏葬於此，因名。」【礬石】《山海經》：「女床之山，其陰多石。」注：即礬石也，亦名涅石。【譌】謬也。【太湖】《正德姑蘇志》：「太湖在郡西南三十餘里。《禹貢》謂之震澤，《周禮》謂之具區，謂之五湖，《左氏》謂之笠澤，大三萬六千頃，東西二百餘里，南北一百二十里，周五百里，占蘇、湖、常三州。」【湍】疾瀨。以其急流而猛，故曰湍。【淳】水止也。【泓】下深貌。【演迤】長流而斜延也。【狎】習也。鳧，水鳥，狀如鴨而小，俗謂之野鴨。【雁】亦水鳥，狀如鵝，飛時自成行列，秋來春去，謂之侯鳥。【著】附也。【沃】濕潤肥美曰沃。【二鍾】《史記·河渠書》：「鑿涇水，溉舄鹵之地四萬餘頃，收皆畝稅一鍾。」杜預曰：「六斛四斗為鍾。」【資）用也。【科徭】謂賦役。【視】比也。【差緩】猶云略緩。【饒】豐厚也。【倉皇】恩遽貌。【扁舟】小舟也。【掀簸】韓愈詩：「颶風有時作，最簸真差事。」【榜人】榜，進船也。榜人，謂舟人。【水門】《後漢書·張禹傳》：「為水開門，通引灌溉。」【延宿】見前。【將】奉也。【灑掃】見前。【榮】《禮記注》：「榮，翼屋也。」韓愈《示兒詩》：「前榮饌賓親。」【寢】臥室。【葭】亦蘆也。【掩映】謂相掩蔽而映帶也。【蕭陳】錯落有清致也。【杳】冥也。【姑蘇】山名。在江蘇吳縣西南。或作姑胥。隋因山名州，故稱吳縣治曰姑蘇。【送款】《漢書·宣帝紀》：「百蠻向風，款塞來享。」應劭曰：「款，叩也。皆叩塞門來服從也。」《堅瓠集》：「順治乙酉，王師下江南，吾蘇帖然順從。」【戮】殺也。【晏】安也。【卜築】擇地構屋也。蘇軾詩：「萬里歸來卜築初。」【耦】耜廣五寸為伐，二伐為耦。【陳墓之變】徐秉義《明末忠烈紀略》：「清兵之蘇州，鄉兵四起，諸生陸世鑰聚眾百餘，屯陳湖中。有十將官者亦屯千人於左近。已而所部

有被獲下獄者，陳湖之師伏力士劫之，焚城樓，城中士民多應之。」【懂】憂也。《公羊傳》：「懂然後得免。」【踐】實行也。【尋】旋也。【牽輓】《左傳‧襄十四年》：「或輓之，或推之。」注：前牽曰輓。顧湄《梅村先生行狀》：「薦剡交上，有司敦逼，先生控辭再四，二親流涕辦嚴，攝使就道。難傷老人意，乃扶病入都。」【顛連】因苦貌。【比】及也。【煢】單獨無所依也。【下世】人死曰下世。《管子》：「吾君下世。」【枉】勞而無功也。【太息】大聲歎也。【毀家】《左‧莊》：「自毀其家以紓楚國之難。」【紓】解也。【依稀】猶彷彿也。【居停】屋主人也。【椽】以短木布列於屋之上層，兩端附於梁上，以承屋瓦者也。【甕】瓴甋也。【詮】具說事理也。【識】記也。【吾宗十六句】杜甫《贈衛倉曹崇簡》詩：「吾宗老孫子，質樸古人風。」風行水上成文曰漣。膏腴，言土地之肥美也。栽，種也。株，木根也。在土曰根，在土上曰株。《漢書‧貨殖傳》：「水居千石魚波。」師古曰：「波讀曰陂。言有大陂養魚，一歲收千石魚也。」杜甫詩：「鵝鴨宜常數。」繞，圍繞也。芙渠，荷之別名。沽，買也。《史記‧越王句踐世家》：「范蠡三徙成名於天下。」舸，大船也。【扁舟菰蒲】見上。【餔】食也。【俄見葭菼邊】至【曉色開煙蕪】時之至短遠者曰俄頃。葭，蘆也。菼，似葦而小，即荻也。《詩》：「葭菼揭揭。」柵，水中橫木。柵所以阻遏行舟也。高堂姑，先生祖母湯淑人也。呱呱，小兒之啼聲也。《書》：「啟呱呱而泣。」喧，哄鬧也。雛，眾小兒也。王褒《僮約》：「居當穿臼，縛帚栽盂。」《史記索隱》：「正寢之東西室皆曰號箱，言如箱篋之形也，亦作廂。」行旅所攜帶之物曰行李。罩，即小網也。耒，耜柄。鋤，亦田器。《釋名》：「鋤，助也，去穢助苗長也。」《風俗通‧琴歌》：「百里奚，五羊皮。憶別時，烹伏雌，炊扊扅。」伏雌，謂伏卵之雞也。斫，以刃擊之也。膾，細切魚肉也。《春渚紀聞》：「吳興人每會集，必斫膾為勸，其操刀者名膾匠。」炊，以火熟之也。彫胡米，即菰米。宋玉《諷賦》：「主人之女為臣炊彫胡之飯。」醪，汁滓酒。蕪，眾草茂生處也。【漁灣一兩家】至【此地其黃虞】點染，畫家點綴景物及設色之謂。嘴，鳥喙也。降服之曰下。《國策》：「攻敵不能下。」凡敵破城時，盡其民而殺之曰屠。《後漢書‧陳俊傳》：「光武徇河北，以為安集掾。」掾，古佐貳官之通稱。南部，謂金陵。囊橐，盛物之具，有底曰囊無底曰橐。凡因戰而獲敵之人物曰俘。《明史‧食貨志》：「里設老人，選年高為眾所服者導民善，平鄉里爭訟。」晏然，安然也。饒，飽田食也。饗社，農事既畢，致酒食以報田神也。《史記‧貨殖傳》：「歲時無以祭祀進醵飲食。」徐廣曰：「會聚食。」呼盧，即擲骰戲也。《珊瑚鉤詩話》：「撩莆起自老子，今謂之呼盧。」娛，樂也。凌，乘也。《莊子》：「千金之珠，必在九重之淵，而驪龍頷下。」《楚辭》：「君不行兮夷猶。」浩唱，猶浩歌。浩，大也。板蕩，譏亂世也。《詩‧大雅》有《板》、

《蕩》二篇，皆言厲王之無道也。《史記》：「黃、農、虞、夏，忽焉沒兮。」黃、虞，謂黃帝軒轅氏及虞、舜，皆盛世也。【世事有反覆】至【坐擁專城居】興，起也。須臾，猶少頃也。《漢書·王陵傳》：「始與高帝唼血而盟。」注：唼，小歃也。或作歃。閭，里門也。《五代史·劉岳傳》：「馮道旦入朝，數反顧，任贊問道反顧何為。岳曰：『遺卻兔園冊耳。』兔園冊者，鄉校俚儒教授田夫牧子之所誦也，故岳舉以誚道。」《史記·司馬穰苴傳》：「司馬穰苴者，田完之苗裔也。晏嬰薦其文能附眾，武能卻敵。景公召與語兵事，大悅之，以為將軍，將兵扞燕、晉之師。其後，齊威王用兵行威，大放穰苴之法，使人大修其書，曰《司馬穰苴兵法》。」專諸，注見前。舴艋，小舟也。《左·昭》：「吳伐楚，戰於長岸，大敗吳師，獲其乘舟餘皇。」杜預曰：「餘皇，舟名。」《詩》：「何簑何笠？」《吳語》：「奉文犀之渠。」韋昭曰：「甲也。」搏，捕也，擊也。《左·莊》：「楚人謂乳谷謂虎於菟。」東坡《送范純粹守慶州》詩：「赤手降於菟。」夫差，吳王夫差也。夫差宮，指姑蘇。坐擁，猶言坐據。專城，地方長官之稱，言其權力能為一城之主也。《古樂府》：「四十專城居。」【予又出子門】至【慘澹留羅襦】崎嶇，喻困難也。錙銖，二十四銖為兩，六銖為錙，喻輕微也。丘墟，注見前。《莊子》：「吾生也有涯。」謂人生有止境也。《南史·蕭引傳》：「族子密諫曰：『亦宜少為身計。』」長沮，春秋時隱者。《論語》：「長沮、桀溺，耦而耕。」世網句，即指薦剡交上，有司敦逼事。罹，遭也。欷歔，悲泣氣咽而抽息也。翻，反也。次且，行不進也。慘澹，色黯而澹也。襦，短衣也。念我二句，言妻妾下世，祇留得羅襦而已。【秋雨君叩門】至【慎勿空躊躇】清臞，謂消瘦也。口上曰髭，口下曰鬚。勝，任也。區區，小也。慘，謂慘沮。舒，謂發抒。沮洳、誅求，注並見前。《周禮·地官》：「閭胥各掌其閭之征令。」里胥，即閭胥。瓶，汲器也。盎，盆也。瓦器，以盛酒盛水。儲，蓄積也。《書》：「厥子乃弗肯堂，矧肯構。」今言承祖父之業，皆謂之堂構。徵輸，謂征斂賦稅也。填，塞也。淤，澱滓濁泥也。耡，見前。薺，蔬類植物，到處產生，嫩時可食。除，亦階也。節物，謂時節及景物也。吳均《續齊諧記》：「汝南桓景隨費長房遊學，長房謂曰：『九月九日，汝家中當有災，宜亟去，令家人各作絳囊，盛茱萸以繫臂，登高飲菊花酒，此禍可除。』」今世人九日登高飲酒，婦人帶茱萸，蓋始以此。資，用也。范蠡自號鴟夷子皮。眷戀，猶愛戀。杜牧之詩：「西子下姑蘇，一舸逐鴟夷。」傾城姝，謂西子。女之美者曰姝。《史記·貨殖傳》：「范蠡之陶，自號朱公，治產居積，三年致千金，子孫修業而息之，遂至鉅萬。」邊側之地曰隅。躊躇，猶豫也。末言盛衰聚散，變易無常，不如足於己無待於外之為得也，故以曠達語結之。

丁未三月廿四日從山後過湖宿福源精舍湖謂太湖。蔡昇《震澤編》：「福源寺在西洞庭攢雲嶺，梁大同二年，吳縣令黃楨舍山園置。隋大業中廢。唐貞觀中重建。」

千林已暝色，一峯猶夕陽。拾級身漸高，樵徑何微茫。回看斷山口，樹杪音藐。浮湖光。松子向前落，道人開石房。橘租養心性，取足鬚眉蒼。清磬時一聲，流水穿深篁。音皇。我生亦何幸，暫憩支公牀。客夢入翠微，人事良可忘。

【暝】夜色。【拾級】登階也。《禮·曲禮》：「拾級聚足。」【微茫】模糊不清也。張九齡詩：「微茫空裏煙。」【杪】木末。【道人】葉夢得《避暑錄話》：「晉宋間，佛學初行，其徒未有僧稱，通曰道人。」【橘租】租種橘之地。【蒼】髮斑白也。【篁】竹叢也。【憩】息也。【支公】《高僧傳》：「支遁，字道林，河內林慮人。年二十五，始釋形入道。」【翠微】《爾雅·釋山》：「未及上翠微。」《疏》：「謂未及頂上，在旁陂陀之處名翠微。一說山氣縹青色曰翠微。凡山遠望則翠，近之則翠漸微。」【良】誠也。

七古

行路難十八首錄三。　《晉書·袁山松傳》：「因舊歌有《行路難》，乃文其辭，每醉縱歌之。」《樂府解題》：「《行路難》，備言世路艱難以及離別悲傷之意。」

君不見無須將閭叫呼天，賜錢請葬驪山邊。父為萬乘子黔其廉切。首，不得耕種咸陽田。君不見金塘音容。城頭高百尺，河開成都弄刀戟。草木萌芽殺長沙，狂風烈烈吹枯骨。人生骨肉那可保，富貴榮華幾時好。龍子作事非尋常，奪棗爭梨天下擾。金牀玉几不得眠，一朝零落同秋草。

【君不見無須四句】《後漢書·廣陵思王荊傳》：「無為扶蘇將閭叫呼天也。」注：扶蘇，秦始皇太子。將閭，庶子也。扶蘇以數諫始皇，使與蒙恬守北邊。始皇死於沙丘，少子胡亥詐立，賜扶蘇死，將閭昆弟三人囚於內宮。胡亥使使謂將閭曰：「公子不臣，罪當死。」將閭乃仰而大呼天者三，曰：「天呼，吾無罪。」昆弟三人皆流涕伏劍自殺。案：扶蘇作無須，音之通耳。《通鑑綱目》：「將閭自殺，宗室震恐，公子高欲奔不敢，乃上書請從死先帝，得葬驪山之足。二世可之，賜錢以葬。」《續漢書·郡國志》：「新豐有驪山。」杜預曰：「古驪戎國。」《三秦紀》曰：「始皇墓在山北。周制，天子地方千里，出兵車萬乘，後世因謂天子為萬乘。」《史記·秦始皇紀》：「更民曰黔首。」應劭曰：「黔亦黎黑也。」又：「博士淳于越進曰：『臣聞殷周之王千餘歲，封子弟功臣，自為枝輔。今陛下有海內，而子弟為匹夫。』」《綱目質實》：「咸陽，秦縣名。

孝公徙都於此。其地在山南水北，山水皆陽，故曰咸陽。」【君不見金墉四句】陸機《洛陽記》：「金墉城在總章宮西北。」《通鑑綱目》：「齊王冏擅權，河間王顒檄長沙王乂討冏，欲俟冏殺乂而後討之，遂廢帝，立成都王穎，以己為相。既而乂執冏殺之，不如所謀，顒亦恃功驕奢，嫌乂在內，欲與顒共攻乂。參軍邵續諫曰：『人有兄弟如左右手，今公欲當天下之敵而先去一手，可乎？』穎不聽，與顒共舉兵，以張方為都督，將兵趨洛陽。乂奉帝攻方。方知洛陽未可克，欲引還，而東海王越慮事不濟，潛與殿中諸將夜收乂，置金墉城。將士恨乂功垂成而敗，謀劫出之，更以拒顒。越懼，令方就金墉城收乂，至營，炙而殺之。頓丘太守劉喬執穎送鄴，詔賜死。南陽王模遣將邀顒，誅之。」《晉書·長沙王乂傳》：「初，乂執權之始，洛下謠曰：『草木虜芽殺長沙。』乂以正月二十七日死如謠言焉。」烈烈，寒貌。【龍子四句】《北齊書·琅邪王儼傳》：「儼殺和士開，斛律光聞之，撫掌大笑曰：『龍子作事，故自不似凡人。』」《南史·梁武陵王紀傳》：「元帝與王書曰：『兄肥弟瘦，無復相見之期；奪棗爭梨，長罷歡愉之日。』」擾，亂也。《魏書·咸陽王禧傳》：「禧恣極聲色，後以叛誅，宮人為歌曰：『可憐咸陽王，奈何作事誤？金牀玉几不能眠，夜踏霜與露。洛水湛湛彌岸長，行人那得渡。』流傳江表，北人在南者絃管奏之，無不灑泣。」草枯曰零，木枯曰落。亦以喻人之死。曹子建詩：「生存華屋處，零落歸山丘。」

西莫過金牛關，懸崖鐵鎖猿猱奴刀切。攀。南莫過惡道灘，盤渦烏禾切。利石戈矛攢。徂官切。猩音星。猩啼兮杜鵑叫，落日青楓山鬼嘯。篁竹深巖不見天，我所悲兮在遠道。

【西莫過二句】闞駰《十三州記》：「秦惠王未知蜀道，乃刻石牛五頭，置金於尾下，言此天牛，能糞金。蜀人信之，令五丁引牛成道，致之成都。因使張儀伐之。」鄭樵《通志》：「金牛峽在漢中府沔縣西一百七十里。」懸崖，謂山高處削直，如懸於空中者，險峻之地也。《楞嚴經》：「思踏懸崖，足心酸澀。」猿猱，皆猴屬。《爾雅》：「猱猿善援。」【南莫過二句】呂祖謙《臥遊錄》：「惡道溪中九十九里，有五十九灘。王右軍遊此，歎其奇絕，遂書『突星瀨』於右。」盤渦，水波圓折不定也。郭璞賦：「盤渦谷轉。」利，銛也。攢，聚也。【猩猩啼三句】猩猩，猿類，古謂其能人言。見《禮·曲禮》。杜鵑，鳥名，一名子規，亦稱杜宇，鳴聲淒厲，能動旅客歸思。《史記》：「山鬼不過知一歲事。」《楚辭·九歌》：「予處幽篁兮，終不見天。」山之高峻者曰巖。

結帶理流蘇，流蘇紛亂不能理。當時羅幃鑒明月，皎皎容華若桃李。一自君出門，深閨厭羅綺。去倚切。有人附書還，君到長干里。名都鶯花

發皓齒，知君眷眷嬋音禪。娟於緣切。子。太行音杭。之山黃河水，君心不測竟如此。寄君翡翠之鶼音兼。釵，傅同附。璣音機。之墮珥。音耳。勸君歸來且歡喜，臥疾空牀為君起。

【流蘇】葉廷珪《海錄碎事》：「盤線繪繡之毯，五色錯為之，同心而下垂者曰流蘇。」【幃】帳也。【皎皎】白也。【深閨七句】女子所居曰閨。厭，惡也。羅，絲織物輕軟而有疏孔者。綺，文繒也。書，信札也。長干，地名，在今江寧縣境。左思賦：「長干延屬。」樂府有《長干行》。鶯、花皆春時景物，可資賞玩者也。借喻妓女。皓，白也。杜甫詩：「明眸皓齒今何在？」眷眷，心嚮往貌。嬋娟，美好之態。《括地志》：「太行連亙河北諸州，凡數千里，為天下之脊。黃」河，中國第二大川也。古祇稱河，後人以其多沙而色黃，謂之黃河。此二句言山水不變而君心變也。【寄君兩句】宋玉《諷賦》：「以翡翠之釵，掛臣冠纓。」《爾雅・釋地》：「南方有比翼鳥焉，不比不飛，其名謂之鶼鶼。」《史記・李斯傳》：「傅璣之珥。」按：珥，塞耳之玉。傅，附著也。璣，珠之不圓者。墮，落也。

永和宮詞《宮額殿名》：「永和宮，初名永安宮，在東二長街之東。」徐釚《續本事詩注》：「此詠明季田貴妃遺事也。」楊士聰《玉堂薈記》：「田貴妃居承乾宮。陳維崧《婦人集》：「明思宗田貴妃，維揚人。性明慧，寡言笑，最得帝寵。甲申，李賊入燕都，妃先一年薨。」

揚州明月杜陵花，夾道香塵迎麗華。舊宅江都飛燕井，新侯關內武安家。雅步纖音先。腰初召入，鈿合金釵定情日。豐容盛鬋音煎。固無雙，蹴子六切。踘居六切。彈棊復第一。上林花鳥寫生綃，音宵。禁本鍾王點素毫。楊柳風微春試馬，梧桐露冷暮吹簫。

君王宵旰音幹。無歡思，宮門夜半傳封事。玉几金牀少晏眠，陳娥衛豔誰頻侍。貴妃明慧獨承恩，宜笑宜愁慰至尊。皓齒不呈微索問，蛾眉欲蹙又溫存。本朝家法修清讌，房帷久絕珍奇薦。勅使惟追陽羨茶，內人數減昭陽膳。維揚服制擅江南，小閣爐煙沈水含。私買瓊花新樣錦，自脩水遞進黃柑。

中宮謂得君王意，銀鐶不妒溫成貴。早日艱難護大家，比來歡笑同良娣。音第。奉使龍樓賈佩蘭，往還偶失兩宮歡。雖云樊嬺音瘥。能辭令，欲得昭儀喜怒難。綠綈音題。小字書成印，瓊函自署充華進。請罪長教聖主憐，含辭欲得君王慍。君王內顧惜傾城，故劍還存敵體恩。手詔玉人蒙詰問，自來階下拭啼痕。外家官拜金吾尉，平生遊俠多輕利。縛客因

催博進錢，當筵便殺彈箏伎。班姬才調左姬賢，霍氏驕奢竇氏專。涕泣微聞椒殿詔，笑談豪奪灞陵田。有司奏削將軍俸，貴人冷落宮車夢。永巷傳聞去玩花，景和門裏誰陪從。天顏不懌羊益切。侍人愁，後促黃門詔共遊。初勸官家佯音羊。不應，玉車早到殿西頭。

兩王最小牽衣戲，長者讀書少者弟。聞道群臣譽定陶，獨將多病憐如意。豈有神君語帳中，漫雲王母降離宮。巫陽莫救蒼舒恨，金鎖彤殘玉筯紅。從此君王慘不樂，叢臺置酒風蕭索。已報河南失數州，況經少子傷零落。貴妃瘦同瘦。損坐匡牀，惝音庸。髻音計。嚬眉掩洞房。荳蔻湯溫冰簞冷，荔枝漿熱玉魚涼。病不經秋淚沾臆，裴回自絕君王膝。苔沒長門有夢歸，花飛寒食應相憶。玉匣珠襦音儒。啟便房，薶音械。歌無異葬同昌。君王欲製哀蟬賦，誄音壘。筆詞臣有謝莊。頭白宮娥暗曠音貧。孋，庸知朝露非為福。宮草明年戰血腥，當時莫向西陵哭。窮泉相見痛倉黃，還向官家問永王。幸免玉環逢喪亂，不須銅雀怨興亡。自古豪華如轉轂，音谷。武安若在憂家族。愛子雖添北渚愁，外家已葬驪山足。

夜雨椒房陰火青，杜鵑啼血濯龍門。漢家伏後知同恨，止少當年一貴人。碧殿淒涼新木拱，行人尚識昭儀家。麥飯冬青問茂陵，斜陽蔓草埋殘壠。魯勇切。昭丘松檟舉下切。北風哀，南內春深擁夜來。莫奏霓音倪。裳天寶曲，景陽宮井落秋槐。

【揚州明月十二句】毛奇齡《勝朝彤史拾遺記》：「田貴妃，西安人。世行估，居揚州。」杜牧《揚州》詩：「明月滿揚州。」王幼學《綱目集覽》：「杜陵本杜縣，在長安東南。漢宣帝葬此，更名杜陵。」韓翃《贈張千牛詩》：「春衣夜宿杜陵花。」王子年《拾遺記》：「魏文帝迎美人薛靈芸，京師數十里事，車徒填咽，塵起蔽天，故行者歌曰：『青槐夾道多香塵。』」《南史‧陳后妃傳》：「張貴妃名麗華，兵家女也。後主為太子，以選入宮。即位後，拜為貴妃。」伶元《飛燕外傳》：「趙飛燕父萬金，祖大力，工理樂器，事江都王為協律舍人。江都王孫女姑蘇主嫁江都中尉趙曼，曼幸萬金，因得通趙主，生飛燕，遂冒趙姓，流轉至長安。」《漢書‧百官公卿表》：「爵十九，關內侯。」師古曰：「言有侯號而居京師，無國邑。」《史記‧田蚡傳》：「蚡，孝景后同母弟也，封武安侯。」纖，細也。王譽昌《崇禎宮詞注》：「田妃選於朱陽館，周后親下聘禮，迎入，居承乾宮。」陳鴻《長恨歌傳》：「定情之夕，授金釵鈿合以固之。」《後漢書‧南匈奴傳》：「昭君豐容靚飾，光明漢宮。」《曲禮》：「不蚤鬋。」《注》：「鬋，髮垂長也。」《楚辭‧招魂》：「盛鬋不同制，實滿宮些。」蹴，足蹴也。踘，即毬也。

《崇禎宮詞注》：「宮眷喜蹴踘之戲，田妃風度安雅，業莫能及。」《世說‧巧藝篇》：「彈棊，魏宮內裝盦戲也。」《崇禎宮詞注》：「田妃每與上弈，輒負二三子，未嘗盡其技也。」衛宏《漢舊儀》：「上林苑方三百里，苑中養百獸，天子秋冬射獵取之。」《崇禎宮祠注》：「田妃工寫生，嘗作《群芳圖》進上，上留之御幾，時展玩焉。」又：「田妃幼習鍾王楷法，繼得禁本臨摹，遂臻能品。」素謂紙，毫謂筆。又：「上嘗試馬於射場，知田妃之善騎也，命之騎。妃姿容既妙，回策如飛，名騎無以過之。」又：「田妃每當風日時美，奏簫一曲，上極賞之，嘗曰：『裂石穿雲，當非處語。』」【君王宵旰十六句】宵旰謂天子勤於政事，宵衣而旰食也。《漢書‧霍光傳》：「上令吏民得奏封事。」劉勰《文心雕龍》：「或上書，或奏狀，慮有宣洩，則囊封以進，謂之封事。」玉几金牀，注見前。晏，安也。富嘉謨《麗色賦》：「燕姬趙女，衛豔陳娥。」王世德《崇禎遺錄》：「庚辰、辛巳間，國事日棘，上日夜憂勤，妃嬪亦希得進御矣。」皓齒，注見前。蹙，同顰，猶俗言縐眉。溫存，謂殷勤慰問。《明史‧后妃傳》：「終明之代，宮壼肅清，論者謂其家法之善，超軼漢、唐。」燕，飲會也。《崇禎宮祠》：「上每幸承乾宮，日夕供設，多江南器玩，上命罷之。」故曰「久絕珍寄薦」。詔命曰勑。盧仝《謝孟簡惠茶歌》：「天子未嘗陽羨茶，百草不敢先開花。」《崇禎宮詞注》：「周皇親每歲貢陽羨茶。」崔令欽《教坊記》：「妓女入宜春院，謂之內人，亦曰上頭人。」數，頻也。膳，具食也。《漢書》：「其令大官減膳省宰。」《三輔黃圖》：「武帝後宮八區，有昭陽殿。」維揚，即揚州。《崇禎宮詞注》：「周后籍蘇州，田貴妃籍揚州，皆習江南服，謂之蘇樣。」擅，謂專美。《勝朝彤史拾遺記》：「田貴妃嘗厭宮闈過高迥，崇檻大牖，所居不適意，乃就廊房為低檻曲楯，蔽以敞檻，雜採揚州諸什器牀簞供設其中。」《南史‧林邑國傳》：「沉水香，土人斫斷，積以歲年，朽爛，而心節獨在，置水中則沉，故名沉水香。」《勝朝彤史拾遺記》：「宮中凡令節，宮人以插帶相餉。偶貴妃宮婢載新樣花，他宮皆無有，中宮宮婢向上叩頭乞賜，上使中官出採辦，越數百里，不能得。上以問妃，妃曰：『此象生花，出嘉興，有吳吏部家人攜來京，而妾買之。』上不悅。」丁用晦《芝田錄》：「李德裕取惠山泉，自常州至京，置遞，號水遞。」遞如文書之驛遞，謂順次相及而輪流傳遞也。《崇禎宮詞法》：「妃性喜甘果，亦以非時進上。」【中宮謂得十六句】衛宏《漢官舊儀》：「皇后稱中宮。」《詩》：「貽我彤管。」《傳》：「古者后妃群妾得御於君，女史書其日月，授之以環，以逃退之。生子月辰，則以金環退之。當御者，以銀鐶進之，著於左手。既御，著於右手。事無大小，記以成法。」《宋史‧仁宗紀》：「貴妃張氏薨，追冊為皇后，賜謚溫成。」《野史》：「上與周后舊在藩邸，艱難共歷。正位後，一日，后忤上意，上怒罵之，后憤甚，連呼『信王』『信王』云。」

《綱目集覽》：「大家，猶言天家。百官小吏不敢呼斥天子，故曰天家。親近侍從官稱天子曰大家。」比來，猶比年，每歲也。《南史‧后妃傳‧總論》：「良娣比開國侯。」龍樓，注見前。葛洪《西京雜記》：「賈佩蘭，戚夫人侍兒。」《崇禎宮詞注》：「皇太子居興龍宮，一日，后賜皇太子茶果，宮人道經承乾宮，戲推石獅子，以為笑樂，驚貴妃晝寢，幾構兩宮之釁。」《飛燕外傳》：「樊嫕給事趙昭儀。昭儀嘗得罪后，樊嫕叩頭出血，扶昭儀拜，乃止。」辭令，應對之言也。《漢書‧外戚傳》：「中黃門持詔記，盛綠綈方底。」師古曰：「綈，厚繒也。綠，其色也。方底，受書囊，形若今之算幐。」瓊函，謂所上之書。署，題字。《晉書‧與服志》：「淑妃、淑媛、淑儀、修華、修容、修儀、倢伃、容華、充華，是謂九嬪。」《明史‧后妃傳》：「田貴妃有寵而驕，后每裁之以禮。歲元日，寒甚，田妃來朝，翟車至廡下，后故良久方進御坐，受其拜。拜已，遽下，無他言。而袁貴妃之朝也，相見甚歡，語移時。田聞而大恨，向帝泣。妃父宏遇教之上書，陽引愆，即用微詞為構。」愠，怒也。漢李廷年歌：「北方有佳人，超世而獨立。一顧傾人城，再顧傾人國。」傾城，指田妃。《漢書‧外戚傳》：「宣帝與許后起微賤。及即位，大臣議立后，詔求徵時故劍，大臣知旨，遂立許后。」故劍，指周后。《通鑑綱目》：「周主贇將立五后，小宗伯辛彥之曰：『皇后與天子敵體，不宜有五。』」《明史‧后妃傳》：「帝嘗在交泰殿，與后語不合，推后仆地，后憤不食。帝尋悔，使中使持貂裀以賜，且問起居，后乃勉進一餐。」拭，揩也。【外家官拜十六句】《漢書‧竇嬰田蚡傳》：「上曰：『俱外家。』」師古曰：「嬰，景帝從舅子。蚡，太后同母弟。故言俱外家。」《明史‧職官志》：「金吾、羽林等十九衛，掌守衛巡警。」《明史‧后妃傳》：「田貴妃父弘遇，以女貴，官左都督，好佚遊，為輕俠。」《漢書‧陳遵傳》：「祖父遂，字長子。宣帝徵微時與有故，相隨博弈，數負進。及宣帝即位，用遂，稍遷至太原太守，迺賜遂璽書曰：『官尊祿厚，可以償博進矣。』」師古曰：「進，勝也。帝博而勝，故遂有所負。」《晉書‧王敦傳》：「王愷、石崇皆以豪侈相尚。愷嘗置酒，有女伎吹笛，小失聲韻，愷便毆殺之。」筵，謂酒席。箏，樂器，古十二絃，后為十三絃。《漢書‧外戚傳》：「成帝班倢伃誦《詩》及窈窕、德象、女師務之篇，每進見上疏，依則古禮。」《晉書‧后妃傳》：「左貴趙嬪名芬，姿陋無寵，以才德見禮。」《漢書‧霍光傳》：「宣帝許后崩，光女代立為后。初，霍氏奢侈，茂陵徐生曰：『霍氏必亡。』」《後漢書‧皇后紀》：「和帝即位，竇后皇太后，兄憲，弟篤、景，並顯貴，擅威權。」《唐書‧武平一傳》：「竇氏專縱，丁鴻進諫。」《崇禎宮詞注》：「妃父弘遇，恃寵橫甚，上知之，責妃曰：『祖宗家法，汝豈不知行？將及汝矣！』妃懼，戒其所親曰：『汝輩於外生事，已風聞大內矣。若上再問，我當自殺耳。』弘遇震懾，稍自戢。」椒殿詔，

即指此事。《史記·魏其武安列傳》：「丞相田蚡嘗使籍福請魏其城南田，魏其大望曰：『老僕雖棄，將軍雖貴，寧可以勢奪乎？』不許。」《後漢書·后妃傳·敘》：「光武中興，六宮稱號，惟皇后、貴人。」杜牧《阿房宮賦》：「雷霆乍驚，宮車過也。」《〈漢書·高后紀〉注》：「如淳曰：『《列女傳》：周宣姜后脫簪珥，待罪永巷。』」師古曰：「永，長也，謂宮中之長巷也。」《勝朝彤史拾遺記》：「妃頗干預，每見上，輒為外家乞恩澤。而宏遇以妃故，官左都督，朝士附勢者爭相造請，每以外情輸宮禁，上頗厭之。會妃以搆后故，上怏怏，本欲斥妃以洩后憤。會上入不食，妃問之，上曰：『吾欲破格用朝臣，而朝臣中孰可用者？』妃曰：『聞霍維華好。』上出，而薦維華者適至，上大怒，摘妃冠，斥居啟祥宮省愆。」蔣德璟《愨書》：「坤寧宮，皇后所居，左曰景和門，右曰隆福門。」愨，悅也。黃門，注見前。《明史·后妃傳》：「田貴妃退居啟祥宮，三月不召。既而帝與后於永和宮看花，請召妃，上不應，后遽令以車迎之，乃相見如初。」佯，詐也。【兩王最小二十句】《明史·諸王傳》：「田貴妃生永王慈炤、悼靈王慈煥、悼懷王及皇七子。悼懷王生二歲殤，皇七子生三歲殤。」善事兄長曰弟。《漢書·外戚傳》：「孝元傅昭儀，哀帝祖母也。男為定陶恭王。恭王薨，子代為王，多以珍寶賂遺趙昭儀及帝舅驃騎將軍王根，陰為王求漢嗣，皆見上無子，欲豫自精結，為久長計，更稱譽定陶王。」《史記·呂后紀》：「高祖愛幸戚姬，生趙王如意。嘗以如意類我，欲易太子者數矣。大臣固爭之，乃止。」《漢書·郊祀志》：「置壽宮神君。神君位最貴者曰太一，其佐曰大禁司命之屬，皆從之，非可得見。聞其言，言與人音等。時去時來，來則風肅然。居室帷中，時晝言，然常以夜。」《西王母傳》：「王母於漢武帝元封元年七月七日夜降予於漢宮。」離宮，行宮也。《漢書》：「修治上林，雜以離宮。」《崇禎宮詞注》：「十三年，上以乏餉故，諭戚臣輸助，首及神宗母慈寧太后之姪，命所司下獄嚴迫。時皇五子慈煥病痢，一日忽語云：『九蓮菩薩來。』即慈寧也。蓋慈寧親奉觀音大士，以此自號。上親祝之，語不可止，且曰：『官家薄於戚黨，天將降殃於兒女也。』上遽命停追，而皇五子竟殤。」《明史·外戚傳》：「或云其言皆中人乳媼教皇五子之言也。」《楚詞·招魂》：「帝告巫陽，有人在下，我欲輔之，乃下招曰。」王逸曰：「女曰巫陽，受天帝之命，下招屈原之魂也。」《魏志·武文世王公傳》：「鄧哀王沖，字倉舒，武帝子。年十三，疾病，帝親為請命。及亡，哀甚，言則流涕。」《記事珠》：「鮫人之淚，圓者成明珠，長者成玉箸。」箸，筷也。《後漢書·馬武傳》：「光武拔邯鄲，置酒高會，與武登叢臺。」《一統志》：「叢臺，趙武靈王築，在廣平府邯鄲縣城東北。」《明史·莊烈帝紀》：「十四年春正月，李自成陷河南，福王常洵遇害。」少子，謂悼靈王。瘦損，肌肉減削也。《莊子·齊物論》：「麗之姬，艾封人之子

也。晉國之始得之也，涕泣沾襟。及其至於王所，與王同筐牀。」陸德明《釋文》：「筐，本亦作匡。牀，安也。」慵，嬾也。髻，挽髮束之於頂也。《後漢書·梁冀傳》：「冀妻孫壽作愁眉啼妝、墮馬髻。」洞房，謂深邃之室也。《楚辭》：「姱容修態，絚洞房些。」《飛燕外傳》：「倢伃浴荳蔲湯。」簟，席也。溫庭筠詩：「冰簟銀床夢不成。」王仁裕《開元天寶遺事》：「楊貴妃愛食荔枝，肺每病熱，因含一玉魚，藉其涼津沃肺。」臆，當胸之處。裴回，流連往復也。《晉書·楊皇后傳》：「太始十年，崩於明光殿，絕於帝膝。」《崇禎宮詞注》：「田貴妃還至承乾宮，病篤，上數自臨視。十五年七月十六日，妃囑外家兄弟而歿。」長門，漢宮名。司馬相如有《長門賦》。【玉匣珠襦十六句】葛洪《西京雜記》：「漢帝送葬，皆珠襦玉匣，匣形如鎧甲，連以金鏤。」啟，開也。《漢書·霍光傳》：「光薨，上賜梓宮、便房、黃腸題湊各一具。」服虔曰：「便房，棺屬，藏中便坐也。」崔豹《古今注》：「《薤露》，哀歌也，言人命奄忽如薤上露，易晞滅也。古以送王公貴人。」蘇鶚《同昌公主傳》：「歲通初，公主薨，上哀痛甚，遂自製輓歌，命百官繼和。」王子年《拾遺記》：「漢武帝思李夫人，不可復得，因賦《落葉哀蟬曲》。」誄，哀死者之文。《論語疏》：「誄者，猶今行狀。」《南史·后妃傳》：「宋孝武宣皇妃薨，謝莊作哀策文奏之，帝臥覽讀，起坐流涕，曰：『不謂當世復有此才。』」顰蹙，眉綹也。朝露，謂人死。宮草句，指十七年三月城陷，帝崩萬歲山事。魚豢《魏略》：「《武帝遺令》：『倢伃伎人月朝十五日，輒向帳作樂，時時登銅雀臺，望我西陵墓田。』」潘岳《悼亡詩》：「之子歸窮泉。」倉黃，與倉皇同。《明史·諸王傳》：「賊陷京師，永王不知所終。」《崇禎宮詞注》：「十五年三月二十一日，冊封皇四子為永王。王，田貴妃生也。年甫十齡，妃久病詩封，且曰：『恐不及見。』故急慰之。妃薨後，託懿安撫養。」《太真外傳》：「楊貴妃，小字玉環。天寶十五載，潼關失守，上幸巴蜀，貴妃從。至馬嵬，六軍不發，請誅妃以謝天下。帝知不免，乃賜縊於佛堂梨樹下。」銅雀臺，乃魏武帝所築。陸橫《弔魏武帝文》：「怨西陵之茫茫，登雀臺而茲悲。」轂，車輪中心圓木。《漢書》：「轉轂百數。」《史記·魏其武安列傳》：「蚡既死後，受淮南王金事發，上曰：『使武安侯在者，族矣。』」《離騷經》：「帝子降兮北渚，目眇眇以愁予。」驪山，注見前。【夜雨椒房十二句】班固《西都賦》：「後宮則掖庭椒房。」《漢書注》師古曰：「椒房，殿名。皇后所居，以椒塗於壁上，取其溫潤而芳也。」杜鵑，注見前。《後漢書·明德馬皇后紀》：「前在濯龍門上，見外家問起居者，車如流水，馬如遊龍。」《漢宮殿名》：「洛陽有濯龍門，在興慶宮左。」《後漢書·伏皇后紀》：「曹操逼帝廢后，使御史大夫郗慮、尚書令華歆勒兵入宮收后，下暴室幽死。」又：「董承女為貴人，操誅承而求貴人殺之。」《左傳》：「爾墓之木拱矣。」《漢書·外戚傳》：「昭儀位視丞相。

昭其儀，尊之也。」《明史・莊烈帝紀》：「賊遷帝后梓宮於昌平。昌平人啟田貴妃墓以葬。」劉克莊《寒食》詩：「漢寢唐陵無麥飯。」冬青，墓樹也。《漢書・武帝紀》：「建元二年，初置茂陵邑。」應劭曰：「武帝自作陵也。」師古曰：「本槐里縣之茂鄉，故曰茂陵。」壟，冢也。王粲《登樓賦》：「西接昭丘。」李善曰：「《荊州圖記》：『當陽東南七十里有楚昭王墓，登樓則見所謂昭丘。』」《唐書・地理志》：「南內曰興慶宮，在東內之南。」《拾遺記》：「魏文帝改薛靈芸之名曰夜來。」《太真外傳》：「進見之日，奏《霓裳羽衣曲》。」天寶，唐玄宗年號。陳沂《金陵世紀》：「景陽井在臺城內，陳後主與張、孔二貴妃投其中，以避隋兵，亦曰臙脂井。」王摩詰《菩提寺口號》詩：「宮槐花落秋風起。」

聽女道士卞玉京彈琴歌余懷《板橋雜記》：「卞賽，一名賽賽，秦淮人。能詩，工小楷。年十八，僑虎丘之山塘。後歸東中一諸侯，不得志，乞身下髮，為女道士，號玉京道人。」《梅村詩話》：「玉京號雲裝。」

駕音加。鵝逢天風，北向驚飛鳴。飛鳴入夜急，側聽彈琴聲。借問彈者誰，云是當年卞玉京。玉京與我南中遇，家住大功坊底路。小院青樓大道邊，對門卻是中山住。中山有女嬌無雙，清眸皓齒垂明璫。音當。曾因內宴直歌舞，坐中瞥匹蔑切。見塗鴉黃。問年十六尚未嫁，知音識曲彈清商。歸來女伴洗紅糚，枉將絕伎矜平康，如此纏足當侯王。萬事倉皇在南渡，大家幾日能枝梧。詔書忽下選蛾眉，細馬輕車不知數。中山好女光徘徊，一時粉黛無人顧。豔色知為天下傳，高門愁被旁人妒。盡道當前黃屋尊，誰知轉盼紅顏誤。南內方看起桂宮，北兵早報臨瓜步。聞道君王走玉驄，音聰。犢音獨。車不用聘昭容。幸遲身入陳宮裏，卻早名填代籍中。依稀記得祁與阮，同時亦中三宮選。可憐俱未識君王，軍府抄名被驅遣。漫詠臨春瓊樹篇，玉顏零落委花鈿。音田。當時錯怨韓擒虎，張孔承恩已十年。但教一日見天子，玉兒甘為東昏死。羊車望幸阿誰知，青冢淒涼竟如此。

我向花間拂素琴，一彈三歎為傷心。暗將別鵠離鸞引，寫入悲風怨雨吟。昨夜城頭吹篳音畢。篥，音栗。教坊也被傳呼急。碧玉班中怕點留，樂營門外盧家泣。私更裝束出江邊，恰遇丹陽下渚船。翦就黃絁音施。貪入道，攜來綠綺訴嬋娟。此地絲同由。來盛歌舞，子弟三班十番鼓。月明絃索冷無聲，山塘寂寞遭兵苦。十年同伴兩三人，沙董朱顏盡黃土。貴

戚深閨陌上塵，我輩漂零何足數。坐客聞言起歎嗟，江山蕭瑟隱悲笳。
音嘉。莫將蔡女邊頭麴，落盡吳王苑里花。

【駕鵝十句】司馬相如《子虛賦》：「弋白鵠，連駕鵝。」《漢書注》：「師古曰：
『駕，野鵝也。』」宮室有垣牆者曰院。曹子建《美女篇》：「青樓臨大路。」《板橋雜
記》：「舊院人稱曲中，前門對武定橋，後門在鈔庫街，長板橋在院牆外數十步鷲峰寺
西夾之中，山東花園艮其前，秦淮朱雀桁遺其後。」《古辭·東飛伯勞歌》：「誰家女兒
對門居。」【中山有女二十一句】傅玄《舞賦》：「昒般鼓則騰清眸，吐哇咬則發皓齒。」
瑝，耳珠也。曹植賦：「獻江南之明瑝。」直，侍也。瞥，過目也。虞世南《嘲寶兒詩》：
「學畫鴉黃半未成。」清商，樂曲名也。本出於漢之《相和歌》。晉荀勗採舊辭施用於
世，謂之清商三調。枉，猶空也。矜，誇也。孫棨《北里志》：「平康里入北門東面三
曲，即諸妓所居也。」《史記·外戚世家》褚先生補：「武帝時，尹夫人與邢夫人並幸，
有詔不得相見。尹夫人自請願見邢夫人，帝令他夫人飾為邢夫人來前，尹夫人曰：『此
非刑夫人也。視其身形狀貌，不足以當人主矣。』」《明史·諸王傳》：「十七年三月，
京師失守。四月，鳳陽總督馬士英等迎福王由崧入南京，稱監國。壬寅，自立於南京。」
《史記·項羽紀》：「諸將皆慴伏，莫敢枝梧。」臣瓚曰：「小柱為枝，大柱為梧。今屋
枝斜柱是也。」《歷代通鑑集覽》：「時以母妃命，選淑女，群奄藉端滋擾，隱匿者至鄰
里連坐，復使太監李國輔等分詣蘇、杭採訪，民間嫁娶一空。」橫雲山人《明史稿·
三王傳》：「甲申八月庚辰，下詔命選淑女。」《唐六典》：「凡馬有左右監，以別龘細，
細則稱左，龘則稱右。」太白詩：「胡姬十五細馬馱。」徘徊，注見前。粉以傅面，黛
以畫眉，二者皆婦女之妝飾品，世因稱婦女為粉黛。白居易《長恨歌》：「六宮粉黛無
顏色。」《史記·項羽紀》：「乘黃屋車，傅左纛。」注：「天子車以黃繒為蓋裏。」南
內，注見前。《南部煙花記》：「陳後主為張貴妃造桂宮於光照殿後。」楊陸榮曰：「乙
酉三月，清兵入儀封，破歸睢，進逼江北，直下淮穎。」又：「五月初九，清兵渡江。」
樂史《寰宇記》：「瓜步山在六合縣東南三十里，東臨大江。齊時築城山側，名曰瓜步
城。」【聞道君王十六句】道，言也。驄，馬之青白色者。杜甫《丹青引》：「先帝御馬
玉花驄。」《隋書·禮儀志》：「九嬪以下，並乘犢車，青幰，珠絡網。」《唐書·百官
志》：「九嬪：一曰昭容，正二品。」入陳宮，蓋以張麗華比之，應上起桂宮句。《史記·
外戚世家》：「呂后出宮人賜諸王，竇姬與在行中。姬家清河，欲如趙近家，請其主遣
宦者吏，必欲置我趙籍之伍中，宦者忘之，置其伍代籍中。」程《箋》：「金陵選後徐
氏，中山王女也。冊立有日，而清兵渡江，由崧走黃得功營，得功戰死，檻車北轅，
有某者進所選後徐氏於清帥，遂同歐去。」《文集·玉京道人傳》：「道人曰：『吾在秦

淮見中山故第，有女絕色，名在南內選擇中。未入宮而亂作，軍府以一鞭驅之去。』」
王建《宮詞》：「總被抄名入教坊。」《陳書・后妃傳》：「後主製新曲，有《玉樹後庭
花》、《臨添樂》。其略云：『璧月夜夜滿，瓊樹朝朝新。』大抵美張、孔之容色也。」
玉顏，言容顏白皙也。宋玉賦：「苞溫潤之玉顏。」鈿，《六書故》：「金華為飾，田
田然，故曰鈿。」《長恨歌》：「花鈿委地無人收。」委，棄置也。《陳書・后妃傳》：
「後主禎明三年正月辛未，韓擒虎率眾趨臺城，自南掖門入，後主乃逃於井。既而
軍人以繩引之，乃與張貴妃、孔貴嬪同乘而上。」《大業拾遺記》：「後主云：『每憶
桃葉山前，乘戰艦，與此子北渡。爾時，麗華最恨，方倚臨春閣，試東兊毫筆，書
小砑紅綃，作答江令璧月句。未終，見韓擒虎躍青驄馬，擁萬甲，直來沖人。』」陸
龜蒙《小名錄》：「齊東昏侯潘淑妃，小字玉兒。」東坡詩：「玉奴終不負東昏。」《晉
書・后妃傳》：「武帝多內寵，莫知所適，常乘羊車，恣其所之。宮人乃取竹葉插戶，
以鹽汁灑地而引帝車。」幸字，注見前。《歸州圖經》：「湖中多白草，王昭君冢獨青，
號曰青冢。」【我向花間二十句】拂，拭也。《南史・褚彥回傳》：「嘗聚袁粲舍，初
秋涼夕，風月甚美，彥回援琴奏別鵠之曲。」杜佑《通典》：「篳篥出於胡中，其聲
悲。」程大昌《演繁露》：「開元二年，玄宗以太常禮樂之司不應典優倡雜樂，乃更
置左右教坊，以教俗樂。」《板橋雜記》：「樂府統於教坊司，司設一官以主之。樂府
有《情人碧王歌》。」王建《宮詞》：「弟子名中怕點留。」羅虬《比紅兒詩》：「樂營
門外柳如陰。」更，易也。丹陽，縣名，屬江蘇。小洲曰渚。許慎《說文》：「絁，粗
緒也。」張宏業《南都遺事錄》：「玉京既乞身，著黃衣，作道人裝。」《古琴疏》：
「司馬相如作《玉如意賦》，梁王悅之，賜以綠綺之琴。」傅玄《琴賦序》：「蔡邕有
綠綺琴，天下名器也。」訴，告也。嬋娟，注見前。元稹《連昌宮詞》：「夜半月高絃
索鳴。」茹昂《虎丘山志》：「山塘舊多積水，太傅白公築之，始免病涉之患，又名
白公隄。」《板橋雜記》：「玉京居虎丘，湘簾棐几，地無纖塵。見客，初不甚酬對。
若遇嘉賓，則諧謔間作。」又：「沙才美而豔，善吹簫度曲，居虎丘之半塘。」《婦
人集》：「秦淮董姬，名白，字小宛。才色擅一時，後歸如皋冒襄。」朱顏，猶紅顏。
黃土，謂死而入土。貴戚深閨，指中山女。陌上塵，甚言其輕微。漂零，謂淪落。
數，計也。【坐客聞言四句】蕭瑟，猶蕭索。笳，樂器。胡人捲蘆葉吹之，故謂之胡
笳。杜甫詩：「山樓粉堞隱悲笳。」《後漢書・列女傳》：「蔡邕女名琰，字文姬。夫
亡遭亂，沒於南匈奴，曹操贖歸，追懷悲憤，作詩二章。」郭茂倩《樂府詩集》：「蔡
文姬善琴，能為離鸞別鶴之操。」吳苑花，指沙董一流。

汲古閣歌程《箋》:「陳珊《碻庵文集》:『虞山之陽,星橋之偏,望之巍然傑出者,汲古閣,昆湖毛子片藏書處也。』」子晉,注見前。

嘉隆以後藏書家,天下毗音皮。陵與琅邪。整齊舊聞收放失,後來好事知誰及。比聞充棟虞山翁,里中又得小毛公。搜求遺逸懸金購,繕寫精能鏤音漏。板工。絲來斯事推趙宋,歐虞楷法看飛動。集賢院印校讐精,太清樓本裝潢黃去聲。重。損齋手跋為披圖,蘇氏題觀在直廬。館閣百家分四庫,巾箱一幅盡三都。

本朝儒臣典制作,累代縹緗輸祕閣。徐廣雖編石室書,孝徵好竊華林略。兩京太學藏經史,奉詔重修賜金紫。高齋學士費飧錢,故事還如寫黃紙。釋典流傳自洛陽,中官經廠護焚香。諸州各請名山藏,總目難窺內道場。南湖主人為歎息,十年心力恣收拾。史家編輯音集。過神堯,律論流通到羅什。當時海內多風塵,石經馬矢高丘陵。已壞書囊縛作袴,復驚木冊摧為薪。君家高閣偏無恙,主人留宿傾家釀。醉來燒燭夜攤音灘。書,雙眼摩挲覺神王。

古人闕書借三館,羨君自致五千卷。又云獻書輒拜官,羨君帶索躬耕田。伏生藏壁遭書禁,中郎祕惜矜談進。君獲奇書好示人,雞林巨賈音古。爭摹音模。印。讀書到死苦不足,小學雕蟲置廢簏。音祿。君今萬卷盡刊訛,吾禾切。邢家小兒徒碌碌。客來詩酒話平生,家近湖山擁百城。不數當年清閟音移。閣,亂離蹤跡似雲林。

【嘉隆以後】至【鏤板工】《明史·唐順之傳》:「順之,字應德,武進人。家多藏書,於學無所不窺,盡取古今載籍剖叛補綴,區分部居,為左右文武儒稗六編,儒者不能測其奧也。」毗陵,武進縣治。《明史·文苑傳》:「王世貞,字元美,太倉人。生有異稟,書過目終身不忘。」王世貞《弇山園記》:「有樓五楹,藏書三萬卷,榜之曰小酉。」王氏系出琅邪郡,故云琅邪。比,猶近也。柳宗元《陸文通墓表》:「其為書,處則充棟宇,出則汗牛馬。」虞山翁,謂常熟錢謙益。謙益構絳雲樓於拂水山莊,藏書七十三大櫃。鄭氏《詩譜》:「魯人大毛公為《訓詁傳》於其家,河間獻王得而獻之,以小毛公為博士。」小毛公即指子晉。遺逸,猶放失。東坡《送劉道原歸觀南康詩》:「百金購書收散亡。」繕,寫也。鏤,彫刻也。沈括《夢溪筆談》:「鏤板書籍,唐人尚未盛為之。自馮瀛王始印五經,以後典籍皆為板本。」【絲來斯事】至【盡三都】張應文《清秘藏》:「藏書者貴宋刻,大都書寫肥瘦有則,絕佳者有歐柳筆法,紙質勻潔,墨色清純,為可愛耳。」歐虞,謂唐歐陽詢及虞世南也。二人皆善書。楷法,楷

書之法。《三國志注》：「上谷王次仲善隸書，始為楷法。」《宋史・職官志》：「元祐初，秘書省復置集賢院校理。五年，置集賢院學士，並校對黃本書籍官員，詔禮部本省長貳定校讎之課，月終具奏。」劉向《別錄》：「校讎者，一人讀其上下，得謬誤，為校；一人持本，一人讀書，如怨家相對，為讎。」《宋史・仁宗紀》：「天聖三年，詔三館繕書藏太清樓。」《芥隱筆記》：「裝潢，染黃紙修治之名。」《唐・百官志》注：「熟紙裝潢匠八名。」高士奇《天祿識餘》：「《唐六典》有裝潢匠，謂裝成而以蠟潢紙也。」潛說友《咸淳臨安志》：「紹興二十八年十一月，諭宰執曰：『朕宮中嘗闢一室，名為損齋。屏去聲色玩好，置經史古書其中，朝夕燕坐。』跋，題跋，足後為跋，故書於文字之後曰題跋。蘇氏題觀，未詳。直廬，直宿之廬，館閣翰林之別稱，起於宋時。館者，指昭文館、史館、集賢院三館。閣者，指祕閣及龍圖、天章諸閣，皆藏經籍圖書及祖宗製作之所。居其職者，皆為文學侍從之官。《唐書・經籍志》：「唐平隋之後，經籍漸備，書有四部：一曰甲，為經；二曰乙，為史；三曰丙，為子；四曰丁，為集。分為四庫。」戴埴《鼠璞》：「今之刊印小冊，謂之巾箱本，起於南齊衡陽王鈞，手寫五經，置巾箱中，以為檢閱既易，且手寫不忘也。」《晉書・左思傳》：「思欲賦三都，構思十年，門庭藩溷，盡著紙筆。」【本朝儒臣】至【到羅什】典，守也。主其事曰典。縹緗，泣見前。輸，送也。沈懋孝《東湖先生傳》：「中秘書在文淵閣，約二萬餘部，近百萬卷。」《文淵閣書目跋》：「明永樂間，勑翰林院，凡南內所儲書各取一部，於是修振陳循督舟十艘，載書百櫝，送北京，又嘗命禮部尚書鄧賜擇通知典籍者四出購求遺書，皆儲之文淵閣內，相傳雕本十三，抄本十七，蓋合宋、金、元之所儲而匯於一。縹緗之富，自古未有也。」《宋書・徐廣傳》：「徐廣，字野民，東莞姑幕人也。晉孝武帝以廣博學，除為秘書郎，校書秘閣。」《漢書・司馬遷傳》：「遷為太史令，紬史記石室金匱之書。」師古曰：「石室，以石為室，重緘封之，保慎之至也。」《文淵閣書目》：「正統六年六月，少師、兵部尚書兼華蓋殿大學士楊士奇等上言：『文淵閣見貯書籍，未有完整書目，臣等逐一點勘，編置字號，輯成《文淵閣書目》，請用廣運之寶鈐識，仍藏於文淵閣，永遠備照，庶無遺失。』」《北齊書・祖珽傳》：「祖珽，字孝徵。為秘書丞。文襄州客至，請賣《華林遍略》，文襄多集書人，一日一夜寫畢，退其本曰：『不須也。』珽以《遍略》數帙質錢捔蒲，文襄杖之四十。文宣作相，珽又盜官《遍略》一部，事發，付推檢。」王肯堂《鬱岡齋筆塵》：「文淵閣藏書皆宋、元秘閣所遺，因典籍多，貲生既不知愛重，閣老亦漫不檢省，往往為人竊去。今所存，僅千百之一矣。」按：《武宗實錄》：「內閣書籍多為原管主事李繼先盜去。」故以祖珽事比之。兩京，南北都也。顧炎武《日知錄》：「嘉靖初，南京國子監祭酒張邦奇等請校刻史書。萬曆中，

北板又刻《十三經》、《二十一史》，校勘不精，舛譌彌甚，且有不知而妄改者。」金紫，謂金印紫綬也。《南史・庾肩吾傳》：「為晉安王國常侍，被命與劉孝威等十人撰眾集，豐其果饌，號高齋學士。」《漢書・高祖紀》：「丞相平言：『臣等議列侯幸得賜餐錢。』」應劭曰：「餐與湌同。」韋昭曰：「熟食曰餐，酒肴曰錢。」師古曰：「餐錢，賜廚膳錢也。」《晉書・劉卞傳》：「試經為臺四品吏訪問，令寫黃紙一鹿車。卞曰：『劉卞非為人寫黃紙者也。』」釋典，謂佛書。中官，宦者之稱。高士奇《金鰲退食筆記》：「大藏經廠在玉熙宮西，即司禮監經廠也，貯經書典籍及釋藏諸經。」《漢書・司馬遷傳》：「成一家言，藏之名山。」師古曰：「藏於山者，備亡失也。」《明史・藝文志》：「《釋藏目錄》四卷，佛經六百七十八函，此總目也。」《唐書・王縉傳》：「禁中祀佛，梵唄齋薰，號內道場。」南湖主人，謂毛子晉。注見前。恣，縱也。順其次第曰編。輯，集也。《漢書・司馬遷傳》：「卒傳陶唐以來，至于麟止。」案：神堯乃唐高祖諡，此借用。律論，謂為律宗之論也。《魏書・釋老志》：「帝幸徐州白塔寺，顧謂諸王曰：『此寺近有名僧嵩法師，受《成實論》於羅什，在此流通。』」案：紫柏大師刻大藏方冊於吳中，卷軼未半，子晉為續成之。【當時海內】至【覺神王】風塵，狀兵亂之象。《漢書》：「邊境時有風塵之警。」《後漢書・儒林傳》：「熹平四年，靈帝詔諸儒定五經刊於碑，謂之石經，立太學門外。」馬矢，馬糞也。《左・文》：「殺而埋之馬矢之中。」土高曰丘，大阜曰陵。《後漢書・儒林傳・序》：「董卓移都之際，辟雍、東觀、蘭臺、石室、宣明、鴻部諸藏典策文章，競共割散，其縑帛圖書，大則連為帷蓋，小則裂為縢囊。」袴，脛衣也。本訓為套袴，今亦指滿襠者為袴。《集覽》：「冊乃竹簡。」今書鏤板，故云木冊。摧，謂摧燒。薪，柴也。彼此通稱曰君。高閣，指汲古閣。無恙，無憂也。傾，倒也。家釀，謂家所自造之酒。杜甫詩：「檢書燒燭短。」攤，開也，以手布之也。摩挲，手撫摩也。王，《莊子・養生主》：「神雖王，不善也。」俗作「旺」。
【古人關書】至【似雲林】《晉書・皇甫謐傳》：「自表就帝借書，帝送一車書與之。」陳騤《中興館閣錄》：「紹興元年，詔秘閣書除供禁中外，並不許本省官及諸處關借。」《北史・崔儦傳》：「儦以讀書為務，負恃才地，大署其門曰：『不讀五千卷書者，無得入此室。』」《宋史・藝文志》：「徽宗時，購求士民藏書，其有所秘未見之書，足備觀覽者，仍命以官。」輒，猶即也。大繩，謂之索。帶索，以索為帶也。《列子・天瑞篇》：「榮啟期鹿裘帶索，鼓琴而歌。」《漢書・儒林傳》：「伏生，濟南人。秦時焚書，伏生壁藏之。」袁山松《後漢書》：「王充所作《論衡》，蔡邕入吳始得之，恆秘翫以為談助。其後王朗為會稽太守，又得其書。及還許下，時人稱其才進。」蔡邕官中郎將，故稱中郎獲得也。元微之《白氏長慶集序》：「雞林賈人購其詩，曰：『本國宰相率一篇易一

金。』」巨，大也。居貨曰賈。《法言》：「或問：『吾子小而好賦。』曰：『然童子雕蟲
篆刻。』俄而曰：『壯夫不為也。』」籤，竹器，高篋也。刊，削也。訛，謬也，謬也。
《北齊書‧邢邵傳》：「袁翻以邵藻思華瞻，深共嫉之，每告人曰：『邢家小兒，當客作
章表，自買黃紙，寫而送之。』」碌碌，凡庸貌。擁，謂擁書。《魏書‧李謐傳》：「謐
棄產營書，手自刪訂。每歎曰：『大丈夫擁書萬卷，何假南面百城。』《明史‧隱逸傳》：
「倪瓚，字元鎮，無錫人。家雄於貲，工詩善書畫。所居有閣，曰清閟，幽迴絕塵，
高木悠篁，蔚然深秀，故自號雲林居士。至正初，海內無事，忽散其貲，人咸怪之。
未幾，兵興，富家悉被禍，而瓚獨不罹患。」

東萊行自注：為姜如農、如須兄弟作也。　《漢書‧地理志》：「東萊郡，高帝置。」
師古曰：「故萊子國也。」《明史‧地理志》：「登州府萊陽縣，元屬萊州，洪武九年來
屬。」朱彝尊《明詩綜》：「姜垛，字如農。崇禎辛未進士。垓，字如須。崇禎庚辰進
士。萊陽人。」王士禎《池北偶談》：「萊陽姜如農、如須兄弟齊名，時稱二姜。如農，
崇禎末謫戍宣城衛。鼎革後，兄弟遂卜居吳郡，不歸鄉里。」

　　漢王策士天人畢，二月東巡臨碣音傑。石。獻賦凌雲魯兩生，家近蓬
萊看日出。仲孺召入明光宮，補過拾遺稱侍中。叔子輶音由。軒四方使，
一門二妙傾山東。同時里人官侍從，左徒宋玉君王重。就中最數司空賢，
三十孤卿需大用。君家兄弟俱承恩，感時危涕長安門。侍中叩閣數彊同
強。諫，上書對仗彈平津。天顏不懌要人怨，衛尉捉頭捽祚兀切。下殿。
中旨傳呼赤棒來，血裏朝衫路人看。愛弟棄官相追從，避兵盡室來江東。
本為逐臣溝壑裏，卻因奉母亂離中。三年流落江湖夢，茂陵荒草西風慟。
音洞。頭頗音盧。雖在故人憐，髀音俾。肉猶為舊君痛。

　　我來扶杖過山頭，把酒論文遇子由。異地客愁君更遠，中原同調幾
人留。司空平昔耽多庵切。佳句，千首詩成罷官去。戰鼓東來白骨寒，二
勞山月魂何處。左氏勳名照汗青，過江忠孝數中丞。孺卿也向龍沙死，
柴市何人哭子卿。只君兄弟天涯客，漂零尚是煙霜隔。思歸詩寄廣陵濤，
憶弟詩來虎丘石。回首風塵涕淚流，故鄉蕭瑟海天秋。田橫島在魚龍冷，
濼大城荒草木愁。當日竹宮從萬騎，祀日歌風何意氣。斷碑年月記乾封，
柏梁侍從誰承制。魯連蹈海非求名，鴟夷一舸寧逃生。丈夫淪落有時命，
豈復悠悠行路心。我亦滄浪釣船繫，明日隨君買山住。

　　【漢王策士】至【領山東】《前漢書‧董仲舒傳》：「武帝建元元年，舉賢良方正
極言敢諫之士，上親策問之。廣川董仲舒對曰：『臣謹按《春秋》之中，視前世已行之

事，以觀天人相與之際，甚可畏也。』」《前漢書‧武帝紀》：「元封元年，行自泰山，復東巡至碣石。天」子出行曰巡。碣，山名，見《禹貢》。《史記‧司馬相如傳》：「相如奏大人之賦，天子大悅，飄飄然有凌雲之意。」《史記‧叔孫通傳》：「通說上，使徵魯諸生，共起朝儀。魯有兩生不肯行。」《史記‧封禪書》：「使人入海，求蓬萊、方丈、瀛洲。」《山海經》：「蓬萊山在海中。」《尸子》：「泰山上有三峯，東曰日觀，雞鳴時見日出。」《明史‧姜埰傳》：「埰初授密雲知縣，調儀真，內遷禮部主事。十五年，擢禮科給事中。」由知縣內遷，故曰召入。《前漢書‧武帝紀》：「太初四年，起明光宮。」《漢書‧汲黯傳》：「臣願為中郎，出入禁闥，補過拾遺，臣之願也。」《明史‧職官志》：「六科掌侍從規諫，補過拾遺。」《史記‧呂后紀》：「張辟彊為侍中。」應劭曰：「入侍天子，故曰侍中。」軺軒，輕車也，天子之使臣乘之。《明史‧姜埰傳》：「弟垓為行人，見署中題名碑，崔呈秀、阮大鋮與魏大中並列，立拜疏，請去二臣名。」《晉書‧衛瓘傳》：「瓘為尚書令，與尚書郎索靖俱善草書，時人號為一臺二妙。」傾，猶壓也。萊陽，屬山東省，故曰傾山東也。【同時里人】至【彈平津】《漢書‧嚴助傳》：「勞侍從之事。」程大昌《演繁露》：「漢世之謂待從者，以職掌近君也。行幸則隨從，在宮則陪侍，故總撮凡最而以侍從名之也。」《明史‧職官志》：「翰林院以侍從人少，詔採方正有學術者以充其還。」左徒，楚官名。宋玉，屈原弟子。指玫也。《明史‧宋玫傳》：「宋玫，字文玉，萊陽人。天啟五年進士。歷大理卿、工部侍郎。」《文集‧書宋九青遺事》：「九青姿望吐納，天下無二，通經術，能文章，尤工五言詩。少為進士，及歷官司農卿，年未三十。」司空，工部之稱。孤卿，謂三孤也。《周禮》：「右九棘，孤卿大夫位焉。」需，須也。《明史‧地理志》：「正南曰承天門，又折而東曰長安左門，折而西曰長安右門。閣，宮門也。數，頻數也。《明史‧姜埰傳》：「周廷儒再相，盡反溫體仁及薛國觀所為，廣引清流，言路亦蠭起論事，忌者乃造二十四氣之說，以指朝士二十四人，直達御前，帝適下詔，戒諭百官責言路，上諭有『代人規卸，為人出缺』之語。先是，給事中方士亮論密雲巡撫王繼謨不勝任，保定參政錢天錫因夤緣給事中楊枝起、廖國遴，以屬延儒。及廷推，遂得俞旨。適帝有為人出缺之語，蓋舉廷臣積習告誡之，非為天錫發也。埰探之未審，謂帝實指此事，遂倉猝拜疏，反覆詰難，若深疑於帝者。帝遂大怒，下詔獄考訊。」仗，謂仗衛。彈，劾也。諫官糾舉過惡曰彈參。《漢書‧公孫弘傳》：「元朔中，封丞相弘為平津侯。」平津，指周延儒。【天顏不懌】至【舊君痛】杜甫詩：「天顏有喜近臣知。」要人，居要路之人。《明史‧職官志》：「錦衣衛掌侍衛緝捕刑獄之事。」捽，手持也。《漢書‧金日磾傳》：「日磾捽胡投何羅殿下。」晉灼曰：「胡，頸也。捽其頸而投殿下也。」中旨，謂中人宣旨者。《北齊書‧

瑯琊王傳》：「其或還違，則赤棒棒之。」《明史・姜埰傳》：「帝怒埰甚，密旨下錦衣衛，令潛斃之獄。後帝亦不欲殺諫臣，遂中止。鎮撫再上埰獄，供無異詞，帝命移刑部定罪。部擬遣戍，帝意猶未足，乃逮埰至午門杖一百，謫戍宣州衛。」裏，包也。溝壑，溪谷也。《孟子》：「志士不忘在溝壑。」《明史・姜埰傳》：「埰杖畢已死，弟垓口溺灌之，乃復蘇。後聞鄉邑破，父殉難，一門死者二十餘人，垓請代兄繫獄，釋埰歸葬，不許。即日奔喪奉母，南走蘇州。」茂陵，注見前。慟，哀過也。按：此言國亡帝崩而望陵悲慟也。顱，腦蓋也。髀肉，股肉也。【我來扶杜】至【虎丘石】宋蘇轍，字子由，軾弟。子由，蓋指姜垓。同調，謂朋友之道誼相合者。謝靈運詩：「異代可同調。」幾，幾多也。司空，謂宋玫。耽，樂也。《文集・書宋九青遺事》：「得旨廷推閣臣，旦夕備召，而驟逢上怒，並下於理，以譴歸。」又：「山東破，兵旁躪東萊，九青率家人登陴守城。城陷，不屈死。嫂夫人亦死，家人殲焉。」韓愈《留題驛梁》詩：「草殯荒山白骨寒。」于欽《齊乘》：「大小勞山在即墨縣東南六十里，海岸名山也。」左氏，謂左懋第。勳，功也。文文山《零丁洋》詩：「人生自古誰無死，留取丹心照汗青。」汗青，言書之史策也。古時以火炙簡，令汗，取其清，易書，復不蠹，謂之汗青。《明史・左懋第傳》：「左懋第，字蘿石，萊陽人。崇禎四年進士。屢遷刑科左給事中。福王立，擢右僉部御史，巡挺應天、徽州諸府。尋拜兵部右侍郎，遣使與清議和。順治二年閏月十二日，以不降被誅。」中丞，巡撫之稱。《漢書・蘇建傳》：「孺卿從祀河東后土。」張晏曰：「武弟賢。」孺卿，蓋指懋第弟懋泰。《後漢書・班超傳・贊》：「坦步葱雪，咫尺龍沙。」注：葱嶺，雪山；龍堆，沙漠也。《明史・左懋第傳》：「其從弟懋泰先為吏部員外郎，降賊後，歸清授官矣。來謁懋第，懋第：『此非吾弟也。』叱出之。」靳氏曰：「詩言設使懋泰亦死，則何人收取懋第骸骨乎？故云『柴市何人哭子卿』也。」柴市，宋文天祥殉節處，詳見前注。天涯，極遠之地也。徐陵文：「天涯藐藐。」漂零，注見前。枚乘《七發》：「將以八月之望，觀濤於廣陵之曲江。」朱長文《吳郡圖經續記》：「虎丘山在吳縣西北九里。」【回首風塵】至【買山住】《明一統志》：「田橫島在即墨縣東北一百里，四面環海，去岸二十五里，橫眾五百人死於此。」杜甫詩：「魚龍寂寞秋江冷。」《史記・封禪書》：「拜欒大為五利將軍，又以衛長公主妻之，齎金萬斤，更名其邑曰當利公主。」《一統志》：「當利故城在萊州府掖縣西南，漢武帝置。」此二句皆承上文故鄉說。下四句懷古。《史記注》：「竹宮，甘泉祠宮名。」衛宏《漢官舊儀》：「郊泰畤，皇帝平旦出竹宮，朝東向揖日，夕西向揖月。」騎，馬兵。《史記・封禪書》：「公孫卿曰：『黃帝時，封則天旱乾封。』元封三年，上乃下詔曰：『天旱，意乾封乎？』」《漢書・武帝紀》：「元鼎二年春，起柏梁臺。嘗置酒其上，命

群臣和詩。」侍從，注見上。承制，猶承詔。《國策》：「魯連曰：『彼則肆然而為帝，過而遂正於天下，則連有赴東海而死耳。』」鴟夷一舸，注見前。此以魯連、范蠡比二姜也。丈夫二句，言淪落有命，不與凡輩同心也。《石林詩話》：「錢氏廣陵王元璙別圃，宋蘇舜欽得之，築亭曰滄浪，在今江蘇吳縣城內。」滄浪，當即指此。先生以二姜卜居吳郡，願與同隱，故下句云「明日隨君買山住」也。《世說·排調篇》：「支道人因人就深公買印山，深公曰：『未聞巢由買山而隱。』」

鴛湖曲王象之《吳地紀勝》：「鴛鴦湖在嘉興郡南，湖多鴛鴦，故以名之。亦名南湖。」

鴛鴦湖畔草黏天，二月春深好放船。柳葉亂飄千尺雨，桃花斜帶一溪煙。煙雨迷離不知處，舊隄卻認門前樹。樹上流鶯三兩聲，十年此地扁舟住。主人愛客錦筵開，水閣風吹笑語來。畫鼓隊催桃葉伎，玉簫聲出柘音蔗。枝臺。輕韈同靴。窄袖嬌妝束，脆讀如翠。管繁繁競追逐。雲鬟子弟按霓裳，雪面參軍舞鸜音劬。鵒。酒盡移船曲榭音謝。西，滿湖燈火醉人歸。朝來別奏新翻麴，更出紅妝向柳隄。

歡樂朝朝兼暮暮，七貴三公何足數。十幅蒲帆幾尺風，吹君直上長安路。長安富貴玉驄驕，侍女薰香護早朝，分付南湖舊花柳。好留煙月伴歸橈，那知轉眼浮生夢。蕭蕭日影悲風動，中散彈琴竟未終。山公啟事成何用，東市朝衣一旦休，北邙音忙。抔土亦難留。白楊尚作他人樹，紅粉知非舊日樓。烽火名園竄七亂切。狐兔，畫閣偷窺老兵怒。寧使當時沒縣官，不堪朝市都非故。

我來倚棹向湖邊，煙雨臺空倍惘音罔。然。芳草乍疑歌扇綠，落英錯認舞衣鮮。人生苦樂皆陳跡，年去年來堪痛惜。聞笛休嗟石季倫，銜杯且效陶彭澤。君不見白浪掀音軒。天一葉危，收竿還怕轉船遲。世人無限風波苦，輸與江湖釣叟知。

【鴛鴦湖畔】至【扁舟】畔，邊側也。膠附曰黏。迷離，糢糊之意。《古詩》：「雌免眼迷離。」唐司空圖《詩品》：「流鶯比鄰。」扁舟，注已見前。【主人愛客】至【向柳隄】徐釚《續本事詩》：「鴛湖主人，禾中吳昌時吏部也。吏部家居時，極聲伎歌舞之樂。後以事見誅。」《明史·周廷儒傳》：「延儒信用文選郎吳昌時，昌時有幹才，頗為東林效奔走。然為人墨而傲，通廠衛，把持朝官，同朝咸嫉之。」錦筵，猶綺筵。隊，分列成群也。釋智匠《古今樂錄》：「桃葉，王獻之妾名。嘗臨渡，歌以送之曰：『桃葉復桃葉，渡江不用檝。』」白樂天詩：「坐依枕葉伎。」玉簫，樂器。李百藥賦：

「挫玉簫之清管。」柘，《樂錄》：「羽調有《柘枝曲》，此舞因曲為名。」《瑣碎錄》：「柘枝舞，本北魏拓跋之名，易拓為柘，易跋為枝。」鞾，履之有脛衣者。窄，狹也。音響清越曰脆。管，樂器名。競，爭也。雲鬟，言婦人鬟如雲也。杜甫詩：「香霧雲鬟濕。」按，撫也。樂史《太真外傳》：「進見之日，奏《霓裳羽衣曲》。」雪面，猶白面。段安節《樂府雜錄》：「開元中，優人黃旛綽、張野狐弄參軍，始自漢館陶令石躭。躭有贓犯，和帝惜其才，免罪。每宴樂，即令衣白衫，命優伶戲弄辱之，經年乃放。」廖瑩中《江行雜錄》：「女優有弄假官戲，其綠衣秉簡者，謂之參軍樁。」《晉書·謝尚傳》：「司徒王導辟為掾，始到府通謁，導謂曰：『聞君能鴝鵒舞，一坐傾想。』尚起著衣幘，令坐上擊節為應，旁若無人。」臺有屋曰榭。婦女恆以紅色為妝。《木蘭詩》：「當戶理紅妝。」【款樂朝朝】至【都非故】宋玉賦：「朝朝暮暮，陽臺之下。」潘岳《西征賦》：「窺七貴於漢廷。」注：漢廷七貴，謂呂、霍、上官、丁、趙、傅、王，並後族也。《官制考》：「西漢以大司馬、大司徒、大司空為三公，東漢以太尉、司徒、司空為三公。」幅，布帛廣狹之度也。李肇《國史補》：「舟船之盛，盡於江西，編蒲為帆，大者數十幅。」薩都剌《過秀州南湖》詩：「十幅蒲帆掛春水。」玉驄，注見前。應劭《漢官儀》：「尚書郎入直臺中，給女侍史二人，執香爐，燒薰以從。入臺中，給使護衣。」臣見君曰朝。王伯厚《困學紀聞》：「分付二字，出《漢書·原涉傳》。」橈，楫也。陳子昂詩：「停橈問土風。」李白文：「浮生若夢，為歡幾何？」《晉書·嵇康傳》：「康字叔夜，沛國譙人也。拜中散大夫。將刑東市，索琴彈之。」《晉書·山濤傳》：「濤為吏部尚書，前後還舉周徧。每一官缺，輒啟擬數人。濤所奏舉無失才，甄拔人物，各為題自，時稱山公啟事。」《史記·鼂錯傳》：「吳楚七國反，以誅錯為名。上令錯衣朝衣，斬東市。」花村看行侍者《談往》：「崇禎十四年，周廷儒再相，信用吳昌時，特擢為文選郎中。十六年六月，延儒歸里。西臺蔣拱宸疏糾昌時同延儒朋黨為奸，招權納賄，贓私鉅萬。七月二十五日，帝御文華殿，親鞫情事。昌時銅夾折脛，一一承認。帝憤恨氣塞，拍案歎噎，推翻案桌，迅爾回宮。錦衣官慮時覆審，悉繫之獄。至十二月初七日五更，昌時棄市，延儒亦賜自盡。」《十道志》：「邙山在洛陽北十里。」楊佺期《洛陽記》：「邙山，古今東洛九原之地也。」《明一統志》：「北邙山縣亙四百餘里，東漢諸陵及唐宋名臣墳多在此。」抔土，注見前。白樂天《和關盼盼燕子樓感事詩》：「今春有客洛陽回，曾到尚書墓上來。聞說白楊堪作柱，爭教紅粉不成灰。」古人戍守，作高土臺，有寇則燃火相告，曰烽。杜甫詩：「烽火連三月。」竄，伏藏也。沒，謂籍沒。《史記索隱》：「謂國家為縣官者，畿內縣即國部，王者官天下，故曰縣官也。」都非故，謂

鼎革。【我來倚棹】至【釣叟知】棹，所以進船者也，短曰楫，長曰棹，又為舟之泛稱。《一統志》：「煙雨樓在嘉興府鴛鴦湖上，吳越錢元璙建。」惘，失意貌。陳述，已往之事蹟也。王羲之文：「俛仰之間，已為陳跡。」○向秀《思舊賦序》：「余與嵇康、呂安居止接近，其人並有不羈之才，後各以事見法。余逝將西邁，經其舊廬，於時日薄虞淵，寒冰淒然，鄰人有吹笛者，發聲寥亮，追思曩昔遊宴之好，感音而歎，故作賦云。」《晉書·石崇傳》：「石崇，字季倫。財產豐積，室宇宏麗，後房百數，盡當時之選。有妓曰綠珠，孫秀求之不許，遂矯詔收崇，被害。」劉伶《酒德頌》：「銜杯漱醪。」《晉書·陶潛傳》：「以為彭澤令，性嗜酒。」掀，高舉也。一葉，謂小艇。竿，謂釣竿。結四句意味深長，發人猛省。

王郎曲 尤侗《艮齋雜說》：「予幼時所見王紫稼，妖豔絕世，舉國趨之若狂。年已三十，遊於長安，諸貴人猶惑之。吳梅村作《王郎曲》云云，而龔芝麓復題贈云云，其傾靡可知矣。後李琳枝御史按吳，錄其罪，立枷死。」

　　王郎十五吳趨坊，覆額青絲白皙 音析。長。孝穆園亭常置酒，風流前輩醉人狂。同伴李生柘枝鼓，結束新翻善財舞。鑠 同鎖。骨觀音變現身，反腰貼地蓮花吐。蓮花婀 於何切。娜 可奴切。不禁風，一斛珠傾宛轉中。此際可憐明月夜，此時胭管出簾櫳。王郎水調歌緩緩，新鶯嚦 音聯。嚦 音歷。花枝暖。慣拋斜袖卸長肩，眼看欲化愁應嬾。摧藏掩抑未分明，拍數移來發曼聲。最是轉喉偷入破，殢 音替。人腸斷臉波橫。

　　十年芳草長州綠，主人池館惟喬木。王郎三十長安城，老大傷心故園曲。誰知顏色更美好，瞳 音同。神翦水清如玉。五陵俠少豪華子，甘心欲為王郎死。寧失尚書期，恐見王郎遲。寧犯金吾夜，難得王郎暇。坐中莫禁狂呼客，王郎一聲聲頓息。移牀敧 音羈。坐看王郎，都似與郎不相識。往昔京師稱小宋，外戚田家舊供奉。只今重聽王郎歌，不須重把昭文痛。時世工彈白翎雀，婆羅門舞龜 音鳩。茲 音慈。樂。梨園子弟愛傳頭，請事王郎教絃索。恥向王門作伎兒，博徒酒伴貪歡謔。虛約切。君不見康崑崙，黃旛 音翻。綽，承恩白首華清閣。古來絕藝當通都，盛名肯放優閒多，王郎王郎奈爾何！自跋：王郎名稼，字紫稼，於勿齋徐先生二株園中見之，髫而皙，明慧善歌。今秋遇於京師，相去已十六七載，風流儇巧，猶承平時故習。酒酣，一出其技，坐上為之傾靡。余此曲成，合肥龔公芝麓口占贈之曰：「薊苑霜高舞柘枝，當年楊柳尚如絲。酒闌卻唱梅村曲，腸斷王郎十五時。」

　　【王郎十五】至【馬出簾櫳】。《吳郡志》：「吳趨坊皋橋西。」李白《長干行》：「妾髮初覆額。」覆，蓋也。青絲，髮也。李白《將進酒》：「朝如青絲暮成雪。」晳，白也。《陳書·徐陵傳》：「徐陵，字孝穆。」《蘇州府志》：「徐文靖公汧所宅在周五郎巷，宅後有二株園，一名尹樹園」陳鼎《東林列傳》：「徐汧為園於廬旁，中有垂柳二株，名曰二株園。」白樂天詩：「雷槌柘枝鼓。」《高齋詩話》：「白樂天《琵琶行》曰：『曲罷常教善才服。』姓名不見傳記。後見《琵琶錄》云：『元和中，曹保有子善才，能琵琶。』《續玄怪錄》：「延州有婦人，甚有姿色，少年子悉與之狎。數歲沒，葬之道左。大曆中，有胡僧敬禮其墓，曰：『此乃鏁骨菩薩。』開墓，視其骨，鈎結皆如鏁狀。」佛家有現身說法語。《南史·羊侃傳》：「侃姬人孫荊玉能反腰貼地，啣得席上玉簪，謂之弓腰。」貼地二句，狀其舞態婀娜美貌，又柔而長也。胞字，注見前。管，樂器名。《禮》：「均琴瑟管簫。」櫳，房屋之窗牖也。【王郎水調】至【臉波橫】《樂錄》：「水調歌，始於隋煬帝鑿汴河，製此曲，唐後遂用其名。」嘹嚦，鳥聲。元微之《何滿子歌》：「紅妝逼坐花枝暖。」脫衣曰卸。《唐詩記事》：「董思恭詠琵琶云：『搖藏千里態，掩抑幾重悲。』」《列子·湯問篇》：「韓娥曼聲長歌。」曼亦長也。繁欽《與魏文帝牋》曰：「都尉薛訪車子年始十四，能喉囀引聲，與箎同音。」郭茂倩《樂府詩集》：「水調凡十一疊，前六疊為歌，後五疊為入破。」張端義《貴耳集》：「唐天寶後，曲遍繁聲，皆名入破。《玉篇》：「㾏，極困也。」韋莊《漢州》詩：「臨歧無限臉波橫。」俗謂顏面曰臉。臉波橫，謂面流淚也。【十年芳草】至【昭文痛】《漢書·枚乘傳》：「長洲之苑。」服虔曰：「吳苑。」孟康曰：「以江水為苑也。」韋昭曰：「長洲在吳東。」王應麟《困學紀聞》：「余仕於吳郡，嘗見長洲宰，其圃扁曰茂苑，蓋取諸《吳都賦》。余曰：『長洲非此地也。』問其故。余曰：『吳王濞都廣陵。《漢·郡國志》：廣陵郎東陽縣有長洲澤，吳王濞太倉在此。東陽，今盱眙縣。故枚乘說吳王曰：長洲之苑。風服虔以為吳苑。韋昭以為在吳東，蓋謂廣陵之吳也。』曰：『他有所據乎？』余曰：『隋虞綽撰《長洲玉鏡》，蓋煬帝在江部時所作也。長洲之名縣，始於唐武后時。』」喬木，木之高而上曲者。長安城，謂京師。故園，即指二株園。李長吉《唐兒歌》：「一雙瞳神翦秋水。」《漢書·原涉傳》：「郡國諸豪及長安五陵諸為氣節者，皆歸慕之。」師古曰：「五陵，謂長陵、安陵、陽陵、茂陵、昭陵也。」俠，以權力輔人也。《左·莊》：「請受而甘心焉。」《漢書·陳遵傳》：「遵字孟公。每大飲賓謟，輒關門取客車轄投井中，雖有急，不得去。有部刺史奏見，過遵，值其方食，刺史大窮，候遵霑醉時，突入見遵母，叩頭白曰：『當對尚書，有期會狀。』母乃令從後閣出去。」金吾，即執金吾，官名。吾者，御也。家執金革以御非常。杜甫《陪李金吾花下飲》詩：「醉歸應犯

夜，可怕李金吾。」段安節《樂府雜錄》：「開元中，賜大酺於勤政樓，觀者喧聚，莫得魚龍百戲之音。高力士請命永新出樓歌一曲，必可止喧，上從之。永新乃撩鬢舉袂，直奏曼聲，至是廣場寂寂，若無一人。」所謂聲頓息也。攲，謂攲側。程《箋》：「小宋名王郎，陝西人，崇禎甲戌至京師。見《觚賸》。」外戚，謂田弘遇。《莊子》：「昭文之鼓琴也。」【時世工彈】至【奈爾何】陶宗儀《輟耕錄》：「白翎雀者，國朝教坊大麯也。雀生於烏桓沙漠之地，雌雄和鳴，世皇命伶人製麯。」《唐書‧禮樂志》：「睿宗時，婆羅門國獻人，倒行以足舞，仰植銛刀，俯身就鋒，歷臉下，復植於背，觜策者立腹上，終曲而不傷。又伏伸其手，二人躧之，周旋百轉。」《西域記》：「龜茲國人於山間聽風水之聲，約節成音，後翻入中國，如伊州、涼州、甘州，皆龜茲境也。」《唐書》：「明皇選坐部伎子弟三百，教於黎園，號皇帝梨園弟子。」傳頭，即傳指。《史記》：「七十子之徒，口受其傳指。」樂器之屬於絲聲者，統稱絃索，如琴瑟琵琶之類。元積詩：「夜半月高絃索鳴。」《晉書‧戴逵傳》：「太宰武陵王晞聞其善鼓琴，使人召之。逵對使者破琴，曰：『戴安道不能為王門伶人。』」《齊書‧沈文季傳》：「豫章王北宅後堂集會，文季與褚彥回並善琵琶。彥回酒闌，取樂器為《明君曲》，文季便下席大唱曰：『沈文季不能為伎兒。』」《史記‧袁盎傳》：「安陵富人謂盎曰：『吾聞劇孟博徒，將軍何自通之？』」孟襄陽《宴張明府宅》詩：「列筵邀酒伴。」謔，戲言也。段安節《樂府雜錄》：「康崑崙，開元中琵琶第一手。」又：「開元中，優人有黃旛綽、張野狐諸人。」《唐書‧地理志》：「天寶六載，改驪山溫泉宮曰華清宮，環山列宮室，置百司及十宅。」絕藝，過人之藝也。通都，都會之四通者也。《後漢書》：「盛名之下，其實難副。」優閒，閑暇自得也。《唐書》：「南陽故人，並以優閒自保。」肯，不肯也。

松山哀

松山哀《通鑑綱目三編》：「崇禎十五年春二月戊午，清兵克松山，洪承疇降，遂下錦州。」《清一統志》：「松山在錦州府錦縣南十八里，舊松山所城在其西。」《明史‧曹變蛟傳》：「崇禎十三年五月，錦州告急，變蛟以東協總兵從總督洪承疇出關。十四年三月，命變蛟及楊國柱、王樸、唐通、白廣恩、馬科、吳三桂、王廷臣凡八大將，兵十三萬，馬四萬，並駐寧遠，承疇主持重。而朝議以兵多餉艱，職方郎張若騏趣戰。承疇念錦州總兵祖大壽被圍久，議急救錦州。七月二十八日，諸軍次松山，營西北岡，數戰，圍不解。八月，國柱戰歿，以山西總兵李輔明代之。承疇命變蛟營松山之北，乳峰山之西，而列七營兩山間，環以長壕。俄聞清太宗親臨督陣，大懼。及出戰，又數敗，餉道又絕，諸將遂謀潛遁。八月二十一日初更，樸先走，通、科、三桂、廣恩、輔明亦走，自杏山迤南沿海，東至塔山，為清兵邀擊，溺海死者無算，餘悉被戮，惟三桂、樸奔入杏山。變蛟、廷臣聞變，馳至松山，與承疇固守。居數日，三桂、樸欲自杏山達寧遠，至高橋遇伏，大敗，僅以身免，先後喪士卒凡五萬三千七百餘人。自

是，錦州圍益急，而松山亦被圍，應援俱絕矣。明年二月，副將夏成德為內應，松山遂破。變蛟、廷臣及巡撫邱民仰，故總兵祖大樂，兵備道張斗、姚恭、王之楨，副將江翥、饒勳、朱文德等十一人，參將以下百餘人，皆被執見殺，承疇降。三月，大壽遂以錦州降。杏山、塔山連失，京師大震。」

拔劍倚柱悲無端，為君慷慨歌松山。盧龍蜿音鴛。蜒音涎。東走欲入海，屹義乞切。然揰音支。拄豬羽切。當雄關。連城列障去不息，茲山突兀煙峯攢。中有壘通累。石之軍盤，白骨撑差耕切。拒凌讚徂完切。屼。音竈。十三萬兵同日死，渾河流血增奔湍。音貪。豈無遭際異，變化須臾間。出身憂勞致將相，征蠻建節重登壇。還憶往時舊部曲，喟庫位切。然歎息摧心肝。

嗚呼！玄菟音徒。城頭夜吹角，殺氣軍聲振寥廓。一旦功成盡入關，錦裘跨馬征夫樂。天山回首長蓬蒿，煙火蕭條少耕作。廢壘斜陽不見人，獨留萬鬼填寂寞。若使山川如此閒，不知何事爭強弱。聞道朝廷念舊京，詔書招募起春耕。兩河少壯丁男盡，三輔流移故土輕。牛背農夫分部送，雞鳴關吏點行頻。早知今日勞生聚，可惜中原耕戰人。

【拔劍倚柱】至【摧心肝】慷慨，高亢憤激也。《明一統志》：「盧龍即秦右北平地。曹操北征田疇，自盧龍引軍出塞，塹山湮谷，五百餘里，即此也。」蜿蜒，屈曲之狀。屹，高聳貌。揰拄，支撐也。《明一統志》：「山海關在永平府撫寧縣東，其北為山，其南為海，相距不數里許，實險要之地。本朝魏國公徐達移榆關於此，改今名。」障，塞上險要處，築城置吏士守之，曰障。《史記》：「築亭障以逐戎人。」突兀，高貌。韓愈詩：「仰見突兀撐青空。」攢，聚也。壘，層累也。撑拒，言相支撐抵拒也。巑屼，高也。一雲山竦列貌。《清一統志》：「豫郡王多鐸，太祖第十五子。明洪承疇率十三萬眾來援錦州，敗走，王設伏以待之，明兵殲焉。」《一統志》：「渾河源出長嶺子，納綠窠集曰納綠河，西流入英額邊門，會噶桑阿河，為渾河。」急流曰湍。《八旗通志》：「洪承疇世居福建漳州府。崇德六年，率兵來援錦州，被擒，隸旗籍。順治二年，以大學士總督軍務，招撫江南各省地方。十年，出為湖廣等處五省經略，疏陳全楚情形，往來長沙，四應調度。十五年，克取貴州。十六年三月，追勦明桂王，破騰越州，至南甸，從三宣六慰路遁去。十八年，追敘前功，授三等阿達哈哈番世職。」此所謂「征蠻建節重登壇」也。節，符節也。登壇，謂拜大將，借用韓信事。《漢書‧百官公卿表》：「將軍、領軍皆有部曲，大將軍營五部，部校尉一人，部有曲，曲有軍侯一人。」喟，歎聲。【嗚呼】至【爭強弱】《漢書‧武帝紀》：「元封三年夏，朝鮮斬其王右渠降，以

其地為樂浪、臨屯、玄菟、真番郡。」角，軍中吹器。振，震動也。顏師古《漢書注》：「寥廓，天上寬廣之處。」蕭希《參通錄》〔註2〕：「雪山、祁連山、白山，其實天山。」《後漢書注》：「白山，冬夏有雪，故曰白山。匈奴謂之天山，過之者皆下拜。」蓬蒿，皆草名。壘，軍壘，即今營牆。填，塞也。若使二句，言山川長此落寞，不知歷代何以用兵也。【聞道朝廷】至【耕戰人】募，亦召也。兩河，謂河南、河北。漢以京兆、左馮翊、右扶風為三輔，今陝西長安縣等地。分部，猶言分曹。《史記》：「關法，雞鳴而出客。」杜甫詩：「行人但云點行頻。」頻，煩數也。《左・哀》：「越十年生聚，而十年教訓。」

臨淮老妓行《元和郡縣志》：「泗水，臨淮郡，漢武帝置，南臨淮水，西枕汴河路，東至楚州百二十里。」《明一統志》：「淮安府，漢屬臨淮郡。」尤侗《宮閨小名錄》：「冬兒，劉東平歌妓。吳梅村作《臨淮老妓行》。」陳維崧《婦人集》：「臨淮老妓，某戚畹府中淨持也。後為東平侯女教師。」

　　臨淮將軍擅開府，不鬭身強鬭歌舞。白骨何如棄戰場，青娥已自成灰土。老大猶存一妓師，柘枝記得開元譜。纔轉輕喉便淚流，尊前訴出飄零苦。

　　妾是劉家舊主謳，音歐。冬兒小字唱梁州。翻新水調教桃葉，撥定鶤音昆。絃授莫愁。武安當日誇聲伎，秋娘絕藝矜時世。戚里迎歸金犢驛音獨。車，後來轉入臨淮第。臨淮遊俠起山東，帳下銀箏小隊紅。巧笑射棚分晝的，濃粧毽仗簇千木切。花叢。縱為房老腰肢在，若論軍容粉黛工。羊侃同侃。侍兒能走馬，李波小妹解彎弓。錦帶輕衫嬌結束，城南挾彈貪馳逐。忽聞京闕起黃塵，殺氣奔騰滿川陸。探騎誰能到薊音計。門，空閒千里追風足。消息無憑訪兩宮，兒家出入金張屋。請為將軍走故都，一鞭夜渡黃河宿。暗穿敵壘過侯家，妓堂仍訝牙去聲。調絲竹。祿山褊將帶弓刀，醉擁如花念奴曲。倉卒逢人問二王，武安妻子相持哭。薰天貴勢倚椒房，不為君王收骨肉。翻身歸去遇南兵，退駐淮陰正拔營。寶劍幾曾求死士，明珠還欲致傾城。男兒作健酣杯酒，女子無愁發曼聲。

　　可憐西風怒吹折山陽，樹將軍自撤沿淮戍。不惜黃金購海師，西施一舸東南避。鬱洲崩浪大於山，張帆捩力結切。柁鐸我切。無歸處。重來

〔註2〕當作「蕭參《希通錄》」，引自《漁洋山人精華錄訓纂》卷二上。引文又見《吳詩集覽》卷七上，稱「《希通錄》」。

－1570－

海口豎降旛，音翻。全家北過長淮去。長淮一去幾時還，誤作王侯邸音底。
第看。收者到門停奏伎，蕭條西市歎南冠。老婦今年頭總白，淒涼閱盡
興亡跡。已見秋槐隕故宮，又看春草生南陌。依然絲管對東風，坐中尚
識當時客。金穀田園化作塵，綠珠子弟更無人。楚州月落清江冷，長笛
聲聲欲斷魂。

　　【臨淮將軍】至【飄客苦】擅，專也。王士禎《香祖筆記》：「劉澤清，字鶴洲，
山東曹州人。少無賴，為鄉里所惡，徙居曹縣。遭離亂，從軍，積功至總兵官。金陵
立，福王以為藩伯，開府淮陰。」鄒流綺《遺聞》：「淮安自路振飛、王燮拮据義士，
同心戮力，頗成鞏固。振飛去後，甲申五月，劉澤清突來盤踞，散遣義士，桀驁者籍
之部下，搶劫村落一空。八月，澤清大興土木，造宅淮安，極其壯麗，四時之室俱備，
僭擬皇居。休卒淮上，無意北征。」杜甫詩：「客子鬥身強。」青娥，猶言少女。韋應
物詩：「娟娟雙青娥。」妓師，見下注。樂史有《柘枝譜》。餘見前。開元，唐明皇年
號。尊，酒杯也。飄零，木葉墜落貌。因以喻身世之不幸者。【妾是劉家】至【臨淮第】
劉禹錫《泰娘歌引》：「泰娘本章尚書家主謳者。」齊聲而歌曰謳。張固《幽閒鼓吹》：
「段和尚，善琵琶，自製《西涼州》，康崑崙求之，不與，至是以樂之半贈之，乃傳焉。
今曲詞梁洲是也。」水調、桃葉，注並見前。撥，彈也。薩都剌詩：「琵琶自撥斷腸詞。」
《樂府雜錄》：「開元中，賀懷智善琵琶，以石為槽，以鵾雞筋為絃，以鐵撥彈之。」
吳兢《樂府古題要解》：「石城有女子，名莫愁，善謳歌。」漢田蚡以國戚封武安侯。
武安，指田弘遇也。見題注。聲伎，謂女樂。杜牧《杜秋娘詩序》：「杜秋，金陵女也。
年十五，為李錡妾。後錡叛滅，籍之入宮，有寵於景陵。」戚里，帝王外戚所居處也。
《史記》：「高祖召石奮姊為美人，徙其家長安中戚里。」溫飛卿《春曉曲》：「油璧車
輕金犢肥。」袁子才曰：「冬兒與陳圓圓同為田弘遇所畜妓，後歸劉澤清。」第，第宅
也。賜宅有甲乙次第，故謂之第。見《漢書注》。【臨淮遊俠】至【解彎弓】好交遊，
急人難，謂之遊俠。《史記》有《遊俠列傳》。《明史・劉澤清傳》：「澤清，山東人。初
以將材授遼東定前衛守備，遷山東都司僉書，加參將，歷官左都督，鎮守山東。十六
年二月，賊圍開封，澤清赴援，聞京師陷，走南都，福王以為四鎮之一，封東平伯。」
帳，軍幕也。箏字，注見前。王維詩：「銀箏夜久殷勤弄。」隊，分列成群也。《論語》：
「巧笑倩兮。」《宋史・禮志》：「凡遊幸池苑，或命宗室武臣射，苑中有射棚畫暈的，
射則用招箭班三十人，服緋紫繡衣，帕首，立左右，以唱中否。」《宋史・儀衛志》：
「毬仗，金塗銀裏，以供奉官騎執之，分左右前導。」白樂天詩：「將軍掛毬仗，看按
柘枝來。」叢，聚也。縱，推想之辭。《拾遺記》：「翔風，石崇愛姬也，年三十，妙年

者爭嫉之，崇受譖潤之言，即退翔風為房老，使主群少。」庾肩吾詩：「本自細腰支。」
紀，律也。《南史·羊侃傳》：「侃性豪侈，姬妾列侍，窮極奢靡。」《北史·李孝伯傳》：
「廣平人李波，宗族強盛，殘掠不已，公私成患。百姓語曰：『李波小妹字雍容，左射
右射必疊雙。婦女尚如此，男子那可逢。』」【錦帶輕衫】至【收骨肉】嬌態，柔嫩而
可愛憐者也。《說苑》：「彈之狀如弓，而以竹為弦。」忽聞句，謂闖賊陷京。水之穿地
而流者曰川。《爾雅》：「高平曰陸。」謂平曠之原。探騎，騎兵為偵探者。張籍《關山
月曲》：「軍中探騎夜出城。」蔣一葵《長安客話》：「今都城德勝門外有土城，相傳是
古薊門遺址，亦曰薊丘。舊有樓館，並廢，但門存二土阜，旁多林木，蓊鬱蒼翠。京
師八景，有薊門煙樹，即此。」崔豹《古今注》：「秦始皇有七馬，一曰追風驃。」王
粲《七釋》：「追風之馬，出自遐福。」消息，謂音信也。兩宮，謂帝后也。漢金日磾、
張安世，皆當時權貴。陳維崧《婦人集》：「甲申，京都失守，東平侯欲偵兩宮音息，
而賊騎充斥，麾下將無一人肯行。老妓奮然曰：『身給事戚畹邸中久，宜往。』遂易鞾
鞈，持匕首，間關數千里，穿賊壘而還。」侯家，指田弘遇家。訝，疑怪也。絲竹，
音樂之總稱。絲謂琴瑟，竹謂簫管。祿山，唐安祿山也，比闖賊。裨將，偏裨之將，
元稹詩：「力士傳呼覓念奴。」自注：「念奴，天寶中名倡，善歌。」倉卒，急遽貌。
二王，謂永王、定王。薰天，極言勢力之盛也。《呂覽》：「眾口薰天。」《漢書注》：「椒
房，殿名，在未央宮，皇后所居。」《明史·莊烈帝紀》：「三月丙午夜，內城陷，帝召
太子、二王至，令中官分送外戚周氏、田氏家。帝殉社稷，太子奔周奎家，不得入，
走匿侍奄外舍。戊申，奄監獻太子，賊送劉宗敏所。又擁定王、永王至，留之西宮，
後俱不知所終。」此所謂「不為君王收骨肉」也。【翻身歸去】至【發曼聲】寶劍二句，
猶「不鬥身強鬥歌舞」意。喬知之《贈窈娘詩》：「明珠十斛買娉婷。」漢李延年歌：
「北方有佳人，絕世而獨立。一顧傾人城，再顧傾人國。」《古樂府·企喻歌》：「男兒
欲作健。」《北齊書·幼主紀》：「為無愁之曲，自彈胡琵琶而唱之。」曼聲，注見前。
【可憐西風怒】至【歎南冠】《明一統志》：「淮安府山陽縣附郭。」撤，除去也。《南
齊書·武帝紀》：「詔曰：『緣淮戍將，久處邊勞。』」戍，以兵守邊也。贖，以財求也。
《南史·朱修之傳》：「泛海未至東萊，舫柂折，風猛，海師慮向海北，垂長索，舫乃
正。海師又視上有飛鳥，知去岸不適，須臾至東萊。」西施一舸，注見前。《魏志·邴
原傳》：「將家屬入海，至鬱洲山中。」顧祖禹《方輿紀要》：「鬱洲在海州東北十九里，
海中有大洲，周圍數百里，謂之鬱洲，亦曰鬱洲。《山海經》所謂鬱山在海中者是也。」
自上墜下曰崩。杜甫《撥悶》詩：「振柁開頭捷有神。」丁度集：「捄，拗也。」柁，
設於船尾，所以正船，使不旋轉也。旟，旗也。《集覽》：「馬氏曰：『澤清聞清兵至，

即棄淮安，裝金玉子女，避廟灣，為航海計。因所領兵漸散，復至淮安投誠，舉家入京。」王侯府第曰邸。《晉書·石崇傳》：「崇正宴於樓上，介士到門。及車，載詣東市，崇乃歎曰：『奴輩利吾家財。』收者答曰：『知財致害，何不早散之？』」作樂曰奏。《唐書·張亮傳》：「斬西市，籍其家。」《劉澤清傳》：「澤清輸款，清惡其反覆，磔誅之。」程《箋》：「戊子冬，姜瓌與大同總兵唐珏等謀叛，致書其姻劉澤清為內應，事洩，澤清伏誅。」《左·成》：「晉侯見鍾儀，問之曰：『南冠而縶者，誰也？』」【老婦】至【欲斷魂】闋，經歷也。隕，墜也。絲管，猶絲竹。《梁書·沈約傳》：「嘗侍宴，有妓師是齊文惠宮人，帝問：『識坐中客否？』曰：『惟識沈家令。』約伏座流涕，帝亦悲焉。」《晉書·石崇傳》：「崇有別館，在河陽之金谷。」化作塵，謂田園籍沒也。俗說宋褘是石崇伎綠珠弟子，有國色，善吹笛，後入宋明帝宮中。《明一統志》：「淮安府，隋置楚州。」

雪中遇獵

北風雪花大如掌，河橋路斷流澌音斯。響。愁鷗飢雀語啁音嘲。啾，音秋。健鶻音骨。奇鷹姿颯悉合切。爽。將軍射獵城南隅，軟裘快馬紅氍音衢。毹。音俞。秋翎垂頭西鼠煖，鴉青徑寸裝明珠。金鵝箭褶質涉切。袍花涇，挏音動。酒駝羹馬前立。錦韉玉貌撥秦箏，瑟瑟鬢多好顏色。

少年家住賀蘭山，磧七益切。里擒生夜往還。鐵嶺草枯燒堠火，黑河冰滿渡征鞍。十載功成過高柳，閒卻平生射雕手。漫唱千人敕勒歌，只傾萬斛屠蘇酒。今朝彷彿李陵臺，將軍喜甚圍場開。黃羊突過笑追射，鼻端出火聲如雷。回去朱旗滿城闕，不信溝中凍死骨。猶有長征遠戍人，哀哀萬里交河卒。

笑我書生褪音豎。褐音曷。溫，蹇紀偃切。驢箬音若。笠音立。過前村。即今莫用梁園賦，扶杖歸來自閉門。

【北風雪花】至【好顏色】流澌，《風俗通》：「冰流曰澌。」鷗，鳶也。見《禮》「則載鳴鳶」《疏》。啁啾，鳥聲繁細也。鶻，鷙鳥也。《唐書》：「禁進犬馬鷹鶻。」杜甫《丹青引》：「英姿颯爽猶酣戰。」氍毹，毛織物，地毯之屬。《大清會典》：「順治十八年，議准貝子、公戴翎，俱照舊例。內大臣一等、二等、三等侍衛，前鋒統領、護軍統領、前鋒參領、護軍參領，諸王府長史，一等護衛，戴一眼孔雀翎，根綴藍翎。貝勒府司儀長，王府貝勒府二等、三等護衛，貝子公府護衛及護軍校，俱戴染藍翎。內外額駙，如非係內大臣，俱不許戴。諸王府散騎郎，有阿達哈哈番以上世職，許戴

一眼孔雀翎，根綴藍翎。」褶，衣之褶襉。《漢書・禮樂志》：「師學百四十二人，其七十二人給大官桐馬酒。」李奇曰：「以馬乳為酒，撞桐乃成也。」師古曰：「馬酪味如酒，而飲之亦可醉，故呼馬酒也。」《酉陽雜俎》：「衣冠家名食，將軍曲良翰有駝峯羹。」杜甫《麗人行》：「紫駝之峯出翠釜。」注：「陳思王制駝蹄為羹，甌直千金。」瑟瑟，珍寶之名，《本草》以為寶石，《五代史》及高氏《緯略》以為珠。鬟，環髮為飾也。【少年】至【屠蘇酒】程大昌《北邊備對》：「賀蘭山在靈州保靖縣，山有林木，青白望如駿馬，北人呼駿馬為賀蘭。」《一統志》：「賀蘭山在寧夏府臨朔縣西。」磧，沙漠也。岑參《過磧詩》：「黃沙磧里客行迷。」戎昱《從軍行》：「擒生黑山北。」《明一統志》：「鐵嶺衛在遼東都司城北二百四十里，古有鐵嶺城，在今衛治東南五百里，接高麗界。」堠火，謂烽堠也。《元史・阿塔海傳》：「祖塔海拔部兒，聰勇善戰，常從太祖同飲黑河水。」洪皓《松漠紀聞》：「黑水發源於長白山，舊名粟末河，契丹德光破晉，改名混同江。」征，行也。鞍，馬鞍也。此以為馬之代名。《漢書・地理志》：「代郡縣，高柳，西部都尉治。」《明一統志》：「高柳故城在大同府陽高縣西北。」《北齊書・斛律光傳》：「嘗從文襄校獵，雲表見一大鳥，射之，正中其頭，形如車輪，旋轉而下，乃雕也。邢子高歡曰：『此射雕手也。』時號為射雕都督。」司馬相如《上林賦》：「千人唱，萬人和。」《樂府廣題》：「北齊神武攻周玉壁，不克，恚憤成疾，勉坐以安士案，悉召諸貴，使斛律金歌《敕勒》，神武自和之。其歌本鮮卑語，易為齊言，故其長短不齊。」傾，倒也。屠蘇，《廣韻》作「庮麻」。服虔曰：「屋平曰庮麻。」杜詩注：「庮麻」酒，蓋昔人居庮麻釀酒，因名。」【今朝】至【交河卒】彷彿，見不審也。《唐書・地理志》：「雲中都護府燕然山有李陵臺。」圍場，圍獵之場也。黃羊，胡羊也。《唐書・回鶻傳》：「黠戛斯，古堅昆國也，其獸有野馬、骨咄、黃羊。」突，衝突也。《南史・曹景宗傳》：「景宗謂所親曰：『我昔在鄉里，騎快馬如龍，與年少輩數十騎，拓弓弦作霹靂聲，箭如俄鴟叫，平澤中逐麞，數肋射之，渴飲其血，饑食其胃，甜如甘露。當此之時，但覺耳後生風，鼻端出火。』」交河，即馬邑川水，亦曰灰河，出山西寧武縣治西，逕朔縣南，下流入桑乾水。卒，戍卒也。【笑我書生】至【自閉門】《漢書・貢禹傳》：「裋褐不完。」師古曰：「裋者，僮豎所著布長襦也。」○揚雄《方言》：「關西謂襜褕短者曰裋褐。」蹇驢，駑弱之驢。箬，竹名。笠，雨具。箬笠，以箬為笠也。謝惠連《雪賦》：「梁王不悅，遊於兔園。」又：「俄而微霰零，密雪下，王乃歌北風於衛詩，詠南山於周雅，授簡於司馬大夫，曰：『抽子秘思，騁子妍辭，俟色揣稱，為寡人賦之。』」

圓圓曲陸次雲《圓圓傳》：「圓圓，陳姓，玉峰歌妓，聲色俱絕。崇禎癸未，總兵吳三桂慕其名，齎千金往聘之，已先為田畹所得。田畹者，懷宗妃之父也。甲申春，流氛大熾，懷宗憂廢寢食，妃謀所以解帝憂者於父，畹乃以圓圓進。圓圓掃眉而入，冀邀一顧，帝漠然也。旋命之歸畹第。時闖賊將逼畿輔矣，帝亟召三桂對平臺，賜蟒玉，賜上方，託重寄，命守山海關。三桂亦慷慨受命，而寇深矣。畹憂甚，圓圓曰：『當世亂而公無所依，禍必至，曷不締交於吳將軍？吳慕公家歌舞有年矣，以此請，必來。』畹從之，吳故卻也，彊而後可。至則戎服臨筵，毅然有不可犯之色。酒甫行，即欲去，畹屢易席，至邃室，群姬調絲竹，皆殊秀，一淡妝者統諸美而先眾音，情豔音嬌，三桂不覺其神移心蕩也。遽命解戎服，易輕裘，顧謂畹曰：『此非所謂圓圓邪？洵足傾人城矣，公寧勿畏而達此？』畹不知所答，命圓圓行酒。圓圓至席，吳語曰：『卿樂甚。』圓圓小語曰：『紅拂尚不樂越公，矧不逮越公者邪。』吳頷之。酳酒間，警報踵至，畹前席曰：『寇至矣，將奈何。』吳遽曰：『能以圓圓見贈，吾保公家先於保國也。』畹勉許之。吳即命圓圓拜辭畹，擇細馬駄之去，畹爽然，無如何也。帝促三桂出關，三桂父督理御營名驤者，恐帝聞，留圓圓府第，勿令往。三桂去而闖賊旋拔城矣，懷宗死社稷。是時驤方降闖，闖即索圓圓，且籍其家，而命其作書以招子也。三桂得父書，欣然受命矣。而一偵者至，曰：『吾家無恙邪？』曰：『為闖籍矣。』曰：『吾至，當自還也。』又一偵者至，曰：『吾父無恙邪？』曰：『為闖拘繫矣。』曰：『吾至，當即還也。』又一偵者至，曰：『陳夫人無恙邪？』曰：『為闖得之矣。』三桂拔劍斫案曰：『果有是，吾從若耶！』因作書答父，與父絕，遂乞清師敗闖於一片石。自成怒，戮吳驤並其家三十餘口。欲殺圓圓，圓圓曰：『聞吳將軍捲甲來歸矣，徒以妾故，又復興兵。殺妾何足惜，恐其為王死敵不利也。』自成欲挈圓圓去，圓圓曰：『妾既事大王矣，豈不欲從，恐吳將軍以妾故而窮追不已也。王圖之，度能敵彼，妾即裹裳跨征騎。為大王計，宜留妾緩敵，當說彼不追，以報王之恩遇也。』自成於是棄圓圓，狼狽西行。三桂既得圓圓，相與抱持，喜泣交集。旋受王封，建蘇臺郿隖於滇南，專房之寵，數十年如一日。」鈕琇《觚賸》：「圓圓之姥曰陳，故幼從陳姓，本出於邢，至是府中皆稱邢太太。居久之，延陵潛蓄異謀，邢窺其徵，以齒暮，請為女道士。」

鼎湖當日棄人間，破敵收京下玉關。慟哭六軍俱縞古切老。素，衝冠一怒為紅顏。紅顏流落非吾戀，逆賊天亡自荒讌。電掃黃巾定黑山，哭罷君親再相見。相見初經田竇家，侯門歌舞出如花。許將戚里空侯伎，等取將軍油壁車。

家本姑蘇浣花里，圓圓小字嬌羅綺。夢向夫差苑里遊，宮娥擁入君王起。前身合是採蓮人，門前一片橫塘水。橫塘雙槳去如飛，何處豪家強腔上聲。載歸。此際豈知非薄命，此時只有淚沾衣。薰天意氣連宮掖，

明眸皓齒無人惜。奪歸永巷閉良家，教就新聲傾坐客。坐客飛觴紅日暮，一曲哀絃向誰訴。白皙通侯最少年，揀取花枝屢回顧。早攜嬌鳥出樊籠，待得銀河幾時渡。恨殺軍書底死催，苦留後約將人誤。

相約恩深相見難，一朝蟻賊滿長安。可憐思婦樓頭柳，認作天邊粉絮看。徧索綠珠圍內第，強呼絳樹出雕闌。若非壯士全師勝，爭得蛾眉匹馬還。蛾眉馬上傳呼進，雲鬟不整驚魂定。蠟炬迎來在戰場，啼粧滿面殘紅印。專征簫鼓向秦川，金牛道上車千乘。斜谷雲深起畫樓，散關月落開粧鏡。

傳來消息滿江鄉，烏柏紅經十度霜。教曲妓師憐尚在，浣紗女伴憶同行。舊巢共是銜泥燕，飛上枝頭變鳳皇。長向尊前悲老大，有人夫壻擅侯王。當時祇受聲名累，貴戚名豪競延致。一斛珠連萬斛愁，關山漂泊腰支細。錯怨狂風颺音漾。落花，無邊春色來天地。嘗聞傾國與傾城，翻使周郎受重名。妻子豈應關大計，英雄無奈是多情。全家白骨成灰土，一代紅粧照汗青。

君不見館娃烏瓜切。初起鴛鴦宿，越女如花看不足。香逕塵生鳥自啼，屧音躞。廊人去苔空綠。換羽移宮萬里愁，珠歌翠舞古梁州。為君別唱吳宮曲，漢水東南日夜流。

【鼎湖】呈【再相見】《史記‧封禪書》：「黃帝採首山銅，鑄鼎於荊山下。鼎既成，有龍垂胡顙下迎黃帝。黃帝上騎，群臣後宮從上者七十餘人，龍乃上去，餘小臣不得上。乃悉持龍顙，龍顙拔，墮黃帝之弓。百姓仰望黃帝既上天，乃抱其弓與龍顙號，故後世因名其處曰鼎湖，其弓曰烏號。」玉關，在龍勒縣西首。言崇禎駕崩，而三桂破敵收京，追闖出關也。慟哭，謂哭帝。白色生絹曰縞。《史記‧藺相如傳》：「怒髮上衝冠。」紅顏，指圓圓。逆賊，指李闖。荒讌，謂荒於讌樂。《後漢書‧吳漢傳‧贊》：「電掃群孽。」漢靈帝時，鉅鹿張角等起而為亂，皆著黃巾，時人謂之黃巾賊。黑山，在今河北沙河縣北，東漢末有黑山賊。再相見，謂再與圓圓相見。此八句是總冒。【相見】至【傾坐客】田蚡、竇嬰，皆漢外戚，喻田畹。案：鈕琇《觚賸》作嘉定伯周奎。唐崔郊詩：「侯門一入深如海。」戚里，注見前。空侯，即箜篌，樂器名。《釋名》謂為師延所作。伎，通妓。《樂府》：「妾乘油壁車，郎乘青驄馬。」按：油壁車，謂以油漆飾車壁也。夫差，吳王夫差也。苑，謂苑囿。採蓮人，謂西子也。《一統志》：「吳自江口沿淮築隄，謂之橫塘。」在今江蘇江寧縣西南。薰天，注見前。掖，宮旁舍。杜甫詩：「明眸皓齒今何在？」《集覽》：「馬氏曰：『嘉定伯已將圓圓進，未及召見，

旋因出永巷宮人，貴妃遂竄名籍中，出付妃父田弘遇家，而吳於田席上見之也。』」此段追敘其初言由里居入侯門，入宮掖，而復還留田畹家也。【坐客飛觴】至【將人誤】觴，酒杯之總名。《左·昭》：「有君子，白晳，鬚鬢眉，甚口。」白晳通侯，指三桂。白樂天詩：「揀得如花四五枝。」樊籠，所以畜鳥者。《莊子》：「澤雉十步一啄，百步一飲，不期畜於樊中。」銀河，即天河，借用七夕牛女相會事。《漢書》：「軍書交馳而輻輳。」此敘三桂初得圓圓，因赴關而訂後約也。【相約恩深】至【開妝鏡】《後漢書·皇甫嵩傳》：「張角等起，皆著黃巾，時人謂之黃巾，亦名為蛾賊。」蛾，即蟻字。喻賊眾多也。可憐二句，狀思婦飄零之苦。《晉書·石崇傳》：「崇有妓曰綠珠，美而豔，善吹笛。孫秀使人求之，崇不許。秀怒，因語於趙王倫，矯詔收崇。介士到門，崇謂綠珠曰：『我今為爾得罪。』綠殊泣曰：『當效死於君前。』入，因自投於樓下而死。」魏文帝《與繁欽書》：「今之妙舞，莫過於絳樹。」范攄《雲溪友議》：「邕南節度使蔡京過永州，永州刺史鄭史與京同年，以酒樂相邀。座有瓊枝者，鄭之所愛，京強奪之行，鄭莫之競也。」案：詩意似借用瓊枝事。闌，門遮也，通作「欄」。爭，助詞，與怎同，猶言如何也。《詩》：「螓首蛾眉。」蠶蛾觸鬚細而長曲，故以比美人之眉，後遂為美人之代名詞。雲鬢，注見前。《拾遺記》：「魏文帝美人薛靈芸，常山人也。郡守谷習以千金寶賂，聘之入宮。未至京師數十里，膏燭之光，相繼不絕。又築高臺，列燭於下，名曰燭臺，遠望之，如列星墜地。」鈕琇《觚賸》：「闖棄京出走，十八營解散，各委其輜重婦女於途。延陵追度故關，至山西，晝夜不息，尚未知圓圓之存亡也。其部將於都城搜訪得之，飛騎傳送。延陵方駐師絳州，將渡河，聞之大喜，遂於玉帳結五綵樓，備翟茀服，從以香輦，列旌旗簫鼓三十里，親往迎迓。自此由秦入蜀，迄於秉鉞滇雲。」案：《觚賸》所載，與陸傳互有不同，然詩云「迎來在戰場」，則當以《觚賸》為正。《漢書·五行志》：「桓帝元嘉中，婦女好作愁眉啼妝。」專征，謂秉鉞而得專征伐也。《綱目集覽》：「案：秦川南連秦嶺，西接隴山。《通典》云：『漢陽有大阪曰隴坻，登隴東望秦川。』」《水經注》：「清水上下咸謂之秦川，今曰牛頭河。」羅壁《識遺》：「秦川，關中別號。」案：《明史·流賊傳》：「自成歸西安。順治二年二月，清兵攻潼關破，自成棄西安走。」闞駰《十三州記》：「秦惠王未知蜀道，乃刻石牛五頭，置金於尾下，言：『此天牛，能糞金。』蜀人信之，令五丁引牛成道，致之成都，因使張儀伐之。」鄭樵《通志》：「金牛峽在漢中府沔縣西一百七十里。」斜谷，陝西終南山之谷也，在郿縣西南，長四百二十里。樂史《寰宇記》：「大散關在鳳翔府歧山縣西南五十二里。」祝穆《方輿勝覽》：「大散關在舊梁泉縣，為秦蜀要路。」此敘圓圓被擄，幸得三桂破賊，重複完聚，而由秦入蜀也。【傳來消息】至【來天地】烏桕，木名，

亦作鴉舅。妓師，見《臨淮老妓行》注。西施嘗浣紗若耶溪。王維《西施詠》：「當時浣紗伴，莫得同車歸。」《宋書・王微傳》：「與王僧綽書曰：『巖穴，人情所難。吾得當此，則雞鶩變作鳳皇。』《南史・范雲傳》：「江祏求雲女婚姻，取剪刀為聘。及祏貴，雲曰：『昔與將軍俱為黃鵠，今將軍化為鳳皇，荊布之室，理隔華盛。』因出剪刀還之。」祇，但也。延致，猶招致。漂泊，謂居無定所。庾信賦：「下亭漂泊。」飀，風所飛揚也。宋子侯詩：「花落何飄飀。」此敘圓圓致身青雲，女伴同羨，雖遭亂離之苦，而卒享富貴之樂也。【嘗聞】至【日夜流】傾國傾城，注見前。《〈吳志・周瑜傳〉注》：「《江表傳》曰：『操與權書曰：赤壁之役，值有疾病，孤燒船自退，橫使周郎虛獲此名。』」周郎，指三桂。汗青，注見前。照污青，謂名垂青史。朱長文《吳郡圖經續記》：「研石山，在吳縣西二十一里。」《越絕書》云：「吳人於研石置館娃宮。」揚子《方言》：「吳人呼美女為娃，蓋以西子得名耳。」《吳都賦》：「幸乎館娃之宮，張女樂而娛群臣。」即謂此也。《御覽》：「董監《吳地記》曰：『香山，吳王遣美人採香於山，因以為名，故有採香涇。』」范成大《吳郡志》：「山前十里有採香涇，橫斜如臥箭。」《正德姑蘇志》：「響屧廊，在靈巖山。相傳吳王建廊而虛其下，令西施與宮人步屧繞之，則響，故名。今雲巖寺圓照塔前小斜廊，即其址。」換羽移宮，謂樂曲之變調也。借喻人事變遷。《明史・地理志》：「雲南，《禹貢》梁州徼外地。」三桂鎮雲南，故曰古梁州。此段言兒女之情，英雄不免，至以全家殉之而不悔，故借西施事作襯，寄嘅無窮。

悲歌贈吳季子 吳兆騫，字漢槎，吳江人。順治戊戌以丁酉科場事蜚語逮繫，遣戍寧古塔。康熙辛酉，徐健菴為之納鍰，放歸田里。陶園存友札小引：「吳漢槎天才橫逸，幾掩王駱，竟為主司羅致，遂得謫戍。客從塞外來，吟其詩，凄然腸斷。」徐釚《續本事詩》：「漢槎驚才絕豔，數奇淪落，萬里投荒，驅草北上，時嘗託名金陵女子王倩娘題詩驛壁，以自寓哀怨云。其《西曹雜詩自序》云：『望慈幛於天際，白髮雙悲；憶少婦於樓頭，紅顏獨倚。』婉轉悲涼，聽如銀箏之嗚咽矣。」

人生千里與萬里，黯乙減切。然銷魂別而已。君獨何為至於此，山非山兮水非水，生非生兮死非死。十三學經並學史，生在江南長紈音桓。綺。倚遺切。詞賦翩翩眾莫比，白璧青蠅見排詆。低上聲。一朝束縛去，上書難自理，絕塞千山斷行李。送吏淚不止，流人復何倚。彼尚愁不歸，我行定已矣。八月龍沙雪花起，槖駝垂腰馬沒耳。白骨皚莪孩切。皚經戰壘，黑河無船渡者幾。前憂猛虎后蒼兕，音似。土穴偷生若螻音樓。蟻。大魚如山不見尾，張鬐音耆。為風沫為雨。日月倒行入海底，白晝相逢半

人鬼。噫嘻乎悲哉，生男聰明慎莫喜，倉頡夜哭良有以。受患祗從讀書始，君不見吳季子。

【黯然句】黯然，傷別貌。江文通《別賦》：「黯然銷魂者，唯別而已矣。」【紈綺】富貴者所服，謂長於富貴之家也。翩翩，風流文采之謂。《三國志注》：「元瑜書記翩翩，致足樂也。」【白璧青蠅】唐陳子昂詩：「青蠅一相點，白璧遂成冤。」【見排詆】見，被也。《史記》：「信而見疑。」排，斥也。詆，毀辱也。【束縛】逮繫也。【理】伸理而出其罪。【絕塞】邊塞極遠之處。【千山】《一統志》：「千山在遼陽州南六十里。」高士奇《扈從東巡日錄》：「遼左諸山，土多石少。此獨磧石磊砢，峰巒重疊，以千數計，山之所由名也。」毛奇齡《西河詩話》：「千山上列九百九十峰，故名千山。地近高句驪。」【斷行李】斷，絕也。古謂行人為行李。【流人】流放之人。【彼】指送吏。【龍沙】《後漢書·班超傳·贊》：「坦步蔥雪，咫尺龍沙。」蔥嶺，雪山，龍堆，沙漠也。【橐駝垂腰】橐駝，即駱駝，能負重行遠之獸也。垂腰，雪垂駝腰也。【馬沒耳】雪沒馬耳也。【皚皚】潔白貌。班彪賦：「涉積雪之皚皚。」【黑河】《一統志》：「黑水河在錦州府寧遠縣西一百二十里。」【蒼兕】獸名，犀之雌者。王充《論衡》：「夫蒼兕，水中之獸也，善覆人船。」【偷生】猶言苟活。【螻蟻】蟻也。《莊子》：「在下為螻蟻食。」【鬐】魚脊也。《莊子》：「揚而奮鬐。」【沫】涎沫也。【噫嘻】悲歎也。【倉頡句】《說文序》：「黃帝之史倉頡，見鳥獸蹏迒之跡，知文理之可相別異也，初造書契。」《淮南子》：「倉頡作書，天雨粟，鬼夜哭。」

遣悶

秋風泠音靈。泠蛬渠容切。唧節一切。唧，中夜起坐長太息。我初避兵去城邑，田野相逢半親識。扁舟遇雨煙林出，白版溪門主人立。雞黍開尊笑延入，手持釣竿前拜揖。十載鄉園變蕭瑟，父老誅求窮到骨。一朝戎馬生倉卒，婦人抱子草間匿。津亭無船渡不得，仰視烏鵲營其巢。天邊矰音增。繳音灼。猶能逃，我獨何為委蓬蒿，搔首回望明星高。

【泠泠】風之和也。宋玉賦：「清清泠泠，愈病析酲。」【蛬】《埤雅》：「蟋蟀，一名吟蛬。」【唧唧】蟲聲。歐陽修賦：「但聞四壁，蟲聲唧唧。」【我初句】指乙酉礬清湖避亂事。詳前《礬清湖序》。【黍】糯米也。【尊】酒杯也。【蕭瑟】蕭條瑟縮也。【誅求】苛責也。杜甫詩：「已分誅求窮到骨。」【一朝句】倉卒，急遽貌。長洲薛起鳳曰：「順治十六年，海寇鄭成功犯鎮江。詩應作於此時。」【匿】藏也。【津亭】津，

濟渡處。亭，道路設舍，所以停集行人也，如驛亭、郵亭。【繒繳】弋鳥之具，以繩繫矢而射也。【搔首】搔，手爬也，言以手搔發而有所思也。《詩》：「搔首踟躕。」

五律

遊西灣

斷壁猿投栗，荒祠鼠竄藤。鐘寒難出樹，雲靜恰依僧。選勝從吾意，捫音門。危羨客能。生來幾量屐，音劇。到此亦何曾。

【斷壁】石厓峭削者曰壁。【投】擲也。【鼠竄】《漢書》：「奉頭鼠竄。」【恰】適當之詞。【選勝】尋遊名勝之境。王惲詩：「選勝尋泉石。」【捫】摸也。【幾量屐】《晉書·阮孚傳》：「未知一生當著幾量屐。」量與緉通。履雙曰緉。屐，木履也。《莊子注》：「木曰屐。」

早起

早涼成偶遊，惜爽憩南樓。碁響鳥聲動，茶煙花氣浮。衫輕人影健，風細客心柔。餘興閒支枕，清光淺夢收。

【惜】愛也。【憩】息也。【碁響二句】碁響，敲碁而響作也。茶煙，烹茶而煙颺也。鳥聲動，花氣浮，皆寫早字。【衫】單衣。【支枕】猶言敧枕。【淺夢】淺短之夢。

送李友梅還楚寄題其所居愛吾廬友梅慕陶故詩以記之《湖廣通志》：「李文郁，字友梅，大冶縣學生。」慕陶，謂慕陶淵明。韋應物詩：「慕陶直可庶。」

寒雪滿潯陽，江程入楚鄉。灘逢黃鵠怒，嶺界白雲長。十里魚蝦市，千頭橘柚音又。莊。歸人貰音世。村酒，彷彿是柴桑。

【潯陽】《漢書·地理志》：「廬江郡縣尋陽。」杜氏《通典》：「尋陽，漢舊縣，在江北蘄州界。晉溫嶠移於江州柴桑。漢屬豫章。」《一統志》：「九江府，戰國屬楚。漢為柴桑、彭澤二縣地。晉永興元年，置尋陽郡。唐天寶元年，改為潯陽郡。」【江程】程，道里也。江行入楚，故曰江程。【灘逢句】水淺多石而急流者曰灘。《元和郡縣志》：「黃鵠山蛇引，而西吸於江，其首隆然，黃鶴樓枕焉，其下有黃鵠磯。」【嶺界句】山頂可通道路者曰嶺。界，毗連也。《湖廣通志》：「白雲山在武昌府嘉魚縣南十里，一名白面山，山石皆白。」【千頭句】習鑿齒《襄陽耆舊傳》：「李衡作宅於武陵龍陽汎洲上，種橘千株，勅其子曰：『吾有千頭木奴，不資汝衣食，歲上一正絹，可以不貧矣。』」

柚大於橘，亦稱文旦。貨物所萃之處曰莊。【貰】《史記·高祖紀》：「嘗從王媼武負貰酒。」《索隱》曰：「《廣雅》云：『貰，賒也。』《說文》云：『貰，貸也。』」【柴桑】樂史《寰宇記》：「柴桑山近栗里原。」

晚泊泊，傍各切，舟附岸也。

寒耡依岸直，輕槳蕩潮斜。樹脫餘殘葉，風吹亂晚霞。沙深留豕跡，溪靜響魚叉。乞火村醅鋪灰切。至，炊音吹。煙起荻花。

【寒耡】《周禮·地官》：「里宰以歲時合耦於耡，以治稼穡。」《注》：「杜子春云：『耡讀為助，謂相佐助也。』鄭康成云：『耡者，里宰治處也，若今街彈之室，於此合耦，使相佐助，因放而為名。』」吳縣沈起鳳曰：「周曰耡，漢曰街彈。」趙明誠《金石錄》：「汝州故昆陽城中有碑，額題都鄉正街彈碑。《字典》云：『即今之申明亭也。』」【槳】行舟之具。長大者曰櫓，短小者曰槳。【蕩】往復動也。【晚霞】霞，低空所凝霧氣，因日光斜射而發光采也。【魚叉】陸游《老學庵筆記》：「魚叉以竹竿為柄，長二三丈。」【乞火二句】醅，酒未漉也。炊，爨也。言村醅既至，而乞火以炊也。荻與蘆同類，葉稍闊，生水邊。舟傍蘆岸，故曰「炊煙起荻花」也。

送友人還楚還，疑當作「遊」。

燈火照殘秋，聞君事遠遊。客心分莫同暮。雨，寒夢入江樓。酒盡孤峰出，詩成眾靄於蓋切。收。一帆灘響急，落日滿黃州。

【客心句】應上燈火。【寒夢句】寒字應上殘秋。身未入楚，而夢已先至也。【靄】氛也，如煙靄、暮靄之類。【黃州】黃州本春秋黃國，楚滅黃，併其地。隋置黃州，屬湖北。今黃岡縣，其舊治也。結到至楚。

讀史雜感三首

北寺讒成獄，西園賄音悔。拜官。上書休討賊，進爵在迎鑾。音鸞。相國爭開第，將軍罷築壇。空餘蘇武節，流涕向長安。

【北寺句】杜氏《通典》：「分宰相為南司，故稱南牙；寺官為北司，又稱北寺。」讒，崇飾惡言，以毀善害能也。《莊子》：「好言人之惡，謂之讒。」《明史·姦臣傳》：「馬士英身掌中樞，一無籌畫，日以鋤正人、引凶黨為務。時有狂僧大悲，出語不類，為總督京營戎政趙之龍所捕，阮大鋮欲假以誅東林及素所不合者，因造十八羅漢、五十三參之目，書史可法、高弘圖、姜曰廣、黃道周等姓名內大悲袖中，海內人望無不備列，將窮治其事。獄詞詭秘，朝士皆自危，而士英不欲興大獄，乃當大悲妖言律，

斬而止。」【西園句】《後漢書‧靈帝紀》：「光和元年初，開西邸賣官，自關內侯、虎賁、羽林入錢各有差。私令左右賣公卿，公千萬，卿五百萬。」《注》：「《山陽公載記》：『於西園立庫以貯之。』」《明史‧姦臣傳》：「時朝政濁亂，貨賂公行。大僚降賊者，賄入，輒復其官。諸白丁隸役輸重賂，立躋大帥。諸人為之語曰：『職方賤如狗，都督滿街走。』其刑賞倒置如此。」【上書句】《明史‧史可法傳》：「時自成既走陝西，猶未滅，可法請頒討賊詔書，不報。」【進爵句】程《箋》：「加翊戴恩，馬士英太子太師以下數人，各陞賞世蔭。又加南臨恩，史可法少傅、士英少保以下，又特陞李沾都察院左都御史，張文光太常少卿，以二人定策功多也。」迎鑾，詔迎立福王。鑾駕，天子所御車也。【相國】指馬、阮。【開第】開建府第。【將軍句】此借用漢高築壇拜韓信為大將事。將軍，指史可法。福王不能尊禮可法而專任之，故云「罷築壇」也。【空餘兩句】《漢書‧蘇武傳》：「匈奴徙武北海上，使牧羝，武杖漢節牧羊，臥起操持，節旄盡脫。以始元六年還京師。」《明史‧左懋第傳》：「崇禎十七年五月，福王立。時清兵連破李自成，朝議遣使通好，而難其人，乃拜懋第兵部侍郎，北行，並命致祭帝后梓宮，訪東宮二王蹤跡，以兵三千人護行。十月朔，次張家灣，清廷傳令，止許百人從行，懋第衰絰入都門，至則館之鴻臚寺。請祭告諸陵及改葬先帝，不可，則陳太牢於旅所，哭而奠之。尋改館太醫院。順治二年六月，聞南京失守，慟哭。至閏月十二日，與從行兵部司務陳用極等俱以不降誅。」長安，西漢都，此指南京。

聞築新宮就，君王擁麗華。尚言虛內主，廣欲選良家。使者螭讀如癡。頭舫，音放。才人豹尾車。可憐青冢月，已照白門花。

【新宮】即下注修興寧宮，建懋禧殿也。【麗華】《陳書‧后妃傳》：「張麗華，兵家女也，以選入宮，甚被寵遇。至德二年，乃於光照殿前起臨春、結綺、望仙三閣。後主自居臨春閣，張貴妃居結綺閣，龔、孔二貴嬪居望仙閣，俱複道交相往來。」【內主】謂皇后。《左‧昭》：「撫有晉國，賜之內主。」【良家】謂清白人家。《史記》：「呂后時，竇太姬以良家子入宮，侍太后。」程《箋》：「先是修興寧宮，建懋禧殿，大工繁費，又專以選淑女為急。應天府首選二名，不中。司禮監選六名，亦不中。特遣內監田壯圖往杭州，選到陳氏、王氏、李氏三人，著於十五日進元暉殿，命戶部、工部各委官一員，採辦中宮珠冠禮冠三萬兩，常冠一萬兩。未及冊立，而弘光出走矣。」【螭頭舫】螭，若龍而黃，無角。舫，並兩舟也。亦用為舟之通稱。東坡《寒食湖上》詩：「映山黃帽螭頭舫。」【才人句】才人，古女官名。晉武帝置，至宋時尚沿用之。《晉書‧輿服志》：「法駕屬車三十六乘，最後乘懸豹尾。」《宋史‧輿服志》：「豹尾車，古者軍正建豹尾，後制，最後車一乘垂豹尾。豹尾以前，即同

禁中。唐貞觀後，始加此車於鹵簿內，制同黃鉞。車上載朱漆竿，首綴豹尾，右武衛隊正一人執之，駕兩馬，駕士十五人。」【可憐二句】《歸州圖經》：「胡中多白草，王昭君冢獨青，號曰青冢。」《宋書·明帝紀》：「宣陽門，民間謂之白門。」《一統志》：「建康故城在上元縣南，正西曰西明門，一曰白門。」此言南都不守，黃土埋香，已抱花殘月缺之恨也。

　　偏師過采石，突騎滿新林。已設牽羊禮，難為刑馬心。孤軍摧韋粲，百戰死王琳。極目蕪城遠，滄江莫雨深。

　　【偏師句】偏師，一部分之師也。《左·宣》：「蔿子以偏師陷。」樂史《寰宇記》：「牛渚山北謂之采石。」《明一統志》：「太平府城北二十五里，牛渚北臨江，有磯曰采石。」【突騎句】突騎，衝突敵軍之騎兵也。《漢書》：「平原易地，輕車突騎。」《隋書·韓擒虎傳》：「擒虎率五百人宵濟，襲采石，守者皆醉，擒虎遂取之。進次姑孰，半日而拔，次於新林。」祝穆《方輿勝覽》：「新林浦去建康二十里。」【牽羊】《左·宣》：「楚子圍鄭，鄭伯肉袒牽羊以逆。」杜氏曰：「示服為臣僕。」《明史·諸王傳》：「五月辛卯，由崧走太平，趨得功軍。癸巳，至蕪湖，清兵奄至。中軍田雄挾由崧降。」【刑馬】《戰國策》：「齊孟嘗君舍人謂衛君曰：『臣聞齊、衛先君刑馬壓羊而盟。』」《晉書·郗鑒傳》：「設壇場，刑白馬，大誓三軍。」言志在降敵，必不能誓師而出御也。【韋粲】《梁書·韋粲傳》：「韋粲，字長倩，叡之孫。聞侯景作亂，議推其外弟司州刺史柳仲禮為大都督，進軍新亭。粲自頓音塘，當石頭中路，遂帥所部水陸俱進。時值昏霧，軍人失道，比及青塘，夜已過半，壘柵至曉未合，景攻破之。左右牽粲避賊，粲不動，遂遇害。」【王琳】《南史·王琳傳》：「王琳，字子衍，會稽人。仕梁，累官湘州刺史。江陵亂後，奉永嘉王莊，纂梁祚於郢州。陳文帝立，遣將攻之，戰敗，奉莊入齊，齊令赴壽陽召募，陳將吳明徹進兵圍之，晝夜攻擊，從七月至十月，城陷被執，殺之。」《明史·黃得功傳》：「清兵渡江，知福王奔，分兵襲太平。得功方收兵屯蕪湖，福王潛入其軍，得功驚泣曰：『陛下死守京城，臣等猶可盡力，奈何聽奸人言，倉卒至此？且臣方對敵，安能扈駕？』王曰：『非卿無可仗者。』得功泣曰：『願效死。』得功前戰荻港時，傷臂幾墮，衣葛衣，以帛絡臂，佩刀坐小舟，督麾下八總兵結束前進迎敵，忽飛矢中其喉偏左，得功知不可為，遂拔箭刺吭死。」韋粲、王琳皆指得功。【蕪城】樂史《寰宇記》：「蕪城即揚州城，古為邗溝城也，漢以後荒毀。」程《箋》：「清兵攻揚州，史可法御之，薄有斬獲。攻益急，請救，不報。開門出戰，清兵騰城入，可法死之。」【滄江】江水蒼色，故曰滄江。李白詩：「拂鏡滄江流。」

贈徐子能《蘇州府志》：「徐增，字子能，吳江人。有《而菴集》。」

如子聲名早，相聞盡故人。懶余交太晚，知我話偏真。道在應非病，詩成自不貧。休教嗟拊髀，音俾。纔得保沉淪。自注：子能病蹇。

【道在句】《史記‧仲尼弟子傳》：「原憲曰：『學道而不能行者謂之病。若憲，貧也，非病也。』」【拊髀】髀，股也。《漢書‧馮唐傳》：「迺拊髀。」《蜀志‧先主傳》：「住荊州數年，嘗於劉表坐起至廁，見髀裏肉生，慨然流涕。還坐，表問故，備曰：『吾常身不離鞍，髀肉皆消。今不復騎，髀裏肉生。日月如馳，老將至矣，而功業不建，是以悲耳。』」無名氏《徐子能集序》：「子能年甫壯而得末疾，須人以行。」按：子能病蹇，故借用拊髀事。【纔得句】言雖沉淪不遇，而餘生得保，亦云幸也。

初春同王維夏郁計登夜坐奇懷室《欽定國朝詩別裁集》：「王昊，字維夏，太倉州人。鳳洲司寇之後。康熙己未，召試博學鴻辭，以年老，授官正字，回籍。」《鎮洋縣志》：「郁禾，字計登。邃於經學，多所著述。」

長日誰教睡，夜深還擁書。一燈殘酒在，斜日暗窗虛。官退才須減，名高懶不除。梅花侵曉發，蚤同早。得伴閒居。

【官退句】《南史‧丘靈鞠傳》：「靈鞠宋時文名甚盛，入齊頗減。王儉謂人曰：『丘公仕宦不進，才亦盡矣。』」【侵曉發】犯曉寒而開也。

送王子彥《太倉州志》：「王瑞國，字子彥，天啟辛酉舉人。增城令。」程《箋》：「子彥號書城，亦稱欒徑先生。父士騄，敬美次子。子彥束脩砥行，尚氣誼，厲名節，吳門文、姚兩公皆款重之。」自注：王以孝廉不仕，後因事避吏，將入都。

失意獨焉往，自憐歸計非。無家忘別苦，多難愛書稀。白首投知己，青山負布衣。秋風秫音末。陵道，惆悵素心違。

【投】適也，託也。【青山句】不能安居青山，故云負也。布衣，未仕者之稱。【秣陵】秦改金陵為秣陵。在舊江寧縣東南。晉以建業為秣陵。即今南京市及江寧縣地。

座主李太虛師從燕都間道北歸尋以南昌兵變避亂廣陵賦呈八首錄二

李肇《國史補》：「進士為時所尚，俱捷謂之同年，有司謂之座主。」《江西通志》：「李明睿，南昌人。天啟二年進士，歷坊館，罷閒六七年，廷臣交薦，用宮允起田間。順治初，為禮部侍郎。未幾，以事去官。卒年八十有七。」《南昌郡乘》：「李明睿，字虛中，號太處。」鈕琇《觚賸》：「江右李太虛為諸生時，嗜酒落拓，而家甚貧。太倉王司馬岵雲備兵九江，校士列郡，拔太虛第一。即遣使送至其家。時王氏二長子已受業同里吳蘊玉先生。蘊玉者，梅村先生父也。而太虛教其第四、五諸郎。梅村甫髫齡，

亦隨課王氏塾中。李奇其文，卜為異日偉器。歲將闌，主家設具，讌兩師，出所藏玉
巵侑酒。李醉，揮而碎之。王氏子面加誚讓，李亦盛氣不相下，遂拂衣去。吳知其不
能行也，翌日早起，追於城闉，出館俸十金為贈。數載後，李以典試覆命，過吳門，
王氏子謁於舟次。李急詢吳先生近狀，時梅村已登賢書。辛未，梅村遂為太虛所薦，
登南宮第一，及第第二人。」燕都，謂北平。間道，僻道也。《漢書》：「步從間道走軍。」
《明史·揭重熙傳》：「金聲桓，總兵左良玉部將也。已降於清，復乘間為亂，據南昌。」
《漢書·地理志》：「廣陵國，景帝四年更名江都，武帝元狩三年更名廣陵。」案：廣
陵，即揚州也。

風雪聞關路，江山故國天。還家蘇武節，浮海管寧船。妻子驚還在，
交朋淚泫玄上聲。然。兩京消息斷，離別早經年。

【間關】艱澀之義，狀道路之難行。【蘇武節】見前。【浮海句】《魏志·管寧傳》：
「天下大亂，寧聞公孫度令行海外，遂往依之。文帝即位，徵寧，遂將家屬浮海還郡。」
《文集·李太虛壽序》：「流離險岨，浮海南還，家園烽火，禍亂再作，以其身漂泊於
江山風月之間。」【泫然】流涕貌。《禮·檀弓》：「孔子泫然流涕。」

世路長為客，家園況苦兵。酒偏今夜醒，笛豈去年聲。一病餘孤枕，
千山送獨行。馬當風正緊，振柁下溢音盆。城。

【馬當句】《御覽》：「《九江記》曰：『馬當山高八十丈，在古彭澤縣北一百二十
里。其山橫枕大江，象馬形，回風急擊，波浪洶湧，舟船上下，多懷憂懼。山上立馬
當廟以祀之。』」緊，纏絲急也。凡急者皆曰緊。【振柁】法見《臨淮老妓行》。【溢城】
慧遠《廬山記》：「江州有青溢山，故其城曰溢城，浦曰溢浦。」《明一統志》：「溢浦在
今九江府城西。」

苦雨

亂煙孤望裏，雨色到諸峯。野漲余寒樹，江昏失暝鐘。夜深溪碓音
對。近，人語釣船逢。愁聽惟支枕，艱難愧老農。

【野漲句】野水浸樹，頓益漲痕。【江昏句】暝色連江，不聞鐘響。【碓】藉水力
舂米之器也。【艱難句】自愧涉世多艱，不如老農之閒適也。

野望二首

京江流自急，客思竟何依。白骨新開壘，青山幾合圍。危樓帆雨過，
孤塔陣雲歸。日暮悲笳起，寒鴉漠漠飛。

【京江】《潤州志》：「揚子江一名京江。江從蜀來，數千里至京口，北距廣陵，

東注大海。」胡三省《通鑑注》：「大江逕京口城北，謂之京江。」按：今亦稱京口曰京江。【陣雲】雲疊起如兵陣也。《漢書》：「陳雲如立垣。」陳同陣。【悲笳】軍中樂器。魏文帝書：「清風夜起，悲笳微吹。」【漠漠】布列貌。陸機詩：「街巷紛漠漠。」

衰病重聞亂，憂危往事空。殘村秋水外，新鬼月明中。樹出千帆霧，江橫一笛風。誰將數年淚，高處哭途窮。

【新鬼】《左·文》：「吾見新鬼大，故鬼小。」【樹出句】霧鎖林端，而千帆透影。【江橫句】風橫江面，而一笛傳聲。【哭途窮】阮籍，三國魏人。嗜酒放蕩，每至途窮，輒慟哭而反。

高郵道中

《漢書·地理志》：「廣陵國高郵。」祝穆《方輿勝覽》：「郡志：高郵一名秦郵，秦因高郵置郵傳，為高郵亭。」《一統志》：「高郵州在揚州府城北一百二十里。」

野宿菰音孤。蒲晚，荒陂苦碑。積雨痕。湖長城入岸，塔動樹浮村。漁出沙成路，僧歸月在門。牽船上瓜埭，音代。吹火映籬根。

【菰蒲】見前。【陂】澤鄣也。畜水曰陂。【湖長二句】《一統志》：「高郵湖，一名新開湖，在高郵州西北三里，長闊一百五十里，天長以東之水皆匯於此湖，達於運河。湖中突起一洲，可百餘畝。洲去城十里，盛漲不沒。」此二句寫遠勢。曰入，曰動，曰浮，如畫傳神。【瓜埭】《唐書·地理志》：「開元二十六年，以州北隔江，舟行繞瓜步，回遠六十里，乃於京口埭下直趨渡江，開伊婁河二十五里，渡揚子，立埭，埭以土堰水也，即今之土壩，浙江多有之。」【吹火句】吹火，見前。映，照也。籬，編柴與竹以為障隔也。

旅泊書懷

旅，客處也。舟附岸曰泊。

已遇江南雪，須防濟北冰。扁舟寒對酒，獨客夜挑燈。流落書千卷，清羸音雷。米半升。徵書何用急，慙愧是無能。

【濟北】漢文帝封東牟侯興居為濟北王，治盧，故城在今山東長清縣南。【清羸句】羸，瘠也，言身體羸弱，日食米半升而已。【徵書二句】徵書，朝廷徵召之書也。明亡後，先生被徵入京，在道中作。

病中別孚令弟

吳偉光，字孚令。太倉州學生。《文集·壽錢臣辰序》：「吾季弟孚令。」

昨歲歲寒別，蕭條北固樓。關山重落木，風雪又歸舟。地僻城鴉亂，天長塞雁愁。客程良不易，何日到揚州。

【北固樓】祝穆《方輿勝覽》：「京口北固山勢臨長江，蔡謨起樓其上，以置軍實。梁武帝登望，改曰北顧。」【塞雁愁】塞，邊塞。雁，喻兄弟，語意雙關。

送田髴淵孝廉南歸孫鉉《詩盛初編》：「田茂遇，字髴淵，華亭人。順治丁酉舉人。」《文集·田髴淵詩序》：「田子試南宮不第，有勸之歸者。田子曰：『吾鄉里抑鬱無所得，姑留邸中，一交天下長者。』於是宛平王公、柏鄉魏公、合肥龔公、真定梁公皆與之遊。一時三四公之門，無出田子右者。」

客路論平聲。投分，三年便已深。每尋蕭寺約，共話故園心。遠水明浮棹，疏村響急砧。知音切。濁亭橋畔柳，恰為去聲。兩人陰。

【投分】朋友意氣投合。【蕭寺】《國史補》：「梁武帝造寺，命蕭子雲飛白大書一蕭字。後寺毀，惟此一字獨存，故以為寺之泛稱。」【急砧】砧，搗衣石也。急砧，謂搗衣聲急也。【灞】水名。關中八川之一。

過韓蘄王墓《宋史·韓世忠傳》：「韓世忠，字良臣，延安人。歷鎮南、武安、寧國節度使。紹興十年四月，擢樞密使。尋罷為醴泉觀使。二十一年八月卒。孝宗朝，追封蘄王，諡忠武。」《蘇州府志》：「韓蘄王墓在吳縣靈巖山西麓。」蘄音其。

訪古思天塹，七艷切。江聲戰鼓中。全家知轉鬭，健婦笑臨戎。汗馬歸諸將，疲驢念兩宮。凄涼岳少保，宿草起悲風。

【天塹】天然之塹坑，言其險也。《南史》：「隋伐陳，孔範曰：『長江天塹，古以為限，虜軍豈能飛渡？』」【江聲句】《韓世忠傳》：「金既得建康，由廣德破臨安。世忠謀截金人歸師，以前軍駐青龍鎮，中軍駐江灣，後軍駐海口。金兵至，則世忠已屯焦山寺。兀朮約日大戰。戰將十合，梁夫人親執桴鼓，金兵終不得渡。請盡歸所掠假道，不許；請獻名馬，又不許。相持黃天蕩四十八日。時兀朮在世忠上游，潛於半夜鑿渠三十里，乘小舟截江遁去。」【轉鬭】謂輾轉相鬭。【健婦句】羅大經《鶴林玉露》：「韓蘄王之夫人梁氏，京口倡也。嘗五更入府，伺候賀朔，忽於廟柱下見一虎蹲臥，驚駭，急走出。已而人至者眾，復往觀之，乃一卒也。因蹴之起，問其姓名，為韓世忠。心異之，告其母，約為夫婦。蘄王後立殊功，為中興名將，逢封梁國夫人。」臨戎，即指上注親執桴鼓，與兀朮相持黃天蕩事。【汗馬】戰馬疾馳而污出，故云。《國策》：「不費汗馬之勞。」【疲驢】周密《齊東野語》：「韓忠武王以元樞就第，杜門謝客，絕口不言兵。時乘小驢，從一二奚童，縱酒西湖以自樂。」【念兩宮】兩宮，謂徽、欽二宗被擄北狩者也。【凄涼句】《杭州府志》：「鄂國武穆王岳飛墓在錢塘縣棲霞嶺，初潛瘞於

九曲叢祠，孝宗時改葬是處，墓木皆南向。」【宿草】隔年之草也。《禮·檀弓》：「朋友之墓，有宿草而不哭焉。」

茸城客樓大風曉寒吟眺以示友聖九日玉符諸子

茸讀如戎，草發生貌。《明一統志》：「吳王獵場在松江府城南華亭谷東。唐陸龜蒙詩：『五茸春草雉媒嬌。』注謂：五茸者，吳王獵所。茸各有名，故稱五茸城城。」蔣景祁《瑤華集》：「楊瑄，字玉符，江南華亭人。康熙丙辰進士，官翰林院編修。」友聖姓沈，九日姓許。

偶作扁舟興，去聲。偏逢旅夜窮。鴉啼殘夢樹，客話曉樓風。月落三江外，城荒萬馬中。空持一樽酒，歌笑與誰同。

【旅夜】旅居之夜。【三江】吳淞江、婁江、東江，皆太湖之支流。

送錢子璧赴大名

蔣景祁《瑤華集》：「錢穀，字子璧，華亭人。」《明一統志》：「大名府，戰國屬魏、齊二國。漢曰魏郡，唐曰天雄軍，宋曰大名。」

一騎衝寒雪，孤城叫晚鴉。參軍雄鎮地，上客相公家。酒盡河聲合，燈殘劍影斜。信陵方下士，旅思莫興嗟。

【騎】馬施鞍轡曰騎。【參軍】官名。後漢之季，有參軍事之名，謂參謀軍務也。簡稱參軍。位任頗重。晉以後，軍府暨王國始置為官員。明清之世，稱經歷曰參軍。【雄鎮】謂地居險要，兵力足以控制四方者。【相公家】案：成基命，字靖之，直隸大名人。明崇禎中東閣大學士。子克季，崇禎進士。入清，歷官祕書院大學士，即青壇相國也。《集覽》：「大名成光，字仲謙，青壇相國子也。有送錢子璧師南歸詩。此云相公，蓋指青壇也。」【信陵】《史記·信陵君傳》：「魏公子無忌者，封為信陵君。為人仁而下士。此以陵信〔註3〕比青壇。

鮺

徐堅《初學記》：「石首魚，稾而食之名為鮺。」《吳地記》：「闔閭逐東夷」入海，得金色魚食之，歸而思之，問有餘，所司云：『並曝乾。』王索之，其味美，因書美，下著魚，是為鯗字。今從鮺，非也。」

舊俗魚鹽賤，貧家入饌音撰。輕。自慚非食肉，每飯望休兵。餘骨羶詩焉切。何附，長餐臭有情。腐儒嗟口腹，屬饜音厭。負升平。

【饌】具食也。【食肉】《左·莊》：「肉食者鄙。」【羶】羊臭也。《莊子·徐无鬼篇》：「羊肉不慕蟻，蟻喜羊肉，羊肉羶也。舜有羶行，百姓悅之，故三徙成都，至鄧之虛而十有萬家。」【長餐句】《家語》：「如入鮑魚之肆，久而不聞其臭，亦與之化矣。」

〔註3〕「陵信」當作「信陵」。

所謂「臭有情」也。【腐儒】陳腐無用之學者。《漢書》：「為天下安用腐儒！」【屬饜】飽足也。《左‧昭》：「願以小人之腹為君子之心，屬饜而已。」

過吳江有感《五代史‧職方考》：「吳江縣，梁開平三年錢鏐置。」《蘇州府志》：「在府南四十里。」

落日松陵道，堤長欲抱城。塔盤湖勢動，橋引月痕生。市靜人逃賦，江寬客避兵。廿年交舊散，把酒歎浮名。

【松陵句】陳沂《南畿志》：「吳江本吳縣之松陵鎮，後析置吳江縣。」道，路也。【堤】《一統志》：「長堤在吳江縣東。宋慶曆二年，以松江風濤，漕運多敗舟，遂起松陵長堤，界於江湖之間。明萬曆十三年重築，長八十里。」【塔】《蘇州府志》：「寧境華嚴講寺在吳江縣東門外。宋元祐四年，邑人姚得瑄建方塔七層。」【橋】陶宗儀《輟耕錄》：「吳江長橋七十二洞。」【歎浮名】自歎為浮名所累也。

過東山朱氏畫樓有感並序

東洞庭以山後為尤勝。有碧山裏朱君築樓，教其家姬歌舞。君每歸自湖中，不半里，令從者據船屋作鐵笛數弄，家人聞之皆出。樓西有赤闌干，累丈餘，諸姬十二人，豔粧凝睇，音第。指點歸舟於煙波杳靄間。既至，即洞簫鈿鼓，諧笑並作，見者初不類人世也。君以布衣畜伎，晚而有指索其所愛者，以是不樂，遣去，無何竟卒。余偶以春日過其里，雖簾幙凝一，而湖山晴美，樓頭有紅杏一株，傍簷欲笑。客為余言君生平愛花，病困猶扶而瀝酒，再拜致別。諸伎中有紫云者，為感其意，至今守志不嫁。嗟乎！由此足以得君之為人矣，為題五言詩於壁上。

盡說凝眸望，東風徙倚身。如何踏歌處，不見看花人。舊曲拋紅豆，新愁長白蘋。傷心關盼盼，又是一年春。

【東洞庭】《蘇州府志》：「莫釐山以其在洞庭山東，俗稱東洞庭山，去洞庭山十八里。」【朱君】吳縣嚴榮曰：「翁澍《具區志》：『朱必掄，字珩璧，居洞庭東山，家有縹緲樓。』」【據船屋二句】《明史‧楊維楨傳》：「坐船屋上，吹鐵笛，作梅花弄。」【睇】目小視也。【指索】指名而索之也。【凝眸】注目也。【徙倚】低個也。司馬相如賦：「間徙倚於東廂兮。」【踏歌】歌時以足踏地為節奏也。《舊唐書‧睿宗紀》：「上元夜，上皇御安福門觀燈，出內人連袂踏歌。」《宣和畫譜》：「南方風俗，中秋夜，婦人相持踏歌，婆娑月影中，最為盛集。」【看花人】謂柴君。【舊曲二句】唐韋青姬張紅紅以紅豆記曲。按：此二句謂諸姬散去。【關盼盼】唐張建封姬也。白居易詩序：「徐

州故尚書張有愛伎曰關盼盼，尚書既歿，歸葬東洛，而彭城有張氏舊第，有小樓名燕子，盼盼念舊不嫁，居是樓十餘年。」此指紫雲守志事也。

七律

梅村 張大純《采風類記》：「梅村在太倉衛東，本王銓部士麟舊業，名賁園，吳祭酒偉業拓而新之，改今名。有樂志堂、梅花菴、交蘆菴、嬌雪樓、鹿樵溪舍、橙亭、蒼溪亭諸勝。」

枳音紙。籬茅舍掩蒼苔，乞竹分花手自栽。不好詣研計切。人貪客過，慣遲作答愛書來。閒窗聽雨攤詩卷，獨樹看雲上嘯臺。桑落酒香盧橘美，釣船斜繫草堂開。

【枳籬】猶枳落。枳木多刺，可編為籬落。張衡賦：「揩枳落，突棘藩。」【詣】往候也。【嘯臺】嘯，蹙口出聲也。激於舌端而清，謂之嘯。東晉江微《陳留志》：「阮嗣宗善嘯，聲與琴諧。陳留有阮公嘯臺。」樂史《寰宇記》：「阮籍臺在尉氏縣東南二十步。籍每追名賢，攜酌長嘯於此。」【桑落酒】劉績《霏雪錄》：「河東桑落坊有井，每至桑落時，取水釀酒，甚美，故名桑落酒。」【盧橘】司馬相如《上林賦》：「盧橘夏熟。」注：枇杷也。

和王太常西田雜興韻 聲相應曰和。言彼倡而此應之也。無名氏《西田記》：「西田者，太倉王太常遜之別墅，在西門外，瓜田錯互，豆籬映望，內有農慶堂、稻香庵、霞外閣、錦鏡湖、西廬諸勝。」《文集・王煙客壽序》：「兵興之後，再闢西田於距城十里之歸村。」按：遜之號煙客。

一臥溪雲相見稀，繫船枯柳叩斜扉。音非。橋通小市魚蝦賤，水遶孤村煙火微。到處琴書攜自近，驟來賓客看人圍。畫將松雪花溪卷，補入西田老衲音納。衣。

【扉】戶扇也。【松雪花溪卷】《元史・趙孟頫傳》：「自號松雪道人。」程《箋》：「花溪在蘇州閶門內範莊前，即文正公故宅，趙文敏曾作花溪圖。」【老衲衣】衲，補也，猶言縫綴。僧衣曰衲，謂百衲衣也。煙客善畫。老衲衣指煙客也。

追悼 悼，音導，傷也，謂悼亡。按：晉潘岳妻死，有《悼亡詩》三首，為世傳誦。故稱喪妻曰悼亡。

秋風蕭索響空幃，音韋。酒醒更殘淚滿衣。辛苦共嘗偏早去，亂離知

否得同歸。君親有媿吾還在，生死無端事總非。最是傷心看稚女，一窗燈火照鳴機。

【蕭索】猶蕭瑟。【幃】單帳。【機】織具也。機以轉軸，杼以持緯。見《集韻》。

謁人少伯祠自注：在金明寺中，有陶朱公里四字碑。《嘉興府志》：「金明教寺在府治西南二里，相傳為范蠡故宅，有范蠡祠，祠前即范蠡湖。」

艤音蟻。棹滄江學釣漁，五湖何必計然書。山川禹穴思文種，烽火蘇集作「胥」。臺弔伍胥。浪擲紅顏終是恨，拜辭烏喙許穢切。待何如。卻嗟愛子猶難免，霸越平吳事總虛。

【艤棹】整舟向岸也。左思賦：「試水客，艤輕舟。」【五湖】張勃《吳錄》：「五湖為太湖之別名。」【計然書】《史記‧貨殖傳》：「范蠡既雪會稽之恥，乃喟然而歎藪曰：『計然之計七，越用其五而得意。既已施於國，吾欲用之家。』乃乘扁舟，浮江湖，變名易姓，適齊為鴟夷子皮，之陶為朱公。」徐廣曰：「計然者，范蠡之師也，名研。」吳縣嚴榮曰：「『《唐書‧藝文志》：《范子計然》十五卷。』范蠡問，計然答也。」【禹穴】《史記》：「上會稽，探禹穴。」《一統志》：「禹穴在會稽縣宛委山，禹藏書之所也。」【文種】《吳越春秋》：「大夫種者，國之梁棟，君之爪牙。」【烽火】古人戍守，築高土臺，有寇則燃火相告，謂之烽火。【蘇臺】《吳越春秋》：「越王使木工入山，一夜天生神木一雙，嬰以白璧，鏤以黃金，狀類龍蛇，文采生光，獻之於吳，吳王遂受而起姑蘇臺，三年聚材，五年乃成。」《圖經》：「姑蘇臺在吳縣西南三十里。」顧炎武《日知錄》：「姑胥，山名。古胥、蘇通用。」【伍胥】名員。佐吳伐楚入郢。後吳敗越，越請和，夫差許之，子胥諫，不聽。太宰嚭讒之，夫差賜之劍，子胥遂死。【浪擲句】浪，徒也。擲，棄擲也。紅顏，指西施。越滅吳，沉西施於江，以報鴟夷。其言歸范蠡從遊五湖者，乃為杜牧詩「一舸逐鴟夷」句所誤也。【烏喙】《史記‧越王句踐世家》：「范蠡既去，遺大夫種書曰：『越王為人，長頸烏喙，可與共患離，不可與共安樂。子何不去？』」【愛子】《史記‧越王句踐世家》：「陶朱公中男殺人，囚於楚，楚王殺之。」

陳青雷以半圃索題走筆戲贈《進士履歷》：「陳震生，字青雷，杭州人。崇禎癸未進士。」圃，園也。種蔬菜曰圃。半圃，其名也。索，求也。

半間茅屋半牀書，半賦閒遊半索居。領略溪山應不盡，平分風月復何如。點胡八切。癡互有纔忘世，廉讓中間好結廬。自是圖全非易事，與君隨意狎樵漁。

【索居】散處也。《禮‧檀弓》:「吾離群而索居。」言與朋友離散也。【點凝句】點,慧也。凝,不慧也。《晉書‧顧愷之傳》:「桓溫謂愷之,其體中點凝各半。」【廉讓句】《南史‧胡諧之傳》:「范柏年見宋明帝,帝言次及廣州貪泉,因問柏年:『卿州復有此水否?』答曰:『梁州能有文川、武鄉、廉泉、讓水。』又問:『卿宅在何處?』曰:『臣所居在廉讓之間。』」廬,屋舍也。

丁亥之秋王煙客招予西田賞菊踰月蒼雪師亦至今年予既臥病同遊者多以事阻追敘舊約為之慨然因賦此詩

王煙客及西田,注見前。踰月,過一月也。《蘇州府志》:「讀徹,字蒼雪,滇南呈貢趙氏子。」王士禎《池北偶談》:「南來蒼雪法師居吳之中峰,貫徹教典,尤以詩名。」

露白霜高九月天,匡牀臥疾憶西田。黃雞紫蟹堪攜酒,紅樹青山好放船。秔音庚。稻將登農父喜,茱音朱。萸音臾。徧插故人憐。舊遊多病難重省,記別蒼公又二年。

【匡牀】《淮南子》:「匡牀蒻席,非不安也。」注:匡,安也。【秔】稻之不黏而晚熟者。【茱萸】《風土記》:「重陽相會,登山飲菊花酒,謂之登高會,又云茱萸會。」王維詩:「遍插茱萸少一人。」【省】省記。【蒼公】謂蒼雪。

宴孫孝若山樓賦贈

孫魯,字孝若,常熟人。順治壬辰進士。由衢州司理升高州府同知,終大同知府。

千章喬木俯晴川,高閣登臨雨後天。明月笙歌紅燭院,春山書畫綠楊船。郗音隙。超好客真名士,蘇晉繙同翻。經正少年。最是風流揮玉麈,煙霞勝處著直畧切。神仙。

【千章】大林曰木章。《史記》:「千章之材。」【喬木】木之高而上曲者曰喬。【笙】樂器,古以瓠為之,共十三管,列管瓠中,施簧管端,吹之以發聲也。【書畫綠楊船】宋米芾有書畫船。【郗超】《晉書‧郗超傳》:「郗超,字景興,一字嘉賓。卓犖不羈,凡所交友,皆一時美秀。寒門後進,亦拔而友之。」【蘇晉】少陵《飲中八仙歌》:「蘇晉長齋繡佛前,醉中往往愛逃禪。」注:《唐書》:「蘇晉,珦之子。」程《箋》:「孝若自少留意梵夾,晚益耽嗜。」【風流】言儀表及態度也。《南史》「此柳風流可愛,似張緒當年。」【揮】振也。【玉麈】玉柄麈尾。蘇軾詩:「談辯如雲玉麈揮。」案:即今之拂帶。【著】占著也。

過朱買臣墓自注：在嘉興東塔雷音閣後，即廣福講院。《一統志》：「朱買臣墓在嘉興縣東三里東塔寺後，其妻墓在縣北十八里，一名羞墓。東塔寺，相傳即買臣故宅，梁天監中建寺。」朱彝尊《鴛鴦湖櫂歌》自注：「朱買臣墓在甪里街北。」

翁子窮經自不貧，會音檜。稽連守拜為真。是非難免三長史，富貴徒誇一婦人。小吏張湯看踞傲，故交莊助歎沉淪。行年五十功名晚，何似空山長負薪。

【會稽句】《漢書・朱買臣傳》：「朱買臣，字翁子，吳人也。詣闕上書，久不報。會邑子嚴助貴倖，薦買臣為中大夫，坐事免。久之，拜會稽太守。」《集覽》：「按《漢書・嚴助傳》：『上問助居鄉里時，助對曰：家貧，為友壻富人所辱。上問所欲，對：願為會稽太守。即以拜之。』是助以會稽吳人為會稽守，而所薦之買臣復以吳人為會稽守，故云連守。」《漢書・王尊傳》：「雖拜為真，未有殊絕襃賞。」如淳曰：「諸官吏初除，皆試守一歲，乃為真食之俸。」【是非句】始，朱買臣與莊助俱倖，為大中大夫，用事。而湯乃為小吏，跪伏使買臣等前。及湯為御史大夫，買臣坐法廢，守長史，見湯，湯坐牀上，弗為禮。王朝，齊人也，官至右內史，故皆居湯右。已而失官，守長史，詘體於湯。湯數行丞相事，知此三長史素貴，常凌折之，以故三長史合謀知湯陰事。事辭頗聞，天子以湯懷詐面欺，使趙禹責湯。湯曰：『謀陷湯罪者，三長史也。』遂自殺。武帝案誅三長史。按：買臣、王朝均長史，其一未著姓名，蓋漢制丞相有兩長史。顏師古曰：「此言三者，以守者非正員也。」【富貴句】《漢書・朱買臣傳》：「家貧，好讀書，擔束薪，行且誦書。其妻亦負戴相隨，數止買臣毋歌嘔道中。買臣愈益疾歌，妻羞之，求去。買臣不能留，即聽去。久之，拜為會稽太守。會稽聞太守至，發民除道。入吳界，見其故妻，妻夫治道。買臣駐車，呼令後車載其夫妻，到太守舍，置園中，給食之。居一月，妻自經死。」【何似句】言富貴而被誅，不如賤而終老也。

自歎

誤盡平生是一官，棄家容易變名難。松筠於倫切。敢厭風霜苦，魚鳥猶思天地寬。鼓枻音曳。有心逃甫里，推車何事出長干。旁人休笑陶弘景，神武當年早掛冠。

【變名】《史記・貨殖傳》：「變名易姓。」【筠】竹膚之堅質也。竹無心，其堅強在膚。【鼓枻】猶言擊楫。《楚辭》：「鼓枻而去。」枻，楫也。【甫里】地名，在今松江。《唐書・陸龜蒙傳》：「居甫里，自號甫里先生。」【何事】猶言何用。【長干】地名。

在今江寧縣境。左思賦：「長干延屬。」【陶弘景】南北朝秣陵人，字通明，諡貞白先
生。《南史・陶弘景傳》：「永明十年，脫朝服掛神武門。」

臺城許嵩《建康實錄》：「晉成帝咸和七年，新宮成，名建康宮。」注：即今臺城也，
在縣東北五里，周回八里。

形勝當年百戰收，子孫容易失神州。金川事去家還在，玉樹歌殘恨
未休。徐鄧功勳誰甲第，方黃骸雄皆切。骨總荒丘。可憐一片秦淮月，曾
照降旛出石頭。

【形勝】謂地之形勢利便者。《南史》：「淮南近畿，國之形勝。」【神州】《史記》：
「中國名曰赤縣神州。」《世說・輕詆篇》：「桓公登平城樓，眺矚中原，慨然曰：『遂
使神州陸沉。』」【金川】《明史・恭閔帝紀》：「燕兵犯金川門，谷王橞及李景隆叛，
納燕兵，都城陷。」【玉樹句】玉樹，注見《聽卞玉京彈琴歌》。許渾《金陵懷古》
詩：「玉樹歌殘王氣終。」【徐鄧句】徐達、鄧愈，注見前《遇南廂園叟》詩。《漢書》：
「列侯居邑，皆賜大第室。」注云：「有甲乙次第，故曰第。」【方黃句】《明史・方
孝孺傳》：「方孝孺，字希直，寧海人。官文學博士。金川門啟，燕兵入，使草詔，
擲筆泣罵，被磔死。」《黃子澄傳》：「黃子澄，名湜，以字行，分宜人。燕師起，王
泣醬將吏曰：『陷害諸王，非天子意，乃姦臣齊泰、黃子澄所為也。』京城陷，被磔
死。」骸，枯骨也。丘，墳也。【秦淮】秦淮源出江蘇溧水縣，西北淹貫江寧城，又
西北入大江，秦時所鑿，故名。【降旛出石頭】劉禹錫《西塞山懷古》詩：「一片降
旛出石頭。」

無題四首　《集覽》：「先生曾孫紫庭詒箋曰：虞山瞿氏有才女，歸錢生。生病瘵，女
有才色，不安其室，意屬先生，扁舟過婁，投詩相訪。先生以義自持，因設飲河干，
賦《無題》四章以謝之。氏去，歸石學士仲生申，錢生故在也。梁溪顧舍人梁汾貞觀，
石所取士，實為之作合云。石，順治丙戌進士，歷官吏部左侍郎，總督倉場。」

繫艇音挺。垂楊映綠潯，玉人湘管畫簾深。千絲碧藕玲音靈。瓏音籠。
腕，烏貫切。一卷芭蕉展轉心。題罷紅窗歌緩緩，聽來青鳥信沉沉。天涯
卻有黃姑恨，吹入蕭郎此夜吟。

【艇】船之狹小而長者。【潯】水涯也。【湘管】湘竹之筆。【腕】臂之下端與手
掌相連處也，因其宛屈，故曰腕。此以藕比腕。【展轉】猶言宛轉。此以蕉比心。【歌
緩緩】蘇軾《陌上花詩引》：「吳越王妃每歲春必歸臨安，王以書遺妃曰：『陌上花開，
可緩緩歸。』吳人用其語為歌。」【青鳥】《史記・司馬相如傳》：「幸有三足鳥為之

使。」注：三足鳥，青鳥也，主為西王母取食。《漢武故事》：「七月七日，忽有青鳥飛集殿前，東方朔曰：『此西王母欲來。』」故後人言使者多借用之。【黃姑】《爾雅·釋天》：「河鼓謂之牽牛。」《潘子真詩話》：「《古樂府》云：『東飛伯勞西飛燕，黃姑織女時相見。』黃姑即河鼓，語之轉也。」【蕭郎】崔郊詩：「侯門一入深如海，從此蕭郎是路人。」

到處鶯花畫舫輕，相逢只作看山行。鏡因硯近螺音羅。頻換，書為香多蠹音妒。不成。媿我白頭無冶習，讓卿紅粉有詩名。飛瓊漫道人間識，一夜天風反碧城。

【畫舫】遊宴所乘之舟，裝飾華麗。蘇軾詩：「全家依畫舫。」【螺】墨鋌曰螺。《妝臺記》：「漢日給宮人螺子黛，蓋即畫眉之墨也。」【冶習】冶遊之習。【飛瓊】孟棨《本事詩》：「許澶嘗夢登山，有宮室凌雲，人云此崑崙。見數人方飲酒，招之，至暮而罷，賦詩云：『曉入瑤臺露氣清，坐中惟有許飛瓊。塵心未斷俗緣在，十里下山空月明。』他日復夢至其處，飛瓊曰：『子何故顯我姓名於人間？』座間即改為『天風吹下步虛聲』。」【碧城】《太平廣記》：「紫雲之閣，碧霞為城。」李義山有《碧城》詩。

錯認微之共牧之，誤他舉舉與師師。疎狂詩酒隨同伴，細膩風光異舊時。畫裏綠楊堪贈別，曲中紅豆是相思。年華老大心情減，辜負蕭娘數首詩。

【微之牧之】唐元稹，字微之。撰《會真記》，記張生與崔鶯鶯事，實則自敘而假託他姓也。杜牧，字牧之。在揚州，好狹斜遊。【舉舉師師】鄭棨《北里志》：「鄭舉舉善令章，巧調謔，為諸朝士所眷。」孟元老《東京夢華錄》：「李師師，汴京角伎，有俠氣，號飛將軍，道君幸之。」【細膩風光】膩，滑澤也。元微之《寄薛濤》詩：「細膩風光我獨知。」【紅豆】張泌《粧樓記》：「相思子，即紅豆，赤如珊瑚。」少陵詩：「秋風紅豆底，日日坐相思。」【蕭娘】楊巨源《崔娘詩》：「風流才子多春思，腸斷蕭娘一紙書。」稱崔娘曰蕭娘，蓋唐人以蕭娘為女子之泛稱，猶稱男子曰蕭郎。

鈿雀金蟬籠臂紗，鬧粧初不鬭鉛華。藏鉤酒向劉郎賭，刻燭詩從謝女誇。天上異香須有種，春來飛絮恨無家。東風燕子知多少，珍重雕闌白玉花。

【鈿雀金蟬】鈿，金華也。《六書故》：「金華為飾，田田然，故曰鈿。」鈿雀，金飾之雀也。《〈後漢書·輿服志〉注》：「侍中、中常侍，冠飾金蟬珥貂。」【籠臂紗】《晉

書‧胡貴嬪傳》：「太始九年，帝多簡良家子女，以充內職，自擇其美者，以絳衫繫臂。」
【鬧粧】《髻鬟品》：「貞元中，有鬧掃粧髻。」《三夢記》：「唐末，宮中髻號鬧掃粧，形
如焱風散髻，蓋盤鴉、墮馬之類。」【鉛華】即鉛粉也。曹植賦：「芳澤無加，鉛華弗
御。」【藏鉤句】周處《風土記》：「藏鉤之戲，分二曹以較騰負。若人個則敵對，人奇
則使一人為遊附，或屬上曹，或屬下曹，為飛鳥，以齊二曹人數。一鉤藏在數手中，曹
人當射知所在。」《採蘭雜志》：「九為陽數，古人以二十九日為上九，初九日為中九，
十九日為下九，女子以是日為藏鉤諸戲，以待月明，至有忘寢而達曙者。」劉郎，疑借
用劉禹錫眷杜韋娘事。【刻燭句】《南史‧王僧孺傳》：「竟陵王子良嘗夜集學士，刻燭為
詩，四韻者則刻一寸，以此為率。」謝女，謂謝道韞。【飛絮】柳絮也。【白玉花】李義
山《謔柳》詩：「已帶黃金縷，仍飛白玉花。」蓋先生既謝絕之，又勸其自重也。

過淮陰有感二首　　秦置淮陰縣，元廢。故城在江蘇清河縣南。漢封韓信為淮陰
侯，即此。

　　落木淮南雁影高，孤城殘日亂蓬蒿。天邊故舊愁聞笛，市上兒童笑
帶刀。世事真成反招隱，吾徒何處續離騷。昔人一飯猶思報，廿載恩深
感二毛。

　　【落木淮南】韓昌黎詩：「淮南悲落木。」【蓬蒿】蓬，草名，秋枯根拔，風捲而
飛，故又名飛蓬。蒿，草名，艾類。【聞笛】見向秀《思舊賦序》。詳前《鴛湖曲》注。
【帶刀】《史記‧淮陰侯傳》：「淮陰居中少年，有侮信者曰：『若雖長大，好帶刀劍，
中情怯耳。』眾辱之曰：『信能死，刺我。不能死，出我袴下。』於是信熟視之，俛出
袴下蒲伏，一市人皆笑信以為怯。」【反招隱】《楚辭》淮南王《招隱士序》：「《招隱士》
者，淮南小山之所作也。小山之徒閔傷屈原身雖沉沒，名德顯聞，與隱處山林者無異，
故作《招隱士》之賦，以彰其志也。」王康琚《反招隱詩》：「小隱隱林藪，大隱隱朝
市。」【續離騷】屈原仕楚懷王，為三閭大夫。靳尚譖之，王疏屈原，原作《離騷》以
見志。案：離，遭也。騷，憂也。《漢書‧揚雄傳》：「又旁《離騷》作重一篇，名曰《廣
騷》。」張祜《送盧洪本詩》：「知君思無倦，為我續離騷。」【一飯思報】《史記‧淮陰
侯傳》：「信釣於城下，諸母漂，有一母見信饑，飯信，信喜謂漂母曰：『吾必有以重報
母。』」【二毛】《左‧僖》：「不禽二毛。」二毛謂頭白有二色也。

　　登高高望八公山，琪音其。樹丹崖未可攀。莫想陰符遇黃石，好將鴻
寶駐朱顏。浮生所欠只一死，塵世無繇同由。識九還。我本淮王舊雞犬，
不隨仙去落人間。

　　【八公山】《十道山川考》：「八公山，一名淝陵山，在壽州壽春縣北四里，淝水之北，淮水之南。宋景文覽郡圖，得八公山，故老曾山上有車轍馬跡，是淮南王之遺，耕者往往得金，雲丹砂所化，可以療病，因作《詆仙賦》。」【琪樹】猶玉樹。《竹林詩評》：「邱遲之作，如琪樹玲瓏，金枝布護。」【丹崖】《水經注》：「丹水南有丹崖、丹山，悉頹壁霞舉，若紅雲秀天。」【陰符黃石】《陰符》，太公兵書也，言兵法者祖之。《史記·留侯世家》：「嘗間從容步遊下邳圯上，有老父出一編書曰：『讀此則為王者師，後十年興。十三年，孺子見我濟北穀城山下黃石，即我矣。』旦日視其書，乃太公兵法也。後十三載，從高祖過濟北，果見穀城山下黃石，取而葆祀之。」【鴻寶】《漢書·劉向傳》：「淮南有《枕中鴻寶苑》祕書，言神仙使鬼物為金之術。更生得其書，幼而誦讀，以為奇，獻之。」【駐朱顏】謂留顏色使不老也。李白詩：「又無大藥駐朱顏。」【浮生句】《北史》：「劉聰時，陳休卜崇，為人清直，素惡王沈等，曰：『吾輩年逾五十，職位已崇，惟欠一死耳。』」案：明亡，先生不能殉難，故云。【九還】《隱丹經》：「九還丹合九轉，言九徧循環也。」【淮王雞犬】葛洪《神仙傳》：「淮南王好道，白日昇天。時藥置庭中，雞犬舐之，皆得上升。故雞鳴天上，犬吠雲中。」此自傷其不能殉主，以致身敗名墮也。

淮上贈嵇叔子 《一統志》：「嵇宗孟，字叔子，淮安山陽人。崇禎丙子舉人。歷官杭州守，乞歸，薦舉博學鴻辭，以疾辭，不赴。」

　　湖海相逢一俊英，風流中散舊家聲。琴因調古須防怨，詩為才多莫近名。濁酒如淮歌慷慨，蒼髯似戟論縱橫。慚餘亦與山公札，抱病推遷累養生。

　　【俊英】《淮南子》：「智過萬人者謂之英，千人者謂之俊。」【中散】《晉書·嵇康傳》：「拜中散大夫。」【琴】《晉書·嵇康傳》：「初，康嘗遊於洛西，宿華陽亭，引琴而彈。夜分，忽有客詣之，稱是古人，與康共談音律因索琴彈之，而為《廣陵散》，聲調絕倫。」【才多】《晉書·孫登傳》：「嵇康從之遊，登曰：『子才多識寡，難免於今之世矣。』」【近名】嵇康《幽憤詩》：「古人有言，善莫近名。」【濁酒如淮】清酒為聖人，濁酒為賢人。見《三國志》。《左·昭》：「有酒如淮。」【蒼髯如戟】蒼，斑白也。髯，頰毛也。《孔叢子》：「臣嘗行臨淄市，見屠商焉，身修八尺，鬚髯如戟。」【山公札】《晉書·嵇康傳》：「山濤將去選官，舉康自代，康乃與濤書告絕。」【養生】《晉書·嵇康傳》：「常修養性服食之事，乃著《養生論》。」

新河夜泊《一統志》：「新河在淮安府清河縣西北四十五里，黃河分流也。」

　　百尺荒岡十里津，夜寒微雨湓荊榛。音臻。非關城郭炊煙少，自是河山戰鼓頻。倦客似歸因望樹，遠山如夢不逢人。扁舟蕭瑟知無計，獨倚蓬窗暗愴神。

　　【岡】山脊。【津】濟渡處。【荊榛】並木名。【倦客】自謂也。

將至京師寄當事諸老四首　當事，謂秉事權者。

　　柴門秋色草蕭蕭，幕府驚傳折簡招。敢向煙霞堅笑傲，卻貪耕鑿久逍遙。楊彪病後稱遺老，周黨歸來話聖朝。自是璽音徒。書脩盛舉，此身只合伴漁樵。

　　【幕府】軍旅出征，以幕布為府署，故有幕府之稱。後世稱督撫署曰幕府。【折簡】裁紙為書也。古人以作竹簡書，故云。《〈魏志·王凌傳〉注》：「卿直以折簡召我，我當敢不至耶？」朱彝尊《曝書亭集》：「梅村吳先生以順治壬辰館嘉興之萬壽宮，於斯先生將著書以老矣。越歲有迫之出山者，遂補國子祭酒。」【耕鑿】謂耕田鑿井。唐太宗賦：「肆黎元於耕鑿。」【逍遙】徜徉自適也。【楊彪句】《後漢書·楊彪傳》：「魏文帝受禪，欲以彪為太尉，先遣吏示旨，彪辭曰：『彪備漢三公，遭世傾亂，不能有所補益，耄年被病，豈可贊維新之朝？』遂固辭。」遺老，謂勝朝之舊臣。【周黨】《後漢書·逸民傳》：「周黨，字伯況，太原廣武人也。將妻子居黽池。被徵，不得已，待見尚書。及光武引見，黨伏而不謁，自陳願守所志，帝乃許焉。」聖朝，指清也。【璽書】猶詔書。璽，天子之印也。

　　莫嗟野老倦沉淪，領略青山未是貧。一自弓旌來退谷，苦將行李累衰親。田因買馬頻書券，屋為牽船少結鄰。今日巢由車下拜，淒涼詩券乞閒身。

　　【弓旌】徵聘之物也。任昉文：「爰在弱冠，首應弓旌。」【退谷】元結《招孟武昌詩序》：「漫叟作《退谷銘》，指曰：『干進之客，不能遊之。』」【行李】唐時謂官府導從之人曰行李。李舒褒言：「元和、長慶中，中丞行李，不過半坊。」後遂謂行旅所攜帶之對象曰行李。【衰親】時先生父母尚在堂。【買馬句】《漢書·貢禹傳》：「陛下過意徵臣，臣賣田百畝，以供車馬。」券，契也。【牽船】《南史·張融傳》：「融假東出，武帝問融住在何處，答曰：『臣陸處無屋，舟居無水。』後上問其從兄緒，緒曰：『融近東出，未有居止，權牽小舟於岸上住。』上大笑。」【巢由拜】巢父、許由，堯時高士。《宋史·鄭起傳》：「郭昱狹中詭僻，登進士，恥赴常選，獻書於宰相趙普，自

比巢、由。後復伺普，望塵自陳。普笑謂人曰：『今日甚榮，得巢、由拜於馬首。』」
【乞身】《後漢書》：「以病上書乞身。」

匹馬天涯對落暉，蕭疎白髮悵誰依。北門待詔賓朋盛，東觀趨朝故
舊稀。雪滿關河書未到，月斜宮闕雁還飛。赤松本是留侯志，早放商山
四老歸。

【蕭疏】髮短貌。韋應物詩：「蕭疏髮已斑。」【北門待詔】《舊唐書‧職官志》
注：「乾封中，劉裕之、劉褘之兄弟，周思茂，元萬頃，范履冰皆以文詞召入待詔，常
於北門候進止，時號北門學士。」【賓朋】同時被徵召者。【東觀】漢時宮中藏書之處。
安帝詔五經博士校定東觀書。【宮闕】宮門外有兩闕也。《史記》：「高祖還，見宮闕壯，
甚怒。」【赤松句】赤於子，古仙人名。《史記‧張良傳》：「願棄人間事，從赤松子游
耳。」案：良封留侯。【四老】漢初，東國公、綺里季、夏黃公、甪里先生隱居南山，
稱商山四皓。

平生蹤跡盡即引切。由天，世事浮名總棄捐。不召豈能逃聖代，無官
敢即傲高眠。匹夫志在何難奪，君相恩深自見憐。記送鐵崖詩句好，白
衣宣至白衣還。

【盡】極也。【匹夫句】《論語》：「匹夫不可奪志也。」【記送二句】《明史‧楊維
楨傳》：「洪武二年，太祖召諸儒集禮樂書，以維楨前朝老文學，遣翰林詹同奉幣詣門，
維楨謝不赴。明年，復遣有司敦促，賜安車，詣闕廷，留百有一十日，即乞骸骨，上
成其志，仍給安車還山。宋濂贈之詩曰：『不受君王五色詔，白衣宣至白衣還。』蓋高
之也。」案：維楨別號鐵崖。宣，謂宣召也。

懷古兼弔侯朝宗王士禎《感舊集》補傳：「侯方域，字朝宗，河南商丘人。」先生
《綏寇紀略》：「阮大鍼本縱橫才，以奄黨故廢。歸德侯方域嘗偕其友移書罵之。方域，
侍郎恂次子也。當左兵南潰，方域僑居陪都，大鍼頌言良玉為賊，而目侯以同反。」
余懷《板橋雜記》：「大鍼懼朝宗，羅致欲殺之，朝宗跳而免。」

河洛風塵萬里昏，百年心事向夷門。氣傾市俠收奇用，策動宮娥報
舊恩。多見攝衣稱上客，幾人刎武粉切。頸送王孫。死生總負侯嬴諾，欲
滴椒漿淚滿樽。自注：朝宗，歸德人。貽書約終隱不出，余為世所逼，有負夙諾，
故及之。

【河洛】河南洛陽。【風塵】《漢書》：「邊境時有風塵之警。」蓋戎馬所至，如風
馳而雲揚，故云。【夷門】《史記‧信陵君傳》：「吾過大梁之墟，求問其所謂夷門。夷

門者，城之東門也。」【氣傾句】《信陵君傳》：「魏有隱士曰侯嬴，年七十，家貧，為大梁夷門監者。公子置酒，大會賓客。坐定，公子從車騎虛左自迎侯生。侯生謂公子曰：『臣有客在市屠中，願枉車騎過之。』公子引車入市，侯生下見其客朱亥，俾倪故久立。侯生視公子色終不變，乃謝客就車。至家，公子引侯生坐上坐。」收奇用，謂用朱亥擊殺晉鄙也。見下注。【策動句】《信陵君傳》：「魏安釐王二十年，秦昭王已破趙長平軍，又進兵圍邯鄲，平原君遺公子書，請救於魏。魏王使將軍晉鄙將十萬眾救趙，實持兩端以觀望。公子患之，數請魏王。魏王畏秦，終不聽公子。侯生乃屏人間語曰：『嬴聞晉鄙之兵符常在王臥內，而如姬最幸，力能竊之。嬴聞如姬父為人所殺，公子使人斬其讎頭，敬進如姬。誠一開口請如姬，如姬必諾許，則得虎符，奪晉鄙軍，北救趙而西卻秦，此五霸之伐也。』公子從其計，請如姬。如姬果盜晉鄙兵符與公子。」【攝衣句】攝衣，摳衣也。稱上客，即指上注公子大會賓客，引侯生上坐也。【刎頸句】《信陵君傳》：「公子行，侯生曰：『臣客屠者朱亥可與俱，此人力士。晉鄙聽，大善；不聽，可使擊之。』公子過謝侯生，侯生曰：『臣宜從，老不能。請數公子行日，以至晉鄙軍之日，北鄉自刎以送公子。』公子與侯生訣，至軍，侯生果北鄉自刎。」王孫，謂公子也。【椒漿】《楚辭》：「奠桂酒兮椒漿。」

送王孝源備兵山西

《蘇州府志》：「王舜年，字孝源，山東掖縣人。順治丙戌進士，改庶吉士，歷官江蘇布政使。」案《山西通志》：「雁平兵備道王天眷，山東濟寧州人。進士，順治十三年任。」而無王舜年。又案《進士履歷》，王天眷，字龍錫。不言字孝源。《集覽》作天眷，存參。

秋盡黃河氣欲收，千山雪色照并州。雕盤落木蒼崖壯，馬蹴讀如促。層冰斷澗流。父老壺關迎節使，將軍廣武恥封侯。雍容賓佐資譚笑，吹笛城南月夜樓。

【并州】治晉陽，即今山西太原縣治。【雕】鷲鳥，即鳶也。【蹴】躡也。【澗】山夾水也。【父老壺關】《漢書·戾太子傳》：「壺關三老茂上書。」師古曰：「壺關，上黨之縣也。」《〈後漢書·袁紹傳〉注》：「潞州上黨縣有壺口山，因其險而置關。」【節使】使者行道所執之信物。見《周禮·掌節》注。後沿稱使者曰使節。周必大詩：「使節光華肯再臨。」【將軍句】《史記·劉敬傳》：「高祖繫械敬廣武，至平城，匈奴圍帝白登，七日然後得解。帝至廣武，赦敬曰：『不用公言，以困平城。』乃封敬為關內候。」【雍容】和貌。班固《賦序》：「雍容揄揚。」【吹笛句】《晉書》：「庾亮在武昌，諸佐吏殷浩之徒乘秋夜往，共登南樓，俄而亮至，便據胡床，與浩等談詠竟夜。」李白詩：「岳陽樓上聞吹笛。」此蓋牽連其事而借用之。

贈遼左故人六首　遼左，今遼寧東南境。其地在遼河之東。故人，謂大學士陳之遴也。時全家戍邊。

詔書切責罷三公，千里驅車向大東。曾募流移耕塞下，豈遷豪傑實關中。桑麻亭障行人斷，松杏山河戰骨空。此去纍臣聞鬼哭，可無杯酒酹魯外切。西風。

【切責】《後漢書・李固傳》：「切責三公，明加考察。」【罷三公】罷謂革職也。陳官大學士，故稱三公。【大東】指遼左。【曾募句】《漢書・晁錯傳》：「遠方之卒守塞，一歲而更，不知胡人之能，不如選常居者，家室田作，且以備之。先為室屋，具田器，迺募罪人及免徒復作令居之；不足，募以丁奴婢贖罪及輸奴婢欲以拜爵者；不足，迺募民之欲往者。皆賜高爵，復其家，予冬夏衣，廩食，能自給而止。以陛下之時，徙民實邊，使遠方亡屯戍之事，塞下之民，父子相保，亡繫虜之患矣。上從其言，募民徙塞下。」【豈遷句】《史記・劉敬傳》：「願陛下徙齊諸田，楚昭、屈、景，燕、趙、韓、魏後，及豪傑名家，居關中，無事可以備胡。諸侯有變，亦足率以東伐。此強本弱末之術也。上曰：『善。』乃徙關中十餘萬口。」豪傑，才智出眾之稱。關中，即今陝西省東函谷、南武關、西散關、北蕭閣，居四關之中，故曰關中也。【亭障】塞上險要處，築亭及障，使人守之也。《史記》：「築亭障以逐戎人。」【松杏句】松山在遼寧錦縣南，明末洪承疇守此，為清兵圍攻，城破被擒。杏山在錦縣西南，舊有杏山驛，明末為清所取，毀平其城。【纍臣】謂拘囚之臣。《左・成》：「纍臣得歸骨於晉。」【酹】以酒祭地也。

短轅一哭暮雲低，雪窖冰天路慘悽。青史幾年朝玉馬，白頭何日放金雞。燕支塞遠春難到，木葉山高鳥亂啼。百口總行君莫難，免教少婦憶遼西。

【轅】轅，駕車木，施於輿底軸上，左右各一，外出向前。【窖】地穴。《禮・月令》：「穿竇窖。」【青史】古者以竹簡書事，謂之削青，故謂記事之史曰青史。《大戴禮》：「青史之記。」【朝玉馬】陳子昂《感遇詩》：「昔日殷王子，玉馬已朝周。」【金雞】《唐書・百官志》：「中尚署令，赦日，樹金雞於仗南，竿長七尺，有雞高四尺，黃金飾首，銜絳旛，長七尺，承以綵盤，維以絳繩，擊搥鼓千聲，集百官父老囚徒。坊小兒得雞首者，官以錢購，或取絳旛而已。」【燕支塞】杜氏《通典》：「甘州刪丹縣有焉支山，匈奴失之，乃歌曰：『失我焉支山，使我婦女無顏色。』說者曰：『焉支即今之燕支。此山產紅藍，可為燕支，而匈奴資以為飾，故失之則婦女無色。』理或然也。」【木葉山】《遼史・地理志》：「上京路永州有木葉山。」【免教句】《林下詞選》：「陳之遴夫人徐燦，字湘蘋，吳縣人。善屬文，工書翰，詩餘得北宋風格。」憶，念也。

潦倒南冠顧影慚，殘生得失懺差鑑切。瞿曇。徒含切。君恩未許誇前席，世路誰能脫左驂。音參。雁去雁來空塞北，花開花落自江南。可憐庾信多才思，關隴鄉心已不堪。

【潦倒】所如不合也。【南冠】《左·成》：「南冠而縶者誰也？」【懺】自陳悔也。【瞿曇】《遼史·禮志》：「悉達太子者，西域淨梵王子，姓瞿曇氏，名釋迦牟尼。以其覺性，稱之曰佛。」【前席】移坐而前也。《漢書》：「文帝前席。」師古曰：「漸促近誼，聽說其言也。」【脫左驂】《史記·管晏列傳》：「越石父賢在縲絏中，晏子出，遭之塗，解左驂贖之。」驂，謂駕車之馬在兩旁者。左曰驂，右曰騑。【可憐二句】《周書·庾信傳》：「信雖位望通顯，常有鄉關之思，乃作《哀江南賦》以致意云云。」案：關中隴坻皆西魏地，時信留西魏也。鄉心，思鄉之心也。

浮生蹤跡總茫然，兩拜中書再徙邊。盡有溫湯堪療疾，恰逢靈藥可延年。垂來文鼠裝綿暖，射得寒魚入饌鮮。只少江南好春色，孤山梅樹罨音奄。溪船。

【兩拜中書】《貳臣傳》：「陳之遴順治九年授弘文院大學士，尋以事調任戶部尚書。十二年，復授弘文院大學士。」《唐書·百官志》：「中書省中書令二人，掌佐天子執大政，而總判省事。」【再徙邊】《貳臣傳》：「順治十年，之遴以賄結內監吳良輔，擬斬，詔姑免死，革職流徙，家產籍沒。」【溫湯】《一統志》：「奉天府溫泉有四：一在遼陽州南五十里千山；一在遼陽州東北六十里柳河；一在永吉州東南五百五十里長白山上，熱如沸湯，暖氣如霧，西北流入大土拉庫河；一在永吉州南八百七十里訥音河岸。」【靈藥】《金史·地理志》：「東京路產人參，今吉林烏喇諸山林皆有之。」陳藏器《本草》：「人蔘，一名神草，久服輕身延年。」【文鼠】《說文》：「貁，豹文鼠也。」【寒魚】太白詩：「連弩射海魚。」【孤山梅】孤山在浙江杭縣西湖，宋林通隱居山之北麓，舊多梅。【罨溪船】樂史《寰宇記》：「沂溪，今俗呼為罨畫溪，在宜興縣南三十里。」《丹鉛總錄》：「畫家有罨畫，雜綵色畫也。」

路出西河望八城，保宮老母淚縱橫。重圍屢困孤身在，垂死翻悲絕塞行。盡室可憐逢將吏，生兒真悔作公卿。蕭蕭夜半玄菟音徒。月，鶴唳音麗。歸來夢不成。

【西河】《一統志》：「遼河在奉天府西一百里。」【八城】謂撫順城、東京城、牛莊城、熊岳城、岫巖城、打牲烏喇城、阿爾楚哈城、三姓城，皆奉天關隘。見《一統志》。【保宮老母】《漢書·蘇武傳》：「加以老母系保宮。」師古曰：「《百官公卿表》云：

『少府屬官有居室。太初元年，更名保宮。』」【重圍句】程《箋》：「陳之遴父名祖苞，天啟六年任寧前僉憲，典山海關。寧遠被圍，烽火燭天，將吏爭遣其孥歸。祖苞與妻吳氏懷慨誓殉，出入手一短刀，每指關城語諸將曰：『吾受命典此關，與共存亡。百口俱在，不令諸君獨死也。』崇禎中，巡撫大同。」【生兒句】東坡詩：「但願我兒愚且蠢，無災無害到公卿。」【玄菟】《漢書·武帝紀》：「元封三年夏，朝鮮斬其王右渠降，以其地為樂浪、臨屯、玄菟、真番郡。」【鶴唳】唳，鳥鳴也。《晉書》：「陸機臨刑曰：『華亭鶴唳，可復聞乎？』」

齊女門前萬里臺，傷心砧杵音處。處北風哀。一官誤汝高門累，半子憐渠快婿才。失母況經關塞別，從夫只好夢魂來。摩挲老眼千行淚，望斷寒雲凍不開。

【齊女門】《吳越春秋》：「齊使女為質於吳，吳王因為太子波聘齊女。女少思齊，日夜號泣，闔閭乃起北門，名曰望齊門，令女往遊其上。」【砧杵】搗衣之器。【高門】《文集·亡女權厝誌》：「中丞初以婚請，予難之曰：『物禁太盛，陳氏世顯貴，庸我偶乎？』」【半子】《唐書·回鶻傳》：「德宗詔咸安公主下嫁，可汗上書恭甚，言昔為兄弟，今婿，半子也。」【渠】俗謂他人曰渠。【快婿】《北史·劉延明傳》：「延明年十四，就博士郭瑀。瑀有女始笄，妙選良偶，有心於延明，遂別設一席，謂弟子曰：『吾有一女，欲覓一快女婿。誰坐此席者，吾當婚焉。』延明遂奮衣坐，神志湛然，曰：『延明其人也。』瑀遂以女妻之。」案：之遴子容永，字直方，順治丁酉舉人，先生婿也。

茉莉李格非《洛陽名園記》：「茉莉，一名抹麗。王十朋作沒利，洪景盧作末麗，皆以己意名之。」

翦雪裁冰莫浪猜，玉人纖手摘將來。新泉浸後香恆滿，細縷穿成蓇如罣切。半開。愛玩晚涼宜小立，護持隔歲為親栽。一枝點染東風裏，好與新粧報鏡臺。

【翦翦裁冰】喻色白。【浪猜】妄猜也。【纖手】《詩》：「摻摻女手。」摻摻，猶纖纖，狀其柔美也。【縷】線也。【蓇】花未開者。【點染】猶云點綴、襯飾也。【鏡臺】鏡奩之大者。庾信賦：「鏡臺銀帶，本出魏宮。」

繭虎

南山五日鏡奩音廉。開，綵索春蔥縛軼音佚。材。奇物巧從蠶館製，

內家親見豹房來。越巫辟惡鏤金勝，漢將擒生畫玉臺。最是繭絲添虎翼，難將續命訴牛哀。

【南山】一名官山，在今江蘇宜興縣南。《晉書‧周處傳》所謂「南山白額虎」，即其地也。【五日】端午。【鏡奩】鏡匣也。【綵索】五色繩。【春蔥】喻婦女之手指。【軼材】司馬相如《諫獵書》：「卒然遇軼材之獸。」【蠶館】《〈漢書‧元后傳〉注》：「上林苑有蠶館，蓋親蠶之所也。」【內家】謂宮人也。李賀詩：「柳花偏打內家香。」【豹房】明武宗建，以珍玩女御實其中，為遊幸之所。【越巫】巫，以舞降神，為人祈禱者也。越巫，越國之巫也。【辟惡】猶言驅邪。【鏤】彫刻也。【金勝】勝，首節也，如春勝、方勝之類。李義山詩：「鏤金作勝傳荊俗。」【漢將句】未詳。【繭絲添虎翼】《國語》：「趙簡子使尹鐸為晉陽，請曰：『為繭絲乎？抑為保障乎？』」案：繭絲，謂重其稅。《韓非子》：「毋為虎傅翼，將飛入邑，擇人而食之。」【續命訴牛哀】應劭《風俗通義》：「五月五日，以五彩絲繫臂，辟鬼及兵，名長命鏤，一曰續命縷。」《淮南子》：「昔公牛哀轉病也，七日化為虎，其兄掩戶而入，覘之則虎，搏而殺之。」

蓮蓬人

獨立平生重此翁，反裘雙袖倚東風。殘身顛倒憑誰戲，亂服鬤同粗。疏恥便工。共結苦心諸子散，早拈香粉美人空。莫嫌到老絲難斷，總在污泥不染中。

【反裘】劉向《新序》：「魏文侯出遊，見一人反裘而負薪。」【苦心】蓮子心苦。【污泥不染】《愛蓮說》：「出淤泥而不染。」

贈武林李笠翁

武林，山名，在浙江杭縣西十五里，即靈隱山也。今通稱杭縣為武林。自注：笠翁名漁，能為唐人小說，兼以金元詞曲知名。

家近西陵住薜音敝。蘿，音羅。十郎才調歲蹉跎。江湖笑傲誇齊贅，注衛切。雲雨荒唐憶楚娥。海外九州書志怪，坐中三疊舞迴波。前身合是玄真子，一笠滄浪自放歌。

【西陵】渡名，在浙江蕭山縣西，古為固陵。【薜蘿】《楚辭》：「若有人兮山之阿，披薜荔兮帶女蘿。」後因稱隱者之服為薜蘿。李華詩：「薜蘿為縉紳。」【十郎】蔣防《霍小玉傳》：「素聞十郎才調風流，今又容儀雅秀，名下固無虛士。」十郎，謂李益也。【蹉跎】謂失時也。【齊贅】《史記‧滑稽傳》：「淳于髡者，齊之贅婿也。」按：男附女家，謂之贅婿。【雲雨荒唐】宋玉《高唐賦》：「昔先王嘗遊高唐，夢見一婦人，王因幸之，去而辭曰：『妾在巫山之陽，高丘之阻，朝為行雲，暮為行雨。』」《莊子‧天

下篇》：「荒唐之言。」【海外句】《史記·孟荀列傳》：「騶衍謂中國者於天下乃八十一分居其一分耳，中國名曰赤縣神州，赤縣神州內自有九州，禹之序九州是也。中國外如赤縣神州者九，乃所謂九州也。於是有裨海環之，人民禽獸莫能相通，如一區中者乃為一州，如此者九，乃有大瀛海環其外，天地之際焉。」《莊子》：「《齊諧》者，志怪者也。」齊諧，人姓名，後人借為書名。【三疊】《唐書·王維傳》：「客有以按樂圖示者，無題識。維曰：『此《霓裳》第三疊最初拍也。』」【回波】《樂府解題》：「《思波樂》，商調曲，與《囀春鶯》、《鳥夜啼》之類，謂之軟舞。」【前身二句】《唐書·隱逸傳》：「張志和，字子同，婺州金華人，自稱煙波釣徒。著《玄真子》，亦以自號。」笠，雨具也。《詩》：「何蓑何笠。」《孟子》：「有孺子歌曰：『滄浪之水清兮，可以濯我纓。滄浪之水濁兮，可以濯我足。』」

庚子八月訪同年吳永調於錫山有感賦贈四首錄三　同歲舉鄉、會試者，

皆稱同年。《蘇州府志》：「吳其馴，字永調，常州無錫人。崇禎辛未進士。由蘇州府教授官南京國子監助教。」《常州府志》：「終兵部員外郎。」錫山，在江蘇無錫縣西，惠山支麓也。

廿載京華共酒罇，十人今有幾人存。多愁我已嫌身世，高臥君還長子孫。士馬孤城喧渡口，雲山老屋冷溪門。相逢萬事從頭問，樺華去聲。燭三條照淚痕。

【京華】即京師。杜甫詩：「冠蓋滿京華。」【十人句】自注：京師知己為真率會。今其人零落已盡。【長子孫】《史記·平準書》：「為吏者長子孫。」【樺燭句】《王篇》：「樺木皮可以為燭。」程大昌《演繁露》：「古燭未知用蠟，直以薪蒸，即是燒柴取明耳，或亦剝樺皮爇之。」《白樂天集》：「試日，許燒木燭三條，燭盡不許更續。」淚，謂燭淚，燭膏流注如淚也。

杖藜何必遠行遊，抱郤看雲氅裘。天遣名山供戶牖，老逢佳節占風流。干戈定後身還健，花月閒時我欲愁。莫歎勝情無勝具，亂峯深處著高樓。自注：永調有足疾。

【杖藜】以藜莖為杖也。杜甫詩：「明日看雲還杖藜。」【鶴氅裘】析羽為裘也。《晉書》：「王恭美姿儀，被鶴氅裘，涉雪而行，孟昶窺見之，歎曰：『此真神仙中人也。』」【牖】穿壁以木為交窗也。【我欲愁】《晉書·王湛傳》：「湛子安期至下邳，登山北望，歎曰：『人言愁，我始欲愁矣。』」【勝情勝具】《世說·棲逸篇》：「許掾好遊山水，而體便登涉，時人云：『許非徒有勝情，實有濟勝之具。』」

黃花秋水五湖船，客鬢蕭騷別幾年。老去妻孥多下世，窮來官長有誰賢。酒杯驅使從無分，書卷消磨絕可憐。賸得當時舊松菊，數間茅屋對晴川。

【黃花】《禮‧月令》：「鞠有黃華。」鞠同菊，華同花。【五湖】見前。【蕭騷】猶蕭疏。【有誰賢】言誰以我為賢也。【松菊】《歸去來辭》：「松菊猶存。」

五排

晚眺

萬壑亂煙霜，浮圖別渺茫。江山連楚蜀，鍾磬怨齊梁。原廟寒泉裏，園林秋草旁。雁低連雨色，鷺遠入湖光。戲馬長干里，歸人石子岡。舟車走聲利，衣食負耕桑。欲問淮南信，砧聲繞夕陽。

【萬壑】壑，谷也。王維詩：「萬壑樹參天。」【浮圖】培也。【別渺茫】韋莊詩：「扶桑已在渺茫中。」【楚蜀】今稱湖南、湖北曰楚，四川曰蜀。【齊梁】蕭齊及梁。【原廟】原，再也。原廟，謂於太廟外更立一廟，始於漢惠帝。【寒泉】《詩》：「爰有寒泉。」【鷺】即鷺鷥。【戲馬】臺名。此借用其字。【長干】見前。【石子岡】在江寧縣南，亦曰長陵。隋韓擒虎入陳，任忠迎降於此。【走聲利】為名利奔走也。【負耕桑】言廢耕桑而遠出也。【砧聲】搗衣聲也。

贈家園次湖州守五十韻《揚州府志》：「吳綺，字園次，江都人。順治九年拔貢，授中書舍人，歷兵部郎中，出知湖州府。既罷歸，貧無田宅，購廢圃以居。」王晫《今世說》：「園次官湖州守，為治簡靜，放衙散帙，蕭然雛誦，繩床棐几，燈火青熒，吏人從屏戶窺之，不辨其為二千石也。喜與賓客遊，四方名士過從無虛日，卒以此罷官。」

清切推華省，風流擅廣陵。俊從江左造，賢比濟南征。經學三公薦，文章兩府稱。北門供奉吏，西掖祕書丞。月俸鴉翎鈔，春衣鳳尾綾。賜酺音蒲。班上膳，從獵賦奇鷹。粉署勞偏著，仙曹跡屢陞。赤囊條每對，黃紙詔親承。乞外名都重，分符寵命仍。爭傳何水部，新拜柳吳興。城闕晨笳動，旌旗瑞靄凝。射堂青嶂合，訟閣絳霞蒸。教出漁租減，詩成紙價增。笙歌前隊引，賓客後車乘。石戶樵輸栗，銀塘女採菱。水嬉鉤卷幔，社飲鼓分棚。急雨溪喧碓，斜陽岸曬罾。音增。宗盟高季札，史局慨吳兢。官退囊頻澀，年侵鏡漸憎。鹿皮朝擁卷，松火夜挑燈。舊業凋

林薄，殘身瘦石稜。彈琴伐木澗，荷鍤音插。種瓜塍。音乘。撥剌盧達切。
魚窺網，偷睛鳥避矰。音增。已耽耕稼隱，幾受黨碑懲。寥落依兄弟，艱
難仗友朋。殷勤書一紙，離別思千層。逸爵斟佳醞，紆問切。綈音題。袍
制異繒。音增。蠶忙供杼音苧。軸，音逐。茶熟裹緘音監。縢。音騰。族姓叨
三謝，詞場繼二應。歆宜陪魯衛，賦僅半鄒滕。謙抑君何過，慚惶我曷
勝。長縅招鄭重，短策跂同企。飛騰。好士公投轄，胡八切。尋山客擔簦。
音登。竹溪春澹蕩，梅隴雪崚音陵。嶒。音層。孤館披襟坐，危欄送目憑。
嵐盧含切。光浮翠黛，塔勢界金繩。為政崔元亮，相逢皇甫曾。蘭橈輕共
載，蠟屐音劇。響同登。笛冷荒臺妓，鐘沈廢寺僧。趙碑娟露滴，顏壁壯
雲崩。衰至容吾放，狂來敢自矜。雄談茗是戰，良會酒如澠。音繩。楚澤
投劉表，江樓謁庾冰。故交當路徧，前席幾人曾。妄把歡遊數，癡將好
夢憑。懷人吟力健，觀物道心澄。雅意通豪素，閒愁託剡炎上聲。藤。折
花貽杜牧，採菊寄王弘。瑑同琢。屑陳篇蠹，攲音羈。斜醉墨蠅。非云聊
以報，捨此亦何能。

【華省】《夢溪筆談》：「舊翰林院學士，地勢清切，皆不兼他務。」推，謂推重
也。宮禁曰省。潘岳《秋興賦》：「獨展轉於華省。」【風流句】《世說》：「韓康伯居然
名士風流。」擅，謂專有其美。廣陵，即揚州。【俊從句】俊者，才過千人之名。江左，
即江東。造，成也，謂成就其才德也。【濟南征】《漢書・僑林傳》：「伏生者，濟南人
也，故為秦博士。孝文時，求能治《尚書》者，天下無有，聞伏生治之，欲召。伏生
年九十餘，老不能事，於是詔太常使掌故晁錯往受之。」《周書・蕭大圜傳》：「如蒙北
叟之放，實勝濟南之征。」【三公】《書》：「立太師、太傅、太保，茲惟三公。」【兩府】
《漢書・翟方進傳》：「初除謁兩府。」師古曰：「丞相及御史也。」【北門供奉吏】《舊
唐書・職官志》注：「乾封中，劉裕之、劉諱之兄弟，周思茂、元萬頃、范履冰，皆以
文詞召入待詔，常於北門候進止，時號北門學士。」供奉，官名。唐時凡有一材一藝
者，得供奉內廷，故有翰林供奉諸名。至宋時，尚有東西頭供奉官。【西掖祕書丞】徐
堅《初學記》：「中書省在右，因謂中書為右曹，又稱西掖。」祕書丞，掌文書之官。
【鴉翎鈔】《宋史・食貨志》：「紹興二十四年，女真以銅少，循宋交子法造鈔引，與錢
並用。」李夢陽詩：「寶鈔生硬鴉翎黑。」王世貞曰：「兩旁花紋重疊如鴉翎。」【鳳尾
綾】《宋史・職官志》：「春冬衣，中書舍人春綾各三疋。」庾信《春賦》：「新綾織鳳皇。」
李商隱詩：「鳳尾香羅薄幾重。」【賜酺】謂國有歡樂之事，賜臣民大飲酒也。《前漢書・
文帝紀》：「初即位，賜酺五日。」【粉署】官衙曰署。《漢官儀》：「省中皆胡粉塗壁，

故曰粉署。」又，《六帖》：「諸曹郎曰粉署，亦曰仙署。」【仙曹】諸曹郎稱仙郎。【赤囊】丙吉不罪吐車茵之馭吏，此吏一日出，見驛吏持赤白囊，邊郡警書馳至，吏因刺取具告吉，知寇入雲中、代郡。因案所入郡吏姓名，詔問即對。見《漢書·丙吉傳》。【黃紙句】馮贄《雲仙雜記》：「貞觀中，太宗詔用麻紙寫敕詔。高宗以白紙多蟲蛀，尚書省頒下州縣，並改用黃麻紙。」承，奉也。【乞外】求補外職。【符】符節也。【何水部】《南史·何遜傳》：「天監中，兼尚書水部郎。」韓翃《寄徐州鄭使君》詩：「才子舊稱阿水部。」【新拜句】朝廷授官曰拜。《梁書·柳惲傳》：「天監中，出為吳興太守。」【笳】樂器。胡人捲蘆葉吹之。【瑞靄】瑞氣也。【凝】聚也。【射堂青嶂】《湖州府志》：「射堂在歸安縣白蘋洲西，唐貞元中刺史李詞建，顏真卿為之記。」山峯如屏障者曰嶂。【訟閣句】訟閣，謂聽訟之閣。絳，赤色也。蒸，火氣上達也。【教出句】教，謂教令。漁租，漁戶所納之稅，歷代皆有，明清置河泊所官以掌之。【後車】《詩》：「命彼後車，謂之載之。」【石戶】《莊子》：「有石戶之農，高士也。」【水嬉句】韓愈文：「大合樂，設水嬉。」《吳興掌故集》：「清明日挾彩舟於溪上，為競渡之戲，謂宜田蠶。」《荊楚歲時記》：「以五月五日，吳興止寒食為之。」崔元亮為杜牧張水嬉，即此。幔，幕也。【社飲句】社飲，因祀社而燕飲也。棚，架木以資覆蔽者。【曬罾】曬，曝物也。罾，魚網也。【宗盟】《左·隱》：「周之宗盟，異姓為後。」【季札】吳公子，春秋時賢者。【史局句】《唐書·吳兢傳》：「吳兢，汴州濬儀人。當路薦兢才堪論譔，詔直史館，修國史。始，兢在長安，景龍間，任史事，時武三思、張易之等監領，阿貴朋佞，釀澤浮辭，事多不實，兢不得志。私撰《唐書》、《唐春秋》，未就，至是丐官筆札，冀得成書。久之，坐書事不當，貶外。天寶初，入為恆王傅。雖年老衰僂甚，意猶願還史職，李林甫嫌其老，不用。」【官退句】《南史·丘靈鞠傳》：「王儉謂人曰：『丘公仕宦不進，才亦盡矣。』」官退，即所謂仕宦不進者也。《類函》：「晉阮孚持一皁囊，遊會稽，客問囊中何物，曰：『但有一錢守囊，恐其荒澀。』」【侵】漸進也。【鹿皮】《宋書·何尚之傳》：「在家常著鹿皮冠。」【松火】《燕閒錄》：「深山老松之心，有油如蠟，可以代燭。」【舊業二句】舊業，謂舊時之產業。凋，半傷也。稜，廉角也。此言舊業如林之凋殘，身如石之瘦也。【荷鍤句】荷，以肩承之也。鍤，起土之具。塍，田畦也。【撥剌】即潑剌，魚躍聲。【矰】《周禮》：「矰矢用諸弋射。」【幾受句】幾，將及也，近也。宋蔡京立元祐黨籍碑於端禮門外，以星變毀。懲，謂懲創。【寥落】稀少貌。【逸爵句】逸，安也。爵，酒器。斟，勺也，取也。佳醞，酒之佳者。【絺袍句】絺，厚繒之滑澤者。《史記·范睢傳》：「取一絺袍贈之。」繒，絲織物之總名，古謂之帛，漢謂之繒。【供杼軸】供，給也。杼軸，織具，杼持緯，軸受經。【裹緘縢】裹，

包也。緘，封也。縢，亦緘也。【三謝】謝靈運、惠連及眺也。劉宋、蕭齊間，三人皆以文名。【二應】《魏志・王粲附傳》：「汝南應瑒，字德璉。弟璩，字休璉。咸以文章顯。」【歃宜句】歃，盟者以牲血塗書也。《左・定》：「劉文公令諸侯於召陵，將長蔡於衛。子魚曰：『昔武王克商，選建明德，以屏蕃周，命以伯禽而封於少皞之虛，命以康誥而封於殷虛，若之何使蔡先衛也？』乃長衛侯於盟。」案：三謝、二應及魯、衛字，皆承上兄弟來，蓋先生於園次為兄弟輩行也。【邾滕】《左・襄》：「盟於宋，季武子使謂叔孫，以公命曰：『視邾滕。』既而齊人請邾，宋人請滕，皆不與盟。叔孫曰：『邾，滕人之私也。我，列國也，何故視之？宋、衛，吾匹也。』乃盟。」杜預曰：「兩事晉楚，則貢賦重，故欲比小國。」案：邾本春秋時邾人。【長緘】長篇書。【策】馬箠也。【跂】望也。【投轄】《漢書・陳遵傳》：「遵字孟公。每大飲賓客，輒關門，取客車轄投井中，雖有急，不得去。」轄，車軸端鍵也，以鐵為之。【擔簦】肩載曰擔。簦，長柄笠也，如今之傘。《史記》：「虞卿躡屩擔簦。」【崚嶒】高貌。【嵐】山氣也。【黛】深青色也。【金繩】《法華經》：「黃金為繩，以界八道。」崔元亮《湖州府志》：「唐崔元亮，字晦叔，磁州昭義人。貞元初，擢進士第。長慶三年，自刑部郎出為湖州刺史，遷祕書少監。」【皇甫曾】《唐書・皇甫冉傳》：「吳弟曾皆善詩。曾字孝常，其名與冉相上下，當時比張氏景陽、孟陽云。」案：曾有《湖州烏程水樓留別》詩。【橈】楫也。陳子昂詩：「停橈問土風。」【蠟屐】蠟，謂以蠟潤物，使光澤也。屐，木屬也。《晉書》：「阮孚性好屐，有詣阮，正見自蠟屐。」【趙碑二句】遠碑顏壁，謂趙孟頫及顏真卿所書石也。娟露壯雲，狀筆姿之秀偉。意園次好碑帖，故詩及之。【茗戰】茗，茶芽也。一云茶之晚取者。《雲仙雜記》：「建人謂鬥茶為茗戰。」【酒如澠】澠，水名，今稱漢漯水，在山東臨淄縣西北。《左・昭》：「有酒如澠。」【楚澤句】楚澤，指荊州。《周禮・職方氏》：「荊州，其澤藪曰雲夢。」《魏志・王粲傳》：「除黃門侍郎，不就，乃之荊州依劉表。」【江樓句】江樓，即庾樓，在江西九江縣治，晉庾亮鎮江州時所建。謁，見也。進見曰晉謁。《晉書・庾冰傳》：「庾冰，字季堅，兄亮嘗以為庾氏之寶，除江州刺史，假節鎮武局。」【當路】居要地者。【前席】注見《贈遼左故人》詩。【道心澄】《書》：「道心惟微。」澄，靜而清也。【豪素】白筆也。【剡藤】張地《博物志》：「剡溪古藤甚多，可造紙。」【杜牧】張君房《麗情集》：「牡牧遊湖州，刺史崔君素悉致諸妓。牧視之，殊不愜意，曰：『願得張水嬉，使州人畢觀，某當閒行寓目，冀或有閱。』刺史如言。至日，兩岸觀者如堵，意無所得。忽有老嫗引垂鬌女子，年十餘歲，牧熟視曰：『此真國色也。』」【王弘】《南史・陶潛傳》：「九月九日無酒，出宅邊叢菊中。坐久，值王弘送酒至。」【蠅】蠅頭書也。陸游詩：「常讀蠅頭細字書。」

五絕

子夜詞三首錄二　《唐書·禮樂志》：「《子夜歌》者，晉曲也。晉有女子名子夜，造此聲。」《樂府題解》：「後人更為四時行樂之詞，謂之《子夜四時歌》，又有《大子夜歌》、《子夜警歌》、《子夜變歌》。」

　　憶歡教儂音農。書，少小推無力。別郎欲郎憐，修箋自雕飾。

　　【歡儂】郭茂倩《樂府》：「江南謂情人曰歡，俗稱我曰儂。」【箋】信札也。

　　夜涼入空房，侍婢侍除粧。枕前鉤不下，知未解衣裳。

　　【空房】王維《秋夜曲》：「心怯空房不忍歸。」【鉤】謂帳鉤。

子夜歌十三首錄一

　　舞罷私自憐，腰肢日嫋音鳥。嫋。總角諸年少，齮他只言好。

　　【腰肢句】庾肩吾詩：「本自細腰肢。」杜少陵《漫興》詩：「隔戶楊柳日嫋嫋，恰似十五女兒腰。」【總角】未冠者之稱，謂總聚其發而結束之也。《詩》：「總角丱兮。」

采石磯樂史《寰宇記》：「牛渚山北謂之采石。」案：《江源記》云：「南旅於此取石，至都，輸造石者，故名。」《明一統志》：「太平府城北二十五里牛渚北臨江，有磯曰采石。」

　　石壁千尋險，江流一矢爭。曾聞飛將上，落日弔開平。

　　【尋】八尺。【一矢】《左·成》：「無亦唯是一矢以相加遺。」案：一矢加遺，謂戰也。【飛將】《明史·常遇春傳》：「兵薄牛渚磯，元兵陳磯上，舟距岸且三丈餘，莫能登。遇春飛舸至，太祖麾之前。遇春應聲奮戈直前，敵接其戈，乘勢躍而上，大呼跳躍，元軍披靡，諸將乘之，遂拔采石。」案：遇春封開平王。

讀漢武帝紀

　　岱觀東迎日，河源西問天。晚來雄略盡，巫蠱音古。是神仙。

　　【岱觀句】岱，泰山也。【尸子】泰山上有三峰，東曰日觀，雞鳴時見日出。【河源】《漢書·張騫傳》：「遣使尋河源。」《山海經》：「敦薨之山、敦薨之水出焉，西流注於渤海，出於崑崙之東北隅，實惟河源。」【巫蠱】《漢書·武五子傳》：「會巫蠱事起，江充因此為奸。是時上春秋高，意多所忌，以為左右皆為蠱道祝詛，窮治其事。充典治巫蠱，既知上意，自言宮中有蠱氣，遂至太子宮蠱。」【神仙】《史記·武帝紀》：「海上燕、齊之間。莫不搤捥而自言有禁方，能神仙矣。」

讀光武紀

雷雨昆陽戰，風雲赤伏符。始知銅馬帝，遠勝執金吾。

【昆陽戰】《後漢書·光武紀》：「王莽遣王尋、王邑將兵五萬圍昆陽，又驅諸猛獸虎豹犀象之屬以助威武。光武乃與敢死者三千人絕城西上，衝其中堅，城中亦鼓譟而出，莽兵大潰。會大風雨，屋瓦皆飛，雨下如注，滍川盛溢，虎豹皆股栗。」【風雲句】風雲，喻君臣會合。《易》：「雲從龍，風從虎，聖人作而萬物覩。」《續漢書·祭祀志》：「同舍生彊華自關中奉赤伏符至，於是即天子之位。」【銅馬帝】《後漢書·光武紀》：「光武與銅馬合，大戰於蒲，即破降之，眾遂數十萬，故關西號光武為銅馬帝。」【執金吾】《後漢書·陰皇后紀》：「初，帝適新野，聞后美，心悅之。后至長安，見執金吾車騎甚盛，因歎曰：『仕宦當作執金吾，娶妻當得陰麗華。』」

蕭何

蕭相營私第，他年畏勢家。豈知未央殿，壯麗只棲鴉。

【蕭相二句】營，營建也。第，第宅也。《史記·蕭相國世家》：「何置田宅，必居窮處，為家不治垣屋，曰：『後世賢，師吾儉。不賢，毋為勢家所奪。』」勢家，有勢力之家也。【未央殿】憲何治未央宮，高帝見其壯麗，甚怒。何曰：「天下方未定，故可因以就宮室。今天下定矣，天子以四海為家，非壯麗無以重威，且無令後世有以加也。」帝說。案：未央宮在今陝西長安縣西北。《三輔黃圖》：「未央宮周回三十八里。」

偶見 二首錄一

合歡金縷帶，蘇合寶香薰。欲展湘文袴，微微蕩畫裙。

【合歡句】合歡，又名合昏，俗稱夜合花。嵇康文：「合歡蠲忿。」金縷，金絲也。帶，佩也，謂綴以金絲而佩之也。【蘇合】《後漢書·西域傳》：「合會諸香，重其汁，以為蘇合。」【欲展二句】展，展示也。湘文，謂織成湘水之紋。蕩，飄動之也。言欲炫其袴之美而故意徵蕩其裙也。

古意

歡似機中絲，織作相思樹。儂似衣上花，春風吹不去。

【相思樹】左思《吳都賦》：「相思之樹。」注：相思，大樹也，實如珊瑚，歷年不變。【儂似二句】喻兩情固結也。

七絕

楚雲八首錄二

　　楚雲，字慶娘。余以壬辰上巳，為朱子葵、子葆、子蓉兄弟招飲鶴洲，同集則道開師、沈孟陽、張南垣父子。妓有畹生者，與慶娘同小字，而楚雲最明慧可喜，口占贈之。朱彝尊《明詩綜》：「朱茂時，字子葵，萬曆中補秀水縣學生，承祖蔭官貴陽太守。」又：「詩話：城南放鶴洲，宋南渡初，禮部郎中朱敦儒營之以為墅，洲名是其所題。世父子葵，拓地百畝，自湖之田，有堂有亭，有橋有船，有岡有榭，有庖有湢，雜樹花果，瓜疇芋區，靡所不具。陳少詹懿典為作記，董尚書其昌為書扁，李日華為作圖，後先觸詠者，題壁淋漓。今則大樹飄零，高臺蕪沒，止存臥柳斷橋而已。」詩不起草曰口占。

　　十二峯頭降玉真，楚宮祓音拂。禊音系。採蘭辰。陳思枉自矜能賦，不詠湘娥詠雒同洛。神。

　　【十二峰句】祝穆《方輿勝覽》：「十二峰在巫山，曰望霞、翠屏、朝雲、松巒、集仙、聚鶴、淨壇、上昇、起雲、飛鳳、登龍、聖泉，其下即巫山神女廟。」玉真，謂仙人。張籍詩：「掃壇朝玉真。」【楚宮句】《寰宇記》：「楚宮在涇山縣西二百步陽臺古城內，即襄王所遊之地。」祓禊，祭名，濯於水邊，以除不祥也。《詩·溱洧》章注：「鄭國之俗，二月上巳之辰，採蘭水上，以祓除不祥。」【陳思二句】魏曹植封陳王，諡曰思。嘗著《洛神賦》。湘娥，謂舜二妃娥皇、女英也。湖南君山有湘妃廟。

　　越羅衫子揉柔上聲。紅藍，楚玉鸑雛鏤碧簪。莫羨鴉頭羅襪好，一鉤新月印湘潭。

　　【揉】擦摩也。【紅藍】崔豹《古今注》：「燕支出西方，土人以染名為燕支，中國亦謂之紅藍。」【楚玉句】雛，鳥子也。鏤，雕刻也。簪，首笄也。言以楚玉為簪而刻鸑雛於上也。【鴉頭羅襪】太白詩：「履上足如霜，不著鴉頭襪。」襪，足衣也。【一鉤句】《道山清話》：「李後主宮嬪窅娘纖麗善舞，後主作全蓮，高六尺，蓮中作五色瑞雲，令窅娘以帛纏腳，令纖小，屈作新月狀。」湘潭，即湘水，湖南巨川也。潭，深水也。

山塘重贈楚雲四首錄二　　山塘，水名，在江蘇吳縣西北，上承運河，北繞虎丘，而仍入運河。自蘇城往遊虎丘者，皆取道於此。自注：楚雲，故姓陸，雲間人。

　　宣公橋畔響金車，二月相逢約玩花。烏柏音舅。著霜還繫馬，停鞭重問泰娘家。

【宣公橋】祝穆《方輿勝覽》：「東萊呂祖謙記云：『陸贄，蘇州嘉興人。今城東橋有以宣公名者，相傳即公所生地也。』」【金車】即鈿車，車之飾以金華者。元稹詩：「鈿車迎妓樂。」【烏桕】木名，亦作鴉舅。【泰娘】劉禹錫《泰娘歌引》：「泰娘本韋尚書家主謳者。尚書薨，為蘄州刺史張愻所得。愻謫武陵郡，卒。泰娘無所歸，日抱樂器而哭。雒客聞之，為歌其事，歌云：泰娘家本閶門西，門前綠水環金隄。」

家住橫塘小院東，門前流水碧簾櫳。五茸城外新移到，傲殺機雲女侍中。

【橫塘】《明一統志》：「橫糖在嘉興治城東南五里。劉長卿詩『家在橫塘曲』是也。」【櫳】房屋之窗櫺。【五茸城】見前。【機雲女侍中】機雲，謂晉陸機、陸雲。《北史·諸王傳》：「胡國珍女為元乂妻，拜女侍中。」又，《任城王澄傳》：「神龜元年，詔加女侍中貂蟬，如外侍中之制。」

感舊

赤闌橋護上陽花，翠羽雕籠語絳紗。羨殺江州白司馬，月明亭畔聽琵琶。

【赤闌句】顧況詩：「水邊垂柳赤闌橋。」上陽，唐宮名，在今河南洛陽縣治，隋故洛陽宮城之西南隅。雍陶《天津橋春望》詩：「宮鶯銜出上陽花。」【翠羽句】翠羽，翠鳥也。鳥檻曰籠。絳紗，謂絳紗窗。【羨殺二句】白樂天《琵琶行序》：「元和十年，余左遷九江郡司馬。明年秋，送客湓浦口，聞舟中夜彈琵琶者。聽其音，錚錚然有京都聲。問其人，本長安倡女，嘗學琵琶於穆、曹二善才。年長色衰，委身為賈人婦。遂命酒，使快彈數曲。曲罷，憫然，自敘少小時歡樂事，今漂淪憔悴，轉徙於江湖間。予出官二年，恬然自安，感斯人言，是夕始覺有遷謫意，因為長句，歌以贈之。」

贈寇白門六首錄二

白門，故保國朱公所畜姬也。保國北行，白門被放，仍返南中。秦淮相遇，殊有淪落之感，口占贈之。陳其年《婦人集》：「寇湄，字白門，金陵南院教坊中女也。朱保國公娶姬時，令甲士五千俱執絳紗燈，照耀如同白晝。亂後，歸揚州某孝廉，不得志，復還金陵。」

南內無人吹洞簫，莫愁湖畔馬蹄驕。殿前伐盡靈和柳，誰與蕭娘鬥舞腰。

【保國公】《明史·朱謙傳》:「朱國弼,撫寧侯朱謙六世孫,萬曆四十六年襲封。弘光初,進封保國公,與馬士英、阮大鋮相結,以迄國亡。」【南內】沈德符《野獲編》:「南內在禁垣內之巽隅,亦有首門二門,以及南挾門,內有前後兩殿,旁有兩廡。其他離宮及圓殿石橋,則皆天順間所增飾。」【洞簫】簫之無底者。【莫愁湖】陳沂《南畿志》:「莫愁湖在三山門外,有妓盧莫愁家湖上,故名。」吳融詩:「莫愁家在石城西。」【靈和柳】《南史·張緒傳》:「劉悛之為益州刺史,獻蜀柳數株,枝條甚長,狀若絲縷,武帝以植於太昌靈和殿前。」【蕭娘】見前。

同時姊妹入奚官,挏音動。酒黃羊去住難。細馬馱音駝。來紗罩涉教切。眼,鱸魚時節到長干。

【奚官】《周禮·天官·酒人》「奚三百人」注:「古者從坐男女,沒入縣官為奴,其少才知以為奚。今之侍史官婢,或曰奚宦女。」《漢書·刑法志》:「應從坐者,同補奚官為奴婢。」【挏酒黃羊】《漢書·禮樂志》:「師學百四十二人,其七十二人給大官,挏馬酒。」李奇曰:「以馬乳為酒,撞挏乃成也。」師古曰:「挏馬酪味如酒,而飲之亦可醉,故呼馬酒也。」按:漢有挏馬令,作馬酒,謂取乳汁挏治之,味酢可飲也。莊綽《雞肋編》:「關右塞上有黃羊,無角,色同麞鹿。」令狐楚《少年行》:「驊騎蕃馬射黃羊。」【細馬句】《唐六典》:「凡馬有左右監,以別驥細。細則稱左,驥則稱右。」太白詩:「胡姬十五細馬馱。」【鱸魚句】《晉書·張翰傳》:「因秋風起,思吳中菰菜蓴羹鱸魚膾。」長干,注見前。此二句謂白門〔註4〕被放,重到金陵也。

臨清大雪 《一統志》:「臨清州在東昌府西北二百二十里。」

白頭風雪上長安,裋褐疲驢帽帶寬。辜負故園梅樹好,南枝開放北枝寒。

【長安】謂京師。【裋褐】見前。【南枝】《東坡詩註》:「庾嶺梅花,南枝已落,北枝方開,寒煖之異也。」

阻雪

關山雖勝路難堪,纔上征鞍又解驂。十丈黃塵千尺雪,可知俱不似江南。

【驂】見前。【黃塵】清沙也。王昌齡《塞下曲》:「黃塵足今古。」

〔註4〕「白門」,底本誤作「門白」。

題沙海客畫達摩面壁圖《舊唐書‧僧神秀傳》：「昔後梁末，有僧達摩者，本天竺王子，以讓國出家，入南海，得禪宗妙法。」《神僧傳》：「二十八祖達摩，自梁武帝普通元年，汎海至金陵，與帝語。師知機不契，遂去梁，折蘆渡江，止嵩山少林寺，終日面壁而坐，九年形入石中，拭之益顯。人謂其精誠貫金石也。」

松風拂拂水泠泠，參得維摩止觀經。從此西來真實義，掃除文字重丹青。

【泠泠】水聲。《古樂府》：「山溜何泠泠。」【維摩止觀經】維摩詰，菩薩名，其義為淨名。淨者，清浮無垢之謂。名者，名聲遠布之謂。《集覽》：「《金陵語錄》：『定慧為菩薩，止觀為佛。』」杜甫詩：「重聞西方止觀經。」【西來真實義】《景德傳燈錄》：「水源和尚問馬祖大師如何是西來意，馬大師攔胸一踏，水源從地上起來，忽然大省。萬象森羅，百千妙義，只向一毫端上便識根原。」《魏書‧釋老志》：「諸佛法身有二種義：一者真實，二者權應。」《般若經》：「如來是真語者，實語者。」【掃除句】《朱子語類》：「後漢明帝時，佛始入中國。直至晉、宋間，其教漸盛。然當時文字亦只是將老莊之說來鋪張，如遠師諸論，皆成片盡是老莊意思。直至梁普通間，達摩入來，然後被他掃蕩，不立文字，直指人心。」丹青，謂畫也。結到畫圖。

題二禽圖

舊巢雖去主人空，剪雨捎所交切。風自在中。卻笑雪衣貪玉粒，羽毛憔悴閉雕籠。

【捎】掠也，拂也。【雪衣】《明皇雜錄》：「嶺南獻白鸚鵡，洞曉人言，上及貴妃皆呼雪衣娘。」【玉粒】米也。黃庭堅詩：「香春玉粒送官倉。」

送友人出塞二首錄一　自注：吳茲受，松陵人。朱彝尊《明詩綜》：「吳晉錫，字茲受，吳江人。崇禎庚辰進士。官永州府推官。」案：茲受，漢槎父。

此去流人路幾千，長虹亭外草連天。不知黑水西風雪，可有江南問渡船。

【流人】謂流放之人。【長虹亭】范或大《吳郡志》：「垂虹，吳江東門外橋名，一名長橋。慶曆八年，縣尉王庭堅造，東西百餘丈，中間有垂虹亭，錢公輔作記。治平三年，縣令孫覺重修，以木為之。南渡後，判官張顯祖始甃以石。」王象之《輿地紀勝》：「垂虹本名利往，前臨具區，橫絕松陵，湖光海氣，蕩漾一色，乃三吳之絕景。」
【黑水】《明史‧地理志》：「宜黃縣東南有黑水，一名南廣溪。」《一統志》：「黑水在敘州府城東南一十五里。」《輿地志》謂此水即《禹貢之》。

口占贈蘇崐生自注：蘇生，固始人。案：固始縣，明屬汝寧府，故唐之蔡州。詩共四首，此其第三首。

西興哀曲夜深聞，絕似南朝汪水雲。回首岳侯墳下路，亂山何處葬將軍。

【西興】施宿《會稽志》：「西陵城在蕭山縣西二十里，吳越改為西興。」【汪水雲】水雲汪元量，字大有，錢塘人。以善琴受宋主知。國亡，奉三宮，留燕甚久。世祖皇帝嘗命奏琴，因賜為黃冠師，南歸。程敏求《宋遺民錄》：「汪水雲以布衣攜琴渡易水，上燕臺。侍禁時，為太后王昭儀鼓琴，奉卮酒。又或至文丞相銀鐺之所，為作《拘幽》以下十操，文山亦倚歌而和之。及歸，舊宮人會者十八人，釃酒城隅，吳之別，授琴鼓再行，淚雨下，悲不自勝，後竟不知所在。」【岳侯墳】岳侯，宋岳飛也。墳在今浙江杭縣西湖。【將軍】指左良玉。案：崐生先客左良玉所。良王死，削髮入九華山。久之，出依汪然明於杭州。故有第四語，非良玉亦葬杭州也。良玉晚節不終而死，以視岳侯精忠如一，有愧色矣。詩有惋惜意。

讀史有感八首錄一

玉靶音霸。輕弓月樣開，六宮走動射雕才。黃山苑里長生鹿，曾駕昭儀翠輦來。

【靶】射之的也。《漢書》：「王良執靶。」【六宮】《禮》：「古者天子後立六宮。」《周禮》：「以陰禮教六宮。」【射雕才】《北齊書·斛律光傳》：「曾從文襄校獵，雲表見一大鳥，射之，正中其頭，形如車輪，旋轉而下，乃鵰也。邢子高歡曰：『此射鵰手也。』」【黃山句】《漢書·霍光傳》：「雲當朝請，數稱病私出，多從賓客張圍，獵黃山苑中。」鄭嵎《津陽門》詩：「長生鹿瘦銅牌垂。」注：上嘗於芙蓉園中獲白鹿，惟山人王旻識之，曰：「此漢時鹿也。」上異之，令左右視之，乃於角際白毛中得銅牌子，刻曰：宜春苑鹿。上由是愈愛之，移于北山，目之曰仙鹿。【昭儀翠輦】昭儀，女官名，漢元帝所制，位視丞相，爵比諸侯王。魏置左右昭儀，視大司馬。其名號至宋時尚浩用之。《漢書注》：「昭儀，謂昭顯其儀，示隆重也」。翠輦，以翠羽飾輦也。天子之車曰輦。

一舸舸音哿。大船曰舸。姚寬《西溪叢話》：「《吳越春秋》云：『吳亡而西子被殺。』杜牧之詩：『西子下姑蘇，一舸逐鴟夷。』後人遂云范蠡將西子去矣。」

霸越亡吳計已行，論功何物賞傾城。西施亦有弓藏懼，不獨鴟夷變姓名。

【論功句】鄭獬詩：「若論破吳功第一，黃金只合鑄西施。」漢李延年歌：「一顧傾人城，再顧傾人國。」言其美也。【弓藏】《史記·勾賤世家》：「范蠡自齊遺大夫種書曰：『蜚鳥盡，良弓藏。狡兔死，走狗烹。』」【鴟夷變姓名】《史記·越王句踐世家》：「范蠡既為越王滅吳雪恥，以為大名之下，難以久居，遂浮海出齊，變姓名為鴟夷子皮。」

虞兮 項籍有美人名虞，常幸從。籍困於垓下，為詩曰：「虞兮虞兮奈若何！」見《史記》。一云姓虞氏。

千夫辟易楚重瞳，仁謹居然百戰中。博得美人心肯死，項王此處是英雄。

【千夫句】《史記·項羽紀》：「赤泉侯為騎將，追項王。項王瞋目叱之，赤泉候人馬俱辟易數重。」辟易，謂開張易舊處。《史記·項羽紀·贊》：「舜目蓋重瞳子，又聞項羽亦重瞳子。」【仁謹】《漢書·高祖紀》：「項羽仁而敬人。」

出塞 《後漢書·南匈奴傳》：「王昭君，字嬙，南郡人也。初，元帝時，以良家子選入掖庭。時呼韓邪來朝，帝敕以宮女五人賜之。昭君入宮，數歲不得見御，積悲怨，乃請掖庭令求行。呼韓邪臨辭大會，帝召五女以示之。昭君豐容靚飾，光明漢宮，顧景裴回，竦動左右。帝見大驚，意欲留之，而難於失信，遂與匈奴。」

玉關秋盡雁連天，磧七益切。里明駝路幾千。夜半李陵臺上月，可能還似漢宮圓。

【玉關】《元和志》：「玉門故關，在龍勒縣西，評西域門戶。」案：在今甘肅敦煌縣西一百五十里陽關之西北，古為通西域要道。【磧】沙漠也。【明駝】《酉陽雜俎》：「駝臥屈足，腹不著地，而漏明者，謂之明駝，最能行遠。」《木蘭詩》：「願借明駝千里足。」【李陵臺】《唐書·地理志》：「雲中都護府燕然山有李陵臺。」

歸國 《後漢書·列女傳》：「陳留董祀妻者，同郡蔡邕之女也，名琰，字文姬，適河東衛仲道。夫亡無子，歸寧於家。興平中，天下喪亂，文姬為胡騎所獲，沒於南匈奴左賢王，在胡中十二年。曹操素與邕善，痛其無嗣，乃遣使者以金璧贖之，而重嫁於祀。」

董逃歌罷故園空，腸斷悲笳付朔風。贖得蛾眉知舊事，好修佳傳報曹公。

【董逃】《續漢書·五行志》：「靈帝中平中，京師歌曰：『承樂世董逃。』共十三句。」案：董謂董卓也。言雖跋扈，縱其殘暴，終歸逃竄，至於滅亡也。【悲笳】文姬有《胡笳十八拍》。【朔風】北風。【知舊事】《後漢書·列女傳》：「操問曰：『聞夫人家

先多墳籍,猶能憶識之不?』文姬曰:『昔亡父賜書四千許卷,流離塗炭,罔有存者。今所誦憶,裁四百餘篇耳。』於是繕書送之。」【好修句】《北史‧魏收傳》:「初,收在神武時,為太常少卿,修國史,得陽休之助,因謝休之曰:『無以書德,當為卿作佳傳。』」

當壚 壚,音盧,酒區也,累土為之,以居酒甕者也。《史記‧司馬相如傳》:「臨邛富人卓王孫,有女文君,新寡,好音。相如以琴心挑之,使人重賜文君侍者通殷勤。文君夜奔,相如與馳歸成都,家徒四壁立。文君久之不樂,相如與俱之臨邛,賣其車騎,買一酒舍酤酒,而令文君當壚,相如身自著犢鼻褌,與保庸雜作。卓王孫恥之,不得已,予文君僮百人,錢百萬,及其嫁時衣被財物。文君乃與相如歸成都,買田宅為富人。」

四壁蕭條酒數升,錦江新釀玉壺冰。莫教詞賦逢人賣,愁把黃金聘茂陵。

【賣賦】司馬相如《長門賦序》:「孝武皇帝陳皇后別在長門宮。蜀郡成都司馬相如,天下工為文,奉黃金百斤為文君取酒,而相如為文以悟主上,皇后復得幸。」【聘茂陵】葛洪《西京雜記》:「相如將聘茂陵人女為妾,卓文君作《白頭吟》以自絕,相如乃止。」

盜綃 裴硎《傳奇》:「大曆中,有崔生者為千牛,其父使往省一品疾。一品召生入,三妓皆絕代,以金甌貯含桃而擘之,沃以甘酪。一品命衣紅綃者擘一甌與生食,及去,命紅綃送出院。妓立三指,又反掌者三,然後指胸前小鏡子云:『記取。』餘更無言。生歸,神迷意奪,怳然凝思。家中有崑崙奴摩勒,問其故,生具告之,又白其隱語。摩勒曰:『立三指者,一品宅有十院歌姬,此乃第三院也。反掌三者,數十五指,以應十五日之數。胸前小鏡子,十五夜月圓如鏡,令郎君來耳。』勒又曰:『一品宅有猛犬,守歌姬院門,當為郎君搤殺之。』是夜三更,負生踰十重垣,入歌姬院。至第三院,繡戶不扃局,金釭微明,惟聞姬長歎而坐,若有所俟。摩勒先為姬負其囊橐妝奩,如此三復,然後負生與姬,飛出峻垣十餘重,一品家之守禦無有警者。」

令公高戟妓堂開,黃耳金鈴護綠苔。博浪功成倉海使,緣何輕為美人來。

【令公高戟】令公,中書令之尊稱。高戟,謂立戟於門。唐制,官階勳俱三品,始聽立戟。見《唐書‧盧坦傳》。【黃耳】《晉書‧陸機傳》:「機有駿犬名黃耳。」此指題注猛犬守門也。【博浪句】《史記‧留侯世家》:「秦滅韓,韓人張良欲為韓報仇,東見倉海君,得力士,為鐵椎重百二十斤。秦皇帝東遊,良與客狙擊秦皇博浪沙中。」案:倉海君,東夷君長。

取盒袁郊《甘澤謠》：「紅線，潞州節度使薛嵩家青衣。魏博節度使田承嗣將並潞州，嵩憂悶，計無所出。紅線請乘夜往魏博，遂及寢所，於承嗣枕前持金盒歸。嵩乃發使遺承嗣書，以金盒授之。明日，承嗣遣使賫繒帛名馬以獻於嵩曰：『某之首領，係在恩私，便宜知過自新，不復更詒伊戚。』由是紅線辭去。」

銅雀高懸漳水流，月明飛去女諮音資。謀。何因不取田郎首，報與官家下魏州。

【銅雀二句】銅雀，謂銅雀臺，魏武帝築，故址在今河南臨漳縣西南。【甘澤謠】：「紅線持金盒以歸，將行二百里，見銅臺高揭，漳水東流，晨鐘動野，斜月在林。忿往喜還，頓忘於行役；感知酬德，聊副於諮謀。」諮亦謀也。【官家下魏州】官家，謂天子也。《湘山野錄》：「五帝官天下，三王家天下，故曰官家。」降服之曰下。《國策》：「攻敵不能下。」《唐書·地理志》：「魏州魏郡，龍朔二年更名冀州，咸亨三年復曰魏州。」

驪宮宋敏求《長安志》：「天寶六載，改驪山溫泉宮為華清宮，中有長生等殿。」

天上人間恨豈消，雙星魂斷碧雲翹。成都亦有支機石，烏鵲難填萬里橋。

【天上二句】《長恨歌》：「天上人間會相見。」又：「此恨綿綿無絕期。」陳鴻《長恨歌傳》：「天寶十載，避暑驪山宮。秋七月，牽牛織女相見之夕，貴妃侍上，憑肩而立，因仰天感牛女事，密相誓心，願世世為夫婦。」翹，高貌。【支機石】長洲沈清瑞曰：「支機石，在蜀城西南隅石牛寺之側，高可五尺餘，石色微紫，近土有一窩，旁有支機石三篆文。」【烏鵲句】《風俗記》：「織女七夕當渡河，使鵲為為。相傳七日鵲首無故皆髡，因為梁以渡織女故也。」《唐國史補》：「蜀鄉有萬里橋，玄宗至而喜曰：『吾常自知行萬里則歸。』」

偶成

關河蕭索暮雲酣，流落鄉心太不堪。書劍尚存君且住，世間何物是江南。

【酣】盛也。【書劍二句】言書劍之外皆非故鄉所有。

題冒辟疆名姬董白小像並引　　八首錄六

夫笛步麗人，出賣珠之女弟；雉皋公子，類側帽之參軍。名士傾城，相逢未嫁；人諧燕婉，時遇漂搖。則有白下權家，蕪城亂帥。阮佃夫刊

章置獄，高無賴爭地稱兵。奔逬流離，纏綿疾苦；支持藥裹，慰勞歸愁。苟君家免乎，勿復相顧；寧吾身死耳，遑恤其勞。已矣夙心，終焉薄命。名留琬琰，跡寄丹青。嗚呼！針神繡罷，寫春蚓音引。於鳥絲；茶癖香來，滴秋花之紅露。在軼事之流傳若此，奈餘哀之惻愴如何。鏡掩鸞空，絃摧雁冷。因君長恨，發我短歌。詒同貽。以八章，聊當一嘅爾。

《感舊集》補傳：「冒襄，字巢民，號樸庵，江南如皋人。貢生。南渡時用為推官，不就。」《文集·冒辟疆壽序》：「辟疆貴公子，亂後奉其父憲副嵩少公歸隱如皋之水繪園，誓志不出。」陳維崧《婦人集》：「秦淮董姬，名白，字小宛。才色擅一時。後歸如皋冒襄。明秀溫惠。居豔月樓。集古今閨幃軼事，薈為一書，名曰《奩豔》。後夭死，葬影梅菴旁。張揭陽明弼作傳，吳兵曹綺為誄。」余懷《板橋雜記》：「小宛事辟疆九年，年二十七，以勞瘁死。辟疆作《影梅菴憶語》二千四百言哭之。」張敦頤《六朝事蹟》：「邀笛步，舊名蕭家渡，在城東南青溪橋之右。」杜甫有《麗人行》。《漢書·東方朔傳》：「館陶公主近幸董偃。始，偃與母以賣珠為事。」《左·昭》：「賈大夫惡，娶妻而美，三年不言不笑。御以如皋，射雉獲之，始笑而言。」陳沂《南畿志》：「雉皋在如皋縣馬塘河岸，水中有高岸名雉皋，即春秋賈大夫射雉之所。」《北周書·獨孤信傳》：「信美容儀，嘗因獵日暮，馳馬入城，帽微側，人咸慕之，遂為側帽。」參軍，合用孟嘉事。各士傾城，注俱見前。《詩》：「蕪婉之求。」《詩》：「風雨所漂搖。」白下，即南京。蕪城，即揚州。《南史·恩倖傳》：「阮佃夫，明帝時封建城縣侯，僕從附隸皆授顯職。廢帝立，權任轉重，與朱幼等陰謀廢立。帝知之，乃收佃夫於光祿外部，賜死。」案：佃夫，指阮大鋮也。《後漢書·孔融傳》：「山陽張儉為中常侍侯覽所怨，覽為刊章下州郡，以名捕儉。」注：刊，削也，謂削去告人姓名。《文集·冒辟疆壽序》：「陽羨陳定生、歸應侯朝宗與辟疆三人皆貴公子，一時相遇於南中。有皖人者流寓南中，故奄黨也，通賓劣，畜聲伎，欲以氣力傾東南。知諸君子唾棄之也，乞好謁以輸平。未有間，會三人者置酒雞鳴埭下，召其家善謳者歌主人所製新詞，則大喜曰：『此諸君欲善我也。』既而偵客云何，見諸君箕踞而嬉，聽其曲，時亦稱善。夜將半，酒酣，輒眾中大罵曰：『若奄兒媼子，乃欲以詞家自贖乎？』引滿泛白，撫掌狂笑，達旦不少休。於是大恨次骨，思有以報之。甲申之亂，彼以攀附驟枋用，興大戮，修舊隙，定生為所得，幾填牢戶。朝家還之故部山中。南中人多為闒疆耳目者，跳而免。」《五代史·南平世家》：「高季興長子從誨，字遵聖，代季興為荊南節度使，所向稱臣，利其賜予。俚俗語謂奪攘苟得無愧恥者為賴子，猶言無賴也，故諸國皆目為高賴子。」案：此指高傑。纏綿，固結不解之義。羇，旅寓也。夙，舊也。《竹書紀年》：

「桀伐岷山，岷山莊王獻二女，曰琬，曰琰。桀愛之，無子，斮其名於苕華之玉，苕曰琬，華曰琰。」丹青，注見前。《拾遺記》：「魏文帝所愛美人薛靈芸，帝改名曰夜來。妙於鍼工，雖處深帷之內，不用燈燭，裁制立成，宮中稱為針神。」《晉書‧王徽之傳》：「蕭子雲書無丈夫之氣，行行如縈春蚓，字字若綰秋蛇。」李肇《國史補》：「床、亳間有織成界道絹素，謂之烏絲欄。」癖，嗜好之病也。軼事，謂散逸之事。惻愴，悲也。荀悅文：「惻愴動懷。」摧，折也。詒，贈遺也。嘅，歎也。

射雉山頭一笑年，相思千里草芊音千。芊。偷將樂府窺名姓，親擊雲璈音敖。第幾仙。

【射雉句】見題注。【相思句】《述異記》：「秦趙間有相思草，狀如石竹，而節節相續。一名斷腸草。」《續漢書‧五行志》：「獻帝初，京師童謠曰：『千里草，何青青。十日卜，不得生。』」《注》：「千里草為董，十日卜為卓。」芊芊，草盛貌。【樂府】漢武帝定郊祀之禮，乃立樂府，以李延年為協律都尉，樂府之名始此。【雲璈】《漢武內傳》：「王母命侍女董雙成吹雲和之笙。」又：「王母使侍女彈八琅之璈。」璈，樂器。

珍珠無價玉無瑕，小字貪看問妾家。尋到白隄呼出見，月明殘雪映梅花。

【瑕】玉玷也。【白隄】自注：余向贈詩有「今年明月長洲白」之句。白隄即其家家也。茹昂《虎丘山志》：「山塘舊多積水，太傅白公築之，始免病涉之患，又名白公隄。」張明弼《董小宛傳》：「壬午春，辟疆至吳，偶月夜蕩舟桐橋，得再見，將委以終身。」

鈿轂春郊鬬畫裠，捲簾都道不如君。白門移得絲絲柳，黃海歸來步步雲。

【鈿轂】即鈿車，車之飾以金華者。【捲簾句】杜牧詩：「春風十里揚州路，捲上珠簾總不如。」【白門】《一統志》：「建康故城在上元縣南，正西曰西明門，一曰白門。」【黃海句】王存《九域志》：「新安黃山有雲如海，稱黃海，一稱雲海。」《黃山志》：「山時有鋪海之期，白雲四合，彌望如海。」《董小宛傳》：「姬自西湖遠遊於黃山白嶽間。」

念家山破定風波，郎按新詞妾唱歌。恨殺南朝阮司馬，累儂夫壻病愁多。

【念家山句】馬令《南唐書》：「後主好音律，舊曲有《念家山》，演為《念家山破》，其聲焦殺，而其名不祥，乃敗徵也。」《定風波》，詞名也。【阮司馬】即大鋮。事見題注。

亂梳雲髻音計。下粧樓，盡室倉皇過渡頭。鈿合金釵渾拋卻，高家兵馬在揚州。

【雲髻】髻，總髮也。挽發而束之於頸，如雲之多也。【鈿合金釵】陳鴻《長恨歌傳》：「定情之夕，授金釵鈿合以固之。」【渾】助詞。【高家句】《明史·高傑傳》：「傑，米脂人。福王立，封傑為興平伯，列於四鎮，領揚州，駐城外。傑固欲入城，民畏傑，不納。傑攻城急，日掠鄉村婦女，民益惡之。」

江城細雨碧桃村，寒食東風杜宇魂。欲弔薛濤憐夢斷，墓門深更阻侯門。

【碧桃】桃花之重瓣者。《群芳譜》：「千葉桃，一名碧桃。」【寒食句】韓翃詩：「寒食東風御柳斜。」《荊楚歲時記》：「去冬節一百五日，即有疾風甚雨，謂之寒食，禁火三日。」注：據曆，合在清明前二日，亦有去冬至一百六日者。《華陽國志》：「魚鳧王後，有王曰杜宇。七國稱王，杜宇稱帝，號曰望帝。」《廣成都記》：「杜宇死，其魂化為鳥，名曰杜鵑，亦曰子規。」【欲弔二句】《郡閣雅談》：「薛濤，字洪度，長安良家子。流寓成都。韋臯鎮蜀，召濤侍酒賦詩，遂入樂籍。歷事十一鎮，皆以詩受知。」鄭谷詩：「小桃花繞薛濤墳。」崔郊詩：「侯門一入深如海。」此言芳魂已杳，雖欲弔而情懷難通也。

附錄十：靳榮藩傳記資料

朱珪《大名府知府靳君榮藩墓誌銘》[註1]

乾隆甲辰春，珪扈從南巡，道出河間，晤同年大名守靳君，執手而歎曰：噫！君蒼髯盈頰矣。蓋自戊辰以來三十七年，同榜在者，中外落落不數人。及秋，而君卒於官。明年春，其子師儉走京師，泣請予銘。予既悲同人之益稀，而賢守之不竟其澤也，不可以辭。

君諱榮藩，字價人，號綠溪，靳姓，山西黎城人。上世由洪洞來遷，高祖妣張及其婦喬、孫婦王，三世俱嫠，號靳門三節。君祖綺，府學生。考尚端，雍正甲辰舉人，官浦江令、忻州學正，以君官，俱誥封奉政太夫，例贈朝議大夫。妣溫、繼妣盛，誥贈宜人，例贈恭人。君生左手無名指，有附枝。穎而嗜學。年十七，試縣府，皆冠其曹，為諸生。十九，舉乾隆甲子鄉試。乙丑，中會試明通榜。戊辰，成進士。辛未，丁父憂。丁丑，選廣東瓊山縣，以母老，改河南新蔡。時河南歲祲，君到官，即究心荒政，賑貸必誠，民以蘇。己卯，分校鄉試。是年，珪主試事，與君共昕夕者竟月。有司坐堂皇，判決惟意，騶輿驕，謁戟門，一入瑣闈，列坐據案，擺藍點赤，字暈苦欲睡。予時覘君，於衡校縝而察，所乙卷無枉，歎君之學優而心下，知其治民之良也。庚辰，再與分校，後以母憂歸。既葬，置祭田以祀其宗。服除，乙酉，授直隸龍門縣。戊子，調遷安，均車徭，為旂三民七之制。己丑，陞蔚州知州，建文蔚書院以教士。州西二十五里曰暖泉堡，其南灘磧，夏秋山水漲注，匯廣靈、嘔夷之川，

[註1]（清）朱珪《知足齋文集》卷三，商務印書館1936年版，第65～66頁。

蕩析田廬，歲為患。舊築土壩輒壞，君行相度，易以石，為丈三百一十，高九尺有奇，首尾綴之土壩。州人美之曰：此靳公隄也。君不居，易之曰保障。戊戌，擢知遵化直隸州。癸卯，授大名府知府。上知君能其官，嚮用矣，未期月而疾以卒。君自縣歷州郡，官於畿者二十年，在所民安之，去而思。能以經術文教佐治，而本之忠恕，庶幾有惻怛遺意。持身儉素，仕不怠學。所著《吳詩集覽》四十卷、《綠溪詩》、古文雜著若干種。生雍正丙午年三月二十五日丑時，卒乾隆甲辰年八月十九日巳時，年五十有九。配劉恭人，側室任。生子一，師儉，附監生。某年月日葬於某。銘曰：學之廛吏，則循穀於其身，以庇而後昆。

《梧門詩話》〔註2〕

　　靳綠溪太守榮藩，山西黎城人。戊辰進士。博聞強記於史事，輯《吳詩集覽》，世頗傳之。詠史詩獨見其大，如《詠楊脩撰慎》詩：「美人乞得酒間書，裙襯生花錦不如。孤負家山雙桂好，年年秋色滿堦除。」《詠丁孝子鶴年》詩：「雲斷珠邱寫恨多，欲將詩卷護山河。可憐帷幄經師死，十女墳前拜月娥。」《詠倪高士瓚》云：「筆庀青山有化工，浮家不恨故居空。名香一縷茶煙起，人在蒼蒹綠樹中。詞既流逸，意亦清微。」

《光緒永平府志》〔註3〕

　　靳榮藩，山西黎城進士。乾隆三十四年任遷安，三十七年復任。省刑罰，重風化，以儒術飾吏治。縣人董杜氏未嫁守節，捐俸置腴田數畝以贍之，名曰貞女田。又為邑孝子王留喜置腴田十餘畝，名曰勸孝田。至今邑人德之。博學工詩文，注吳梅村集，為《吳詩集覽》行世。所著有《綠溪詩文集》。後官至大名府知府。

《光緒山西通志》〔註4〕

　　靳榮藩，字價人，黎城人。乾隆戊辰進士，授上蔡知縣，再補遷安，擢蔚州知州，終於大名府知府。性敏慧，好讀書，博覽強記。為文雅飭有法，尤深

〔註2〕（清）法式善《梧門詩話》卷五，稿本。

〔註3〕（清）游智開修，（清）史夢蘭纂《光緒永平府志》卷五十三《名宦傳五》，清光緒五年刻本。

〔註4〕（清）曾國荃、張煦修，（清）王軒、楊篤纂《光緒山西通志》卷一百五十六《文學錄下》，清光緒十八年刻本。

於詩。在官能以儒術飾吏治，所至興學勸農，務以德化。遇先賢故跡，表其宅墓。士女有奇節至行，皆為文或詩歌以激勵之。最喜吳梅村集，為之箋注，竭十年之力始成，曰《吳詩集覽》。於明季逸事，搜採尤備，盛行於世。所自箸有《綠溪語》、《綠溪詩文集》。

張廷綍，字如哉，榆社人。家貧嗜讀，閉戶箸書。黎城靳榮藩撰《吳詩集覽》，多採其說。以甲子舉人，官應州學正。所箸書皆遺失，惟張兩如《見聞隨筆》存其詩數十篇。

《光緒黎城縣續志》卷二《人物志‧名賢》〔註5〕

靳榮藩，字價人，乾隆戊辰進士。歷官河南新蔡、直隸遷安龍門知縣、蔚州遵化州知州，遷大名府知府，署大名道。性敏悟，博極群書，詩文懋伏一時。居官所至，尤多治績。在新蔡，值大水，賑恤災黎，露宿風餐，與同疾苦。在龍門，設義倉以濟貧民，建驛舍以便行旅。初至蔚，即辟書院，進諸生講授。築暖泉石壩，開東村沙渠，興修水利，至今賴焉。好著書，公餘輒手一編，或巡行村野，課民種植。詢有孝悌睦婣及節婦，皆表其廬，為詩文以獎勵之，有古循吏風。著有《綠溪詩文集》、《綠溪語》、《詠史偶稿》，而《吳詩集覽》尤盛行於世，學者稱綠溪先生云。

（光緒）蔚州志卷十九《名宦記》〔註6〕

靳榮藩，字價人，黎城人。年十九，成乾隆乙丑進士。歷官河南知縣，遷蔚州。性敏悟，博極群書，詩文懋伏一世。初至蔚，即辟書院，進諸生講授，文習為之一變。尤多惠政。築暖泉石壩，開東村河渠，興復水利。公暇輒循行村野，課民種植。詢有孝悌睦婣及節婦，皆表其廬，或為詩文以獎勵之，有古循吏風。職再滿，遷守大名。著述甚富，其《吳詩集覽》尤盛行於世云。

（清）李調元《哭大名太守靳菉溪榮藩仍用前韻並序》〔註7〕

菉溪為余舊屬遵化州牧，擢大名守。余於八月廿日由汴梁至元城訪之，甫底店，聞菉溪已於前一日卒，未斂，因撫尸大慟哭，詩二首。

〔註5〕清光緒九年刻本。
〔註6〕清光緒三年刻本。
〔註7〕（清）李調元《童山詩集》卷二十四，清道光五年李朝夔補刻函海本。

豈愛老為客，言歸累未輕。難逢開笑口，何意值哀聲。春雨懷遵化，秋風哭大名。詩人寥落盡，孤館若為情。

一卷吳詩刻，千金費不輕。品題尊御製，集覽避虛聲。菉溪曾箋吳梅村詩注，題曰《集覽》，避箋注名也。書首刊，御製題詩，尊王章也。我作鳴驢客，君傳附驥名。今朝重把讀，不盡故人情。

徐世昌《晚晴簃詩話》〔註 8〕

靳榮藩

靳榮藩，字價人。號鎮園，黎城人。乾隆戊辰進士，歷官大名知府。有《綠溪詩》《詠史偶稿》。

詩話：價人注吳梅村詩，世稱詳覈。其所自作，亦與之相近，但不逮其華贍耳。

楊鍾羲《雪橋詩話》〔註 9〕

黎城靳價人自縣歷州郡，官畿輔最久，所在多治跡，悃愊儉素，仕不怠學。所著《吳詩集覽》，王西莊比之定宇之注阮亭。陸亞章謂嘗見錢圓沙手評吳詩，汎及當時事，多靳注所未備者，蓋價人未見此本也。新保安為沈青霞謫佃處，裔孫鬻祀田三頃。方恪敏督直隸，新其祠，助其裔孫婚受田者，復以田歸之，不受直。價人詩云：「斗大山城起暮霞，蘚碑斑駁字生花。鉛山墓舍今存否？祠產千秋屬沈家。水遠沙平古樹荒，相逢樸陋半耕甿。停車欲問當年事，誰是先生弟子行？」其《題〈燕子箋傳奇〉》云：「仕局由來作戲場，鮮于可作霍都梁。南邦更有移天手，少帝臨朝是福王。」「狎客分箋鬬豔詞，冰紈細字界烏絲。君王且聽中興樂，莫待阮中曲變時。」「後庭玉樹已歌殘，曲子先生死尚難。誰向仙霞收骨肉，投荒羨煞孔都官。」「法曲淒涼燕語終，石巢錦字委春風。可憐玳瑁雕梁改，青草山前喚介公。」綠溪詩筆，亦自具體梅村。

〔註 8〕徐世昌著，傅卜棠編校《晚晴簃詩話》卷七十九，華東師範大學出版社 2009 年版，第 565 頁。

〔註 9〕楊鍾羲《雪橋詩話》餘集卷四，民國八年吳興劉氏嘉業堂刻求恕齋叢書本。